専修大学社会科学研究所　社会科学研究叢書 1

グローバリゼーションと日本

専修大学社会科学研究所 編

専修大学出版局

はしがき

　本書は，グローバリゼーションのもとで，いま大きな岐路に立つわが国の政治経済システムの変容と変革の問題を扱った論文集である。収められた論文は，専修大学社会科学研究所創設50周年を記念して催されたシンポジウムでの報告記録をもとに書き直された論文と，シンポジウムでの報告を補完する論文とから成る。

　シンポジウムでは，「法・政治」，「経済」の2つのセッションを設けて，法・政治の分野からは小林直樹氏，白藤博行氏，鈴木佑司氏の3氏に，経済の分野からは宮本光晴氏，小林襄治氏，金子勝氏の3氏に，グローバリゼーションによって大きな変容の圧力を受けつつある国民国家と国民経済のあり方について，それぞれの専門の立場から縦横に論じてもらった。そこでの報告と討論をとおして，グローバリゼーションの何が論じられ，何が明らかにされたのか，そのことをまず，ひとまとめに示すことが，シンポジウムの企画に携わった者の責務だと考えられた。こうして本書には，書き直された6つの報告と併せて，シンポジウムでコメンテーターをつとめた隅野隆徳氏，野口旭氏によって新たに書き下された論文を加え，さらには，司会を担当した石村修，野口真の両名によってまとめられた各セッションの争点整理を付することにした。本書の第Ⅰ編「グローバリゼーション下の法と政治」および第Ⅱ編「グローバリゼーション下の経済」を構成するのが，これらの論考である。編者としては，それらをとおして，近時のグローバリゼーションが現在のわが国の政治経済システムに突きつけた課題のいくつかを浮き彫りにすることができたのではないかと信じる。

　しかしながら，グローバリゼーションが及ぼす影響とその突きつける課題は多面性を持ち，かつまた複雑に絡み合っており，したがってシンポジウムで十分に扱われなかった論点も当然に多々あるはずである。そこで，欠落した視点を補い，できるだけ広い視野からグローバリゼーションをとらえるような書物に仕上げるために，研究所の所員から新たに原稿を募ることにした。本書の第

Ⅲ編「グローバリゼーションの歴史的位相」に収められた，内田弘氏，矢吹満男氏，仲井斌氏の3氏による論文がそれにあたる。いずれも，シンポジウムの限られた時間では論じきれなかったグローバリゼーションの諸相を，歴史的視野から位置づけ，とらえ直す意欲的な論考であり，シンポジウムでの議論を補足するにふさわしいと考える。

　シンポジウムの開催から本書が成るに至るまでほぼ1年半を経たが，この間，わが国の政治経済システムがグローバリゼーションの強まる圧力のもと，その歩み進む道を探しあぐねている状況に変わりはない。社会科学研究所の叢書シリーズ刊行の劈頭を飾ることになった本書が，時代の先端的課題に取り組み，時代の道しるべとなりうる議論にいくばくか資することができるとするならば，本書のもくろみはほぼ達成されたことになる。21世紀の入り口に立って，本書のメッセージを，わが国の政治経済システムの将来へ向けた大きな問題提起として受けとめてくれる方がいるとすれば，それは編者にとっての望外の喜びである。

　末尾になるが，シンポジウムの企画から本書の刊行にこぎつけるまでの間，様々なかたちで協力をいただいた研究所の所員，職員の方々，また叢書刊行でお世話になった専修大学出版局の上原伸二氏に感謝申し上げる。

　　2001年1月30日

専修大学社会科学研究所
50周年記念社会科学研究叢書編集委員会
　　　　　　　石　村　　　修
　　　　　　　黒　田　彰　三
　　　　　　　野　口　　　真

目　次

はじめに

第Ⅰ編　グローバリゼーション下の法と政治 …………… 1

第 1 章　グローバリゼーションと国家・民族・個人 ………小林直樹　3

第 2 章　グローバリゼーションと「日本法総改革」 ………白藤博行　51

第 3 章　日本とアジア太平洋地域 ……………………………鈴木佑司　73

第 4 章　憲法改定問題をめぐる日本の位置 …………………隅野隆徳　85

第 5 章　グローバル化された立憲主義
　　　　──概括と展望 Ⅰ ── ………………………………石村　修　95

第Ⅱ編　グローバリゼーション下の経済 ………………… 107

第 6 章　日本の経営者資本主義の行方 ………………………宮本光晴　109

第 7 章　金融システムの行方 …………………………………小林襄治　137

第 8 章　社会保障制度改革の方向性 …………………………金子　勝　153

第 9 章　「政府の失敗」から「失敗しない政府」へ
　　　　──市場 vs 政府の二項対立図式を超えて── ………野口　旭　167

第10章　日本の経済システムの何が問われているのか
　　——概括と展望 Ⅱ——……………………………………野口　真　191

第Ⅲ編　グローバリゼーションの歴史的位相 ……………………… 207

第11章　世界資本主義と市民社会の歴史理論
　　——技術原蓄・土地原蓄・地主国家資本主義——…………内田　弘　209

第12章　グローバリゼーションの起点
　　——アメリカ資本主義の歴史的展開を中心に——…………矢吹満男　241

第13章　グローバリズム断章
　　——国際政治（史）からのアプローチ——　………………仲井　斌　271

執筆者紹介……………………………………………………………………… 300

はじめに
―― 50周年記念シンポジウム・所長挨拶 ――

専修大学社会科学研究所・所長　古　川　　　純

　専修大学社会科学研究所創立50周年記念公開シンポジウムをはじめるにあたり，研究所を代表してご挨拶をし，併せてシンポジウムの趣旨説明をさせていただきます。

　１．社会科学研究所は，1999年４月１日に創立50周年を迎えました。専修大学が新制大学に移行した1949年４月１日に，小林良正学長のもとで本研究所が設立されてから半世紀が経過したことになります。設立当初は，大河内一男所長以下所員11名という小規模な研究所でしたが，現在では５学部にまたがり所員153名，研究参与33名，所外研究員９名，特別研究員２名の合計197名で，間もなく200名を超えようという，専修大学最大の研究所に発展してきました。ここに至る間には，一時的に研究所の活動が休眠状態になるなどの紆余曲折がありましたが，1963年９月１日，山田盛太郎所長および長幸男事務局長のもとで50名の所員により再発足してからは，研究会・シンポジウムの開催，研究助成や実態調査の実施に加えて，機関誌「社会科学年報」（現在33号）や「社会科学研究所月報」（現在435号）を発行してきており，さらに新たな企画として「社会科学研究叢書」の刊行を予定しています。近年では，国際交流も活発になり，特別研究会や海外企業調査にも意欲的に取り組んで成果を月報等で公表してきております（海外企業調査実施は，韓国＝1993年，中国・北京・上海＝1995年，ヴェトナム＝1997年，中国・華南経済圏＝1999年）。

　２．本研究所では，創立50周年を記念して所長を委員長とする記念事業実行委員会を設け，まず11月20日（土）には所員・研究参与・所外研究員を中心と

する記念講演会「社会科学研究所50年の回顧と展望」および学長にもご出席いただいて記念パーティを開きました。本日の公開シンポジウム「グローバリゼーションと日本―岐路に立つ日本的システム―」はそれに続く2番目の記念事業となりますが，この企画は，5学部にまたがりINTER-FACULTY, INTER-DISCIPLINARYな，学際的な研究を一つの特色とする本研究所ならではの総合的な企画であると自負しております。

　本日は，ゲスト報告者をお迎えし所員・研究参与が総力を挙げて経済・政治・社会・国家および国際社会の激変の時代における「グローバリゼーション」「グローバリズム」「グローバル・スタンダード」の問題点を解明したいと考えておりますので，どうぞ3つのセッションが終わるまでご参加いただきますようお願い致します。

　3．それでは，セッション1および2の司会を担当する所員をご紹介して，シンポジウムを開始していただきます。セッション1の司会は石村 修所員（法学部）で，セッション2の司会は野口 真所員（経済学部）です。

（1999年11月23日）

第Ⅰ編

グローバリゼーション下の法と政治

第1章
グローバリゼーションと国家・民族・個人

小林 直樹

はじめに

　「グローバリゼーション」は今日，一種の流行語として各処で用いられ，日常論議の対象ともなっている。ただしその一般的意味は，主に経済・技術のグローバル化，とりわけアメリカ合衆国の主導する世界の市場化や生活の合理的一元化等を指しているようである。ここでは，しかし，この言葉をヨリ広く"文明の世界化"として捉え，人類の地球上における発展の行きつく問題状況をそこに見てとっていきたいと思う[1]。このような観点の必要は，例えば，"公害の世界化"一つをとっても明らかであろう。経済のグローバリゼーションの裏側で，それと不可分に進行している環境破壊の地球的拡がりは，人類の近未来の生存をも脅かしているからだ。もう一つ，人口の増加と情報技術の拡まり等によって，地球じたいが相対的に急速に縮小しつつあることも，上の観点からの考察を必要とする。人類にとって地球がかつてないほど小さく見え始めたことは，それじたいグローバリゼーションの一つの側面でもあるが，その認識も否応なしに上記の観点からの考察を求めるものとなろう。グローバリゼーションを単に世界経済の発展と，それに伴う金融・労働・市場などの経済戦略の側面に限局することは，その進行の人間存在にとっての意味や問題性を見失わせることになろう。この理由で拙稿では——本シンポジウムの趣旨からは少しズレる結果になるかもしれないが——先ずは長尺の史観に立って，広義の"世界化"の考察から始めることにする。

1）グローバリゼーションを何よりも文化の問題——"文化的理念や制度のグローバルな

伝播"(R. ロバートソン），あるいは"グローバル文化"や"文化のグローバル化"(J. トムリンソン）など——として捉えようとする試みは，必ずしも少なくないようである。例えば J. トムリンソンは，"文化とグローバリゼーションは互いに切り離せないほど"に結びついているという観点から，「グローバリゼーションは近代文化の中心にあり，文化的活動はグローバリゼーションの中心にある」(John Tomlinson, *Globalization and Culture*, 1999 片岡信訳『グローバリゼーション』, 2000) として，文化の（不均等ではあるが）脱領土化の状況を考察している。また R. ロバートソンは，社会学が以前から進めてきた近代性や文化の研究と20世紀中頃に始まる脱近代化論を念頭に置きながら，（宗教と国家を中心に）文明化やグローバリゼーションの理論化をめざしている（R. Robertson, *Globalization : Social Theory and Global Culture*, 1992 阿部美哉の抄訳『グローバリゼーション』, 1997がある）。——ただし，これはら何れも近・現代史を中心に問題を展開しており，グローバリゼーションに至る人類史の長い過程は視野に収められていない。私見によれば，人類進化の全過程の中にこの現象を位置づけ，それによって"世界化"の意味を捉え直すことが，人類の直面する重大な今日的状況の理解に不可欠な作業だと思われる。

I　グローバリゼーションの意義と問題

§1　時空における人類の進化・発展

　人類はいま，地球上の陸地の大部分を占拠し，海・空をも自らのもののように利用・支配し，この惑星の覇者として振舞っている。しかし，人類の地球上におけるこの繁栄と発展——その揚句としての文明の世界化——の意味を認識する前提要件として，少なくとも次の３点を確認しておく必要があろう。

　第１に，人類が繁栄し"支配"しているこの地球は，千億を越えるとみられる銀河系-大星団の中の一つの縁辺に生じた太陽系の一個の惑星にすぎないという事実である。このことは，次の両面の可能的意味を含んでいる。一つは地球上の全ての出来事も，宇宙的に見れば極小の部分現象にすぎないという面。もう一つは，それにも拘らず，地球は生命や人間文明を育生しうる稀有な条件をもった星であり，そこでの生命現象や文明は，大切に育てられるべき意義ある出来事だという面である。人間のグローバリゼーションも，この両側面に照らして省みられるべき意味を持つといえよう。〔なお，地球の小さからみ

て，グローバリゼーションが人間と文明の発展の極限にまで到ったことを意味するとすれば，地球を越えた宇宙的発展——或は人間の"地球脱出"——を考えるべき，次なる段階に入りつつあるという見方も可能であろう。〕

　第2に，人間は地球上の"覇者"として振舞っているといったが，地球の至るところに発展し，生命保持という目的を人間以上に見事に果たしている生物がある。地球上の殆ど全ての土壌や海中に生息している細菌類，動物に先がけて陸上に登りその大部分を蓋うに至った植物類，驚異的な適応力をもって至る処で逞しく生きている昆虫類などである。地球上への広がりと，恐らく人類以上に長く生き抜きそうな彼らの生命活動からみて，"細菌の・植物の・昆虫のグローバル化"を無視するわけにはいかないだろう。しかも彼らの生存と彼らの織りなすエコ・システムなしに，人間の生活も文明も考えられないのだから，人間は自らのグローバリゼーションの必須の前提条件として，彼らが作ってきた生態系を尊重し，畏敬の念を以てその保持に務めるべきである。

　第3に，人間の人口増加と世界への拡散，および技術・情報化の促進は，——グローバリゼーションの直接の要因であり，またその内実でもあるが——何よりも人間を包む時間と空間の相対的変化をもたらした。一言でいえば，それらによって地球は急速に小さくなり，「時空の短縮」が進行したのである。人口の増大だけみても，地球は居住空間としても，食糧等を補給する基盤生活体としても，著しく狭小になりつつある。また交通・通信の発達により，ここ一世紀だけでも地球空間はぐんと縮まった。更に人間の生産・消費に伴う廃棄物と，それらによる土壌・水系・空気などの汚染や環境破壊も，生活空間を狭めかつ脆くしている。情報化の推進はそれらに加え，人間的時間を短縮し，逆に社会変化を急速化している。それに何よりも，文明の進歩が目に見えて加速化し，恐ろしいスピードで人間の生活体系を変えつつある。加速化された文明は，もはや人間によってコントロールしえなくなり，その行方は誰にも予想しがたい"闇"に包まれているのではないか。

　予見できる問題状況としては，技術中心の文明の進歩と世界化は，いわゆる「世界問題」を噴出させ（後述），しかも人間の"機械化"や官僚制化を通じ

て，人の人たる所以である精神生活を貧困にさせていくのではないか，という些かペシミスティックな未来像に導きそうである。今日の文明のグローバリゼーションは，そのような暗い影を曳きずりながら進んでいるといってよい。広義に解されたグローバリゼーションも，文明「進歩」の明るい未来を約束するものではなく，それじたい大きな問題状況を意味していると見なければならない。

 2）地球の狭小化と文明の加速化については，『法学協会雑誌』に執筆中の拙稿「法の人間学的考察」第五章（とくに22以下）を参照されたい。なお人口問題については，拙稿「人口問題の法哲学」（『法律時報』65巻10号以下66巻2号）でやや詳細な考察を試みておいたので，それにゆずる。

 さて，現在進行中のグローバリゼーションは，いつ頃から始まったのだろうか。人類は出現と同時に，拡散と文明化への途に入ったと見れば，その発端は人類が他の猿類（親近のゴリラ・チンパンジー）から枝分れした500万年前に遡るだろうが，これはいかにも早すぎる。文明の端初としては，アファール猿人が素朴な石器らしいものを用い始め，それを受けついでホモ・ハビリスが意識的に石器を作り使い出した（前期旧石器時代，240万年前〜160万年前——ホモ・エレクトス出現）頃を指示できるが，これもグローバリゼーションの歴史としてはまだ早い。せいぜい古人類が世界各地に拡散を始めた60〜70万年前頃が，その端初といえようか。それから旧石器時代の中期（20万年前）から後期（4万年前）にかけて，人類は世界の相当部分を占め，やがて新石器（1万年前）時代から，土器－青銅器時代に至り，急速に文明化を進め（いわゆる四大文明繁栄の時代——約7000〜3000年前——を経て），有史の段階に入り世界の各地で文明の華を咲かせていくことになる。本格のグローバリゼーションは，この発展の最後の局面に実現されるのである。

 技術・経済を中心とする今日のグローバリゼーションの直接の先行要因は，16世紀（大航海時代）に飛躍的に発達した（船と）航海技術，およびそれに続く18世紀の産業革命であった。前者と共にヨーロッパ先進諸国による他大陸

（アメリカ・アフリカ・アジア諸国）への進出・征服・植民地化が開始され，西欧文明の支配（ひいては"世界化"）ないし優越下での「近代化」の時代に入る。後者はその「近代化」の中心となる技術文明の拡がりによって，それを達成・推進したイギリスを始めとする欧米諸国のヘゲモニーの下で，次なるグローバリゼーションを準備した。──これを要約していえば，西欧を中心とした「近代」技術文明の拡がりの延長線上に，今日のグローバリゼーションがあるといってよいだろう。このことは"文明の世界化"の諸過程を良きにつけ悪しきにつけ，特徴づけ・また問題的なものとしていると思われる。

　上に簡潔に述べたグローバリゼーションの前史は，技術の急角度の進歩のほか，世界史上でも重要な意味を持つ次の三つの，ダイナミックな出来事を含んでいる。一つは封建制から資本主義体制への移行，すなわち市民社会の開幕，さらに云い換えれば市場経済システムへの転換である。つづいては近代国家形成への動き，すなわち国民（nation）意識を軸とし，共同利益（national interest）を追求する，主権的な政治構成体の構築への運動である。三つめは，この近代国家の将来にわたる政治原理として，アメリカとフランスの二大革命で発揚された"自由と平等"の人間の基本権の承認，およびそれを踏まえた民主主義（democracy）理念の旗上げがある。これらの事象は何れも「光と影」の両面を持ちながら，次なるグローバリゼーションを進める前提と歴史的背景になるのである。

§2　グローバリゼーションの意味と問題点

　上に概観してきたところから推せば，今日のグローバリゼーションは，一つの必然的な成り行きということになろう。多くの諸要因の中から，例えば人口の激増とそれに伴う地球空間の狭小化，および交通・通信技術のめざましい進歩による，別の意味の地球の"縮小化"の二つをとって見るだけでも，人間＝文明の世界化の必然性は明らかになるだろう。それが"必然"だということになれば，倫理的な"善悪"もなければ，他の価値観点からする"可・不可"の判断の入り込む余地もない，一つの社会的事実だという見方も成り立つかもし

れない。しかしそれは，物理的事実と違って意味のある歴史的事象である。現にすぐ後（§3）で見る世界問題群——それらはグローバリゼーションの原因であると同時にその一部でもある——が示すとおり，人間存在の在りように直接かかわる厳しい問題がそこに含まれているのである。

ただしここでは，具体的な世界問題の考察は後まわしにして，進行中のグローバリゼーションの一般的な意味と問題性を鳥瞰してみる作業から始めることにする。ただ，そうした概観を試みる前に注意しておかなければならないのは，グローバリゼーションが単純で直線的な変化ではなく，それじたい極めて複雑多様な原因や要素から成る複合的過程だということである。したがって，一口に文明の世界化といっても，グローバリゼーションが一様かつ連続的・一元的に行われるわけではない。それはむしろ，多様性・非連続性・不均等性などの対立的傾向と軋み合いをしながら展開する，弁証法的ダイナミズムとして捉えられよう。そしてこの矛盾・対立を含みながら，一種の必然のように進行していく点に，今日のグローバリゼーションの意味と特徴が読みとられるとおもう。

第1に，現代の文明と人間生活は，一面ではたしかに一元化の方向を辿っているけれども，他面では人々の意識や欲望が示すとおり，ますます多様化する傾向を持っている。先ず一元化の面から見れば，文明の技術性・合理性は人々の生活を引き戻し難い仕方で巻き込み，人々に多大な利便や快適を与えることで，制度や暮らし方まで規定している。生産面におけるシステム化の典型例は，20世紀初頭のフォーディズムに遡るが，同世紀末には消費面における「マクドナルド化」（Mcdonaldization）現象に象徴的に現れた。ファーストフードの流行とともに，販売・消費のマクドナルド・モデルは，「効率性，計算可能性，予測可能性，そして制御を提供できた」ことで成功を収め，世界的に拡まるに至った[3]。実は上述したそのメリットも，それらの裏側にあるデメリット——形式合理性から来る人間の管理化・ロボット化，非人間化に基づく効率の低下など——も，ともにM.ウェーバーがつとに指摘していた官僚制化の傾向とほぼ重なり合うものであり，社会学的にはマクドナルド化は，市民生活の大規

模な官僚制化を意味するといってよいであろう。

　現代のグローバリゼーションは，このマクドナルド化に代表される正・負の両面を持っているが，それによる一元化だけが直線的に進行しているわけではない。周知のとおり，現代は"多様化の時代"と呼ばれるほどに，人々の関心や欲望や意識は多様に拡散し，一色で世界を画くことは不可能である。試みに大都市の街路や商店街を歩いてみよ。人々の様々な欲求とそれらに応え・それらをそそる商品や設備の何と多いことか。或は種々の新聞・雑誌の記事やTV等の宣伝・広告をみよ。人々の関心や趣味や享楽の対象が何と多彩なことか，改めて目を見張るだろう。技術的合理性が優越する部分では，前述した一元化が進む反面で，社会が複雑化すればするほど人間の欲望や意識も多様化するという，一見正反対にも見える現象も進行するのである。[4] 文明のグローバリゼーションが単純でリニアーなものでないことは，ここにも現れている。

　第2に，グローバリゼーションは，地球の各部分を均等な仕方で取り込み，同じスピードで統合していくものではない。技術の分野でも，先端技術を開発・利用できる少数の先進諸国と，種々の理由でその能力を持たない多くの国々との間では，不均等発展から非常な格差が生じているし，これからも益々その開きは大きくなるであろう。この点は従前から「南北」問題として，大方の人々に自覚され指摘もされてきた"古い"問題であるが，まさに「南北」間の格差をなくしていく筈のグローバリゼーションが，その増幅を進めるような仕方で行われているところに，パラドキシカルな課題を抱えているといわねばならない。これについては次節（§3）およびとくにⅢ（§7・8）で，少し詳しく検討してみよう。

　第3に，上述の2点とも関連して，グローバリゼーションの不連続面が注目される。先にはそれは，西欧主導の近代＝技術文明の延長線上に生じた現象だと述べた。その面だけとれば，グローバリゼーションはリニアーで連続的に進行するように見える。しかし他面でそれは，すぐ前に述べたように，複雑・多様な諸要素間のダイナミズムのために，いろいろな局面で曲りくねったり飛躍したりする，不連続な展開を遂げることになる。現に次に挙げる数個の世界問

題は，人類の未来に不透明な暗雲をただよわせ，処理を誤ると人類＝文明の大破局に導く惧れを含んで，文明のグローバリゼーションにも重圧を加えつつある。それらは何れも，文明の行手に——18・9世紀頃に人類を信奉させていた「進歩」の直線コースに代って——不連続で危険な段階を各処に設けるであろう。そのような文明全体の未来にかかわる大がかりな局面を一先ず離れ，現代産業に眼を移しても，技術・資源・生産性・需給状況など比較的に見通しの利く分野でさえも，"不連続あるいは断絶"（discontinuity）とか"不確実性"などが流行語になるほど，変化の様相は複雑かつ流動的なものとなってきているのである[5]。

　以上の諸傾向は，科学・技術の進歩が早く，短期間にイノベーションが相ついで行われることと，国際関係から私人間に至るまで社会が複雑化してきたこととの相乗作用の結果として，必然的な成行きといえよう。グローバリゼーションはこのようにして，技術文明の"世界化"による一元的統合への傾向と，多様化と不均等・不連続という多元化傾向とを，いわば相織りまぜながら進行中である。そして，ここから多くの問題が出てくる。

3） Cf. G. Ritzer, *The Mcdonaldization of Society*, rev. ed., 1996　正岡寛司監訳『マクドナルド化する社会』1999　参照。ファーストフードの便宜さを広め，予測＝計算のうえで効率的な生産・販売を行って，世界的に成功を収めたマクドナルドをモデルとして，リッツァは興味ぶかい考察を本書で行っている。「マクドナルド化」は，そのメリットとデメリットを併せて，グローバリゼーションの一面を成す現象といえるが，それは著者のいうとおり，社会学的にはM. ウェーバーの指摘した「官僚制化」の傾向に外ならない。したがってそれはまた，形式合理性を貫く場合に伴う効率性の利点とともに，非人間化・機械化から生ずる非情のシステムの欠陥を背中合せに持っている。リッツァはその合理化・効率化の極限として，ナチスのユダヤ人大量殺戮の方式——アウシュヴィッツで行われたホロコーストの非人間的管理化——をあげている（同第2章）が，同じことは今日まさにグローバル化しつつある「核」軍備にもつながるだろう。最も"効率的"な殺人兵器である「核」は，軍事合理性の論理からすれば，保有も拡散も"至極当然"の帰結と見られよう。"合理の非合理化"というこのパラドックスについては，すぐ後でもまた触れる。

4） あらゆる生物の中で最も複雑な人間は，言語を用い情報を増大させ，社会関係を多

層・複雑化する程度に応じて，意識をも欲望をも多様にふくらませてきた。グローバリゼーションが技術の増進とともに，人間関係を広げていけばいくほど，一元化の裏側で多様化も進むことになろう。ところで，"多様化"は今日，人間のみならず広く生物界の進化の結果として，生物学界でも再認識され，恰も流行語のように盛んに強調されている。代表的なものとして E. O. ウィルソンの『生物多様性』（Wilson, *The Diversity of Life,* 1992　大貫昌子・牧野俊一訳，Ⅰ・Ⅱ，1995）をみよ。また例えば小原秀雄も，「多様性自体が生物の基本的性質である」と述べている（川那部浩哉との対談『多様性と関係性の生態学』1999）。

5）変化の"不連続性"やそれに伴う"不確実性"も，"多様化"や"複雑性"と共に，現代の流行語となった。例えばドラッカーは『断絶の時代』（P. F. Drucker, *The Age of Discontinuity,* 1969──林雄二郎監訳は上記のとおりだが，文字どおりそれは"不連続性の時代"である）を書いて，新しい産業や技術革新によって，予測しえない変化が生じていると論じた。かなり以前の話だが，当時「はっきりとは現われていない非連続が，経済・政治・および社会の構造と意義を変革しつつある」（序）という指摘は，今日もそのまま通用する言葉だといってもよい。ガルブレイスもまた，経済＝社会思想史の一連の講話の中で，19世紀の安定した「確実性」に対して，20世紀の甚だしい「不確実性」を対比してみせ，それに『不確実性の時代』（K. Galbraith, *The Age of Uncertainty,* 1977　都留重人監訳，1978）というタイトルをつけた。前世紀では資本家も社会主義者も確実性への信念を持っていたのに，今日の人類の直面している諸問題は驚くべく複雑であり，それだけに秀れた指導者と決断が必要だと，彼はいう。恐らくこれも，グローバリゼーションの時代に当てはまる要件であろう。

§3　技術文明と世界問題

　冒頭から見てきたとおり，近代以後の人口の増加と技術の進歩は，地球を"縮小"させることで，グローバリゼーションの背景的要因を作り出してきた。人口の増大は地上での人類の"成功"を意味するし，技術の進歩は利便を増進し・文明生活を豊かにしてきた。しかしその反面で，それらは「世界問題」を噴出させ，人類にかつてない重い負荷をかけ，その存立をも危うくさせるものとなっている。「世界問題」とはここでは，その規模の広がりが地球大(グローバル)であり，その解決には国境を越えた諸国民・諸民族の協力を要し，しかもその解決に失敗した場合には，人類の生存を脅かすような質的重大さを有する諸問題を呼ぶ。以下にそれらの代表的なものを取り上げ，本稿の主題の観点から展望してみることにするが，あらかじめ肝心な次の2点について，注意を喚起し

ておきたい。一つは，それらが何れも，人類の性向や欲求や生活の仕方から出たもの，つまりは原因は外ならぬ人間であるということである。〔筆者はそれらを人間の"身から出た錆"であり，その始末は人間がする外ないもの，としてきた。〕もう一つは，それらが重なり合って今日噴出してきている状況からみて，現代は人類のかつてない"転換点"（Turning-Point）を意味するということである（これについては後に再考する）。

　（i）人口問題〔関連：(ii)，(iii)の外，都市問題，難民問題等〕　人口問題は既述のごとく，人類が地球空間に広く拡散・充満することによって，次の(ii)(iii)の問題とともに，地球の相対的"縮小化"を促進し，グローバリゼーションを必然的に惹き起こす直接因となっている。周知のとおり，その問題意識は 2 世紀前のマルサスに遡るが，現実に人口が地球の"収容能力（キャパシティ）"を越え始めかけている（(ii)(iii)参照）のは，まさに現代である。21世紀の中頃には，世界人口はほぼ確実に100億を越え，住宅も食糧も得ることの出来ない大量の"救いなき人々"を生ずると見込まれる。人口問題は先づこの難民問題として，具体的な世界問題となり，人類に困難な課題をつきつけるだろう[6]。つぎにそれは，世界規模で二つの不均衡現象として現れつつある。一つは，人口の大都市集中（21世紀中には 6 割が都市に住むとされている）によって都市問題の激化と都市・農村間のアンバランスの増大を生じること。もう一つは，既に「南北問題」として現われている，先進国と発展途上国との間の，経済・福祉・技術・生活等の大きな格差の拡大である。これらの何れも，とりわけ後者が，現在のグローバリゼーションの最大の問題点となっていることは，周知のとおりである。

---

6) これらはすべて，人口問題のコロラリー（或はむしろその一面）であり，その解決のためには総合的かつ世界レベルの人口政策を必要とする。この(i)および(ii)(iii)で述べる全ての問題の根底に人口問題があり，これはいわば"世界問題群の結節点"（前掲拙稿 1）ともいうべき意味を持っているからである。人口問題とそれに絡む難民問題・「南北」問題等を抜きにしてグローバリゼーションを論ずることは，無意味である。

(ⅱ) 食糧・資源問題　食糧問題は，人口問題の現象面における第1の具体的問題である。現在すでに世界の約一割ほどの人々が"必要栄養量"をとれない状態であり，既述のとおりボーダーライン層はそれをずっと上まわる（少し古いデータだが，'90年のUNEP報告では，慢性的飢餓状態にある者は5億5000万人にのぼっていた）とすると，21世紀の後半は"食えない"人々で世界的騒乱が生ずる，という予測は行きすぎた悲観論とはいえないであろう。地球の食糧補給能力は約80億人分が限界とされており，バイオ技術によるその向上を見込んでも，大量難民の増大は不可避であろう。さらに食糧に限らず，大人口を支えるための生産の増加のため，石油を始め必要な資源・エネルギーの補給もまた困難になろう。現代の人類が乱費・消費しつつある石油等の地下資源の減少・涸渇は，未来の子孫の"生活権"を侵害する結果に導くだけでなく，現在すでに種々の形の"資源・エネルギー戦争"を招来しつつある。今日のグローバリゼーションも，必然的に"持続可能な"（sustainable）生産・消費の枠組を人類に課しているが，有限な"宇宙船地球号"で人類の共生を計るためには，より強力で積極的な世界政策，およびその実現のための諸国民の国境を越えた共同作業が必要となろう。

7) この問題への本格的な反省が広く行われ出したのは，1970年代である。とくにローマ・クラブが『成長の限界』（*The Limits to Growth*, 1972），『岐路に立つ人類』（*Mankind at the Turning Point*, 1974），『国際関係の再形成』（*Reshaping the International Order*, 1976）等々の研究リポートで，世界問題群についての厳しい警告を行ったことなどによって，関心は急速に深められた。閉じた地球空間の有限性の認識は以来，民度の高い国民では共通となっている。

(ⅲ) 環境問題　18世紀の産業革命に始まる生産の工業化は，20世紀に至って生産・消費の急角度の上昇と並行して，かつてない大規模な環境破壊を生ずることになった。人口の急増に加えて，人々の消費性向とそれを充たす技術力の増大などが相俟って，大量消費・大量生産を——とくに「北」の先進諸国で——亢進させ，その大量の廃棄物で地球の陸・海・空を汚染させたからである。さ

らに人の文明生活は、土壌・河川・大気を汚しただけでなく、森林・原野の荒廃——"緑の減退"，（一年間で凡そ九州程度にも及ぶといわれる）砂漠化の推進——オゾン層の破壊、地球の温暖化等を通じて、地球環境をまるごと悪化させるに至った。地球の生態系まで変える、この人間の所業は、多くの生物を絶滅に追いやるとともに、人間じたいの生存基盤を掘り崩す恐怖すべき事態に人類じしんを追い込んでいるのである。[8] こうした環境破壊のグローバル化は、端的にいえば人間の悪業であり愚行であって、この負の過程を切り換えて文明の正のグローバリゼーションを果たすためには、何としても克服・転回されなければならない。世界規模での環境の保全と恢復のための人類の協業は、現代人に課せられた最優先の義務である。

8) この必要は早くから、世界の関心ある多くの人々の共通認識（あるいは常識）になってきたといえよう。——例えば IUCN（国際自然保護連合）は、UNEP 等との協力で「世界自然保全戦略」（World Conservation Strategy）を樹て、1980年にその普及版（*How to save the world* 竹内均訳，1982）を出したが、同じ頃には同種の志向と政策を示した著書が沢山書かれている。ほんの一例をあげると、L. R. Brown, *The Twenty Ninth Day*, 1978；E. P. Eckholm, *Down to Earth*, 1982（石，水野共訳『地球レポート'84』）等をみよ。それに続いて、1972年ストックホルムで開かれた UN 人間環境会議は、「かけがえのない地球」（"Only One Earth"）を守ろうとする自覚を世界的に喚起する第一歩となった。

なお、こうした思考や前述のローマ・クラブの「成長の限界」論等に対して、楽観的未来論の立場から反論を繰りひろげたハーマン・カーンのような見方もある。（例えば H. Kahm, *The Next 200 Years*, 1976 小松・小沼共訳『未来への確信』参照）人間の能力や技術によって、上述のような問題は解決できる、というその種の立論は、根拠に乏しく環境破壊の深刻さに対し、余りにも楽観に過ぎて賛成しがたいが、そのカーンにしても人類の協業による組織的対処の必要まで否定したわけではない。

(iv) 軍事（とくに「核」）問題　　20世紀に飛躍的に発達した軍事テクノロジーは、破壊能力の点でも地球を一気に"縮小"し、人類全体の生存を左右する怪物となった。何よりも《核・ロケット・コンピュータ》の組合せに象徴される現代の破壊兵器は、地球上のどの地点をも攻撃でき、短時間に大量殺戮を

第1章　グローバリゼーションと国家・民族・個人　15

なしうる能力を持ったからである。すでに1960年代に，当時の「東西」対立の主導国であった米ソ両国だけでも，相互に相手方の国民を何回もせん滅できる「核」を持ち，人類を累卵の危機に曝し出していた。その後「核」の蓄積と拡散が進み，冷戦解消後も人類は"絶滅戦争"の危険から解放されないまま，新世紀に入ることになった。各国家が「国家理由」を行動原理とし，自らの利益と安全を"最も安上がりで有効な"兵器で守ろうとするかぎり，「核」の拡散と蓄積はこれからも続けられるであろう。"閉じた国家"の欲求と軍事的合理性の計算は，多くの国々をその方向に駆りたてていくに違いないからである。そして「核」のグローバル化は，まちがいなくメガデスの可能性を増大させ，人類滅亡の悪夢を深めることになるだろう。文明のグローバリゼーションを絶望的に脅かす「核」の廃絶なしに，人類の生存も文明も未来がない以上，「核」を中心とする軍事のシステムと技術を現代でストップさせることが，現代人の基本課題となる筈である。

9）核兵器は有効なメガデス手段であるがゆえに，その使用を禁じられるべき"自己矛盾"的な道具である。その部分的使用への誘惑が，核保有国を動かす危険はかなり大きいと思われるが，大量使用によって生じうる"核の冬"（nuclear winter）は，人類絶滅を招来する惧れがあるために，絶対に抑止されなければならない。そういう事態は生じえないという楽観主義者は，例えばM. ロワン＝ロビンソン『核の冬』（*Fire and Ice : The Nuclear Winter*, 1985　高榎堯訳）等について，早くから米ソ双方の科学者たちがともにその危険性を指摘した多くの警告に接して，認識を改め，絶滅戦争の防止に向うべきであろう。

(v) 情報化問題　　交通・通信の発達は，地球の"縮小化"を進めた最大の要因だが，とりわけ今進行中の情報技術（IT－Information Technology）の凄まじい発達は，人間の「時空」を空前のスピードで短縮しつつある。テレビやインターネットで，地球の隅々にある人々が即時に通信できる状態は，まさに現代のテクノロジーのもたらした画期的な利便であり，文明の進歩への大きな寄与といえる。今日のグローバリゼーションを推進している中枢の技術が情報のそれであるのは，人類が辿ってきた狩猟→農業→工業の段階を経て，第4の

情報化時代に入ったことを意味する[10]。おそらくそれは，文明の世界化を急速かつ大量の情報で進展させ，人類を文明の全く新しい局面に導き入れることになるだろう。しかし，情報化時代は利便と快適に充ちた，バラ色の楽園であるとは思われない。人間関係に及ぼすその多大な影響のプラス面の裏側では，計量しがたい程の負の側面が予想される。既に種々の形で現われているコンピュータ犯罪，自然的・人為的障碍によるシステムの機能喪失，それから来る社会的混乱，ITの軍事利用による禍害（対立国間のネット戦争による混乱等）など，グローバル化による計り知れない損害も生ずるであろう。それらのほか，人間の情報奴隷化や，過剰情報の中での人々の選択能力の喪失（過剰の中の情報貧困），自然・人間との触れ合いの減少（それから来る情緒・感性の減退）なども予想される大きなマイナス面である。文明のグローバリゼーションの問題性は，ここに極めて尖鋭な形で現れるであろう。

[10] A. トフラーは，文明の進化を3段階で捉え，紀元前数世紀から17世紀半ばまで支配した「農業文明」を第一の波，産業革命後から20世紀に及ぶ「産業主義」の文明を第二の波と呼び，それに代って今日起こりつつある全く新しい文明を第三の波と名づけた。（Cf. A. Toffler, *The Third Wave*, 1980　徳山二郎監訳『第三の波』，1980参照）。「産業文明」の後に続く「第三の波」の変革の全体は，多様性や流動性を特色とする故か，脱産業・脱市場・グローバリズム等の一般的性格のほかに，一言で特徴づける概念をそこでは示していない。しかし実質上この第三の波の中心は情報化にあるといってもよいだろう（トフラーのもう一つのベストセラー本『未来の衝撃』*Future Shock* も，それを裏書きしているといえる）。ところで，人間の文明史を〈農業―産業―情報〉の三波で大きく捉えるのは，説明としても分り易く便宜ではあるけれども，農業革命以前の狩猟時代を「文明」以前の「未開」の段階として考慮の外に置くのは，妥当ではあるまい。広義の文明史は，更に遡って二足歩行と素朴道具（および言語的通信）を始めたまだ蒙昧な森林時代から数え，（半動物の）蒙昧時代→狩猟→農業→産業→情報化時代の5段階（少なくとも後の4段階）に分けて考察すべきではないかと思われる。仮に狩猟時代から始めれば，今は"第四の波"の時代に入りつつあるということになる。

　上記の五つの「世界問題」のほかにも，現代は革命的なバイオテクノロジーの時代でもあり，この面でも人類は確かに――科学技術の恵沢とともに大きな

危険（例えばクローン人間生産の方向など）を孕んだ——新しい文明の岐路に立っている。前掲の世界問題に限っても，それらは解決あるいは処理を誤れば，直ちにか或は多少はゆるやかに，人類文明そのものの破局，さらには自らの存続の自己廃棄（つまりは類としての自殺）にまで及ぶような，危険なマグマとなって我々の脚下に揺れ動いている。しかも，文明の進化には前述した加速度がかかっているために，それに対応しうる制度や規範システム（法や道徳等）が追いつかない惧れが大きい。それだけに一層，現代人は自らが未曾有の大転換点に立っているという自覚を求められるであろう。以下の考察は，この前提を踏まえて行われる。

II 「世界化」の行方——その中の国家・民族・個人

§4 国家の変容と転位

先（§1）に述べたように，今日のグローバリゼーションの直接の前史は，封建体制から近代国家への移行期に始まる。この時期は，また，ウォーラーステインのいう「ヨーロッパ世界経済」が出現し，農業を中心とする大規模な社会システムが形成されていく時代である。この「世界経済」は，むろん地理上の全世界に及ぶものではないが，利潤追求の"自由市場"を次第に拡げることで，やがて産業革命後に展開するヨリ広い資本主義世界に向かって発展していった。[11] この経済システムの広がりの過程で，絶対王権を中心とする近代初期の（国民）国家が，諸社会を統合し強力な統治権（→主権）の下に一定の領域（領土）と住民（国民）を治める強力な政治構成体として成立した。それらはやがて市民革命やその影響下で，多少とも「民主」的な法律・制度を持つことで，全世界の（南極を除く）陸地を分割する近代国家となり，今日に至った。その形式的特質が，G.イェリネックの体系化した《主権・領土・国民》の三要素に要約されてきたことは，周知のとおりである。

ここでの主要テーマは，この近代国家がグローバリゼーションの過程の中で，どの方向に向かい・どういう仕方で変化していくかにあるが，その主題に

入る前に三つの大きな動向・ないし発展形態を簡潔にまとめておくことにする。——第1に，近代諸国家は，社会の成熟度に応じて遅速さまざまな相違はあるものの，全体として強力な行政および軍事組織を整備し，社会の分裂した諸勢力や諸利益を統合する法秩序を形成して，一元的な統治システムを形づくった。ヨーロッパでは19世紀の中頃には，例えばヘーゲルの国家観に見られるような，国家イデオロギーの昂揚期に達し，世界は主権国家の並立と競争の時代となる。現代はしかし，この政治状況に大きな変容を加える方向に転回するのである。第2に，欧米の先進諸国家は，前述のとおり市民革命を通じて多くは民主的法制を持つようになったけれども，その反面でアジア・アフリカ・南米等の広大な地域を武力的に制圧し，植民地政策による収奪と搾取をほしいままにした。近代欧米諸国（日本もその一翼を担ったが）のそうしたパラドックスもまた，第二次大戦後には一応解消され多くの独立国が誕生したが，それらの大部分は「南」の低開発国として，重いハンディを負わされたまま，グローバリゼーションの波にもまれることになっている。第3に，近代資本主義国家は内部に多大な社会矛盾（貧富の格差や階級対立等）を抱え，社会主義運動の波やファシズムの攻撃を受け，世界規模の動乱や変革に曝された。第一次大戦後に台頭したファシズム国家やソ連の成立・発展は，資本主義体制の重大な脅威となったが，左右両翼の体制アンチテーゼは何れも，第二次大戦とその後の東西冷戦を経て大幅に後退し，今や資本主義下のグローバリゼーションが進行中である。資本主義はなお多くの問題を抱え・自己修正を余儀なくされながら，当面は経済世界化の制度原理となって，21世紀の国際関係を規定していくであろう。

11) 近代国家を作り出した歴史の溶鉱炉を，16世紀ヨーロッパの経済の構造変動期に見出すのは，アナール派のブローデルを始めとする史家たちであった。その見方は，彼らの分析を通じて，今日の通説的見解となっているといってよいようである。I. ウォーラーステインが『近代世界システム』（Wallerstein, *The Modern World-System — Capitalist Agriculture and the Origins of the Europian World-Economy in the Sixteen Century*, 1974　川北稔訳，Ⅰ・Ⅱ，1981）が，「ヨーロッパ世界経済」の成立を，封建体制

が崩壊し，王制国家の角逐が激化する16世紀の大きな変動の中に位置づけ・分析したのも，その代表的な研究成果である。かれの方法や理論構成には，幾多の疑問や批判が寄せられたが，欧州「世界経済」の「中核」となった近代国家が，「辺境・半辺境」の諸国を従属化したり・搾取したりするこのシステムの発展は，やがて来る現代のグローバリズムを準備したものと見ていくうえで，総合的把握に資するだろう。ヨーロッパ世界システムの中で成功した「中核」の主権国家の大方は，次第に権力の集中と拡大を続け，やがては産業革命後の工業化社会をもリードし，今日のグローバリゼーションの先頭グループに入っているからである。

　さて，グローバリゼーションに入る前の近代国家の様相をもう一度顧みてみよう。国家はその成熟時には，対内的には社会の全ての組織体に優越する最高の統治権を持ち，対外的には他のどの国からも内政干渉を受けない独立性（対外主権）を有するものとなった。それはこのような「最高独立」の主権性を保持するだけでなく，国民の生活や生存目的の充足を果たすための高次の理念的統一体であり，国民はその一員としてそれへの奉仕と服従を義務づけられるものとされるに至った。例えばヘーゲルによれば，「国家は倫理的理念の現実態」（『法の哲学』，*Grundlinien der Philosophie des Rechts*, 1820, §257）であり，最高度に理性的なものであるから，「この実質的統一は絶対不動の自己目的であり，そこにおいて自由は最高の権利を得ることになる」（§258）。個人が真理や倫理や客観性を持ちうるのは，この「客観的精神」（objektiver Geist）の一員である場合だけであり，「個々人の最高の義務は，国家の成員たることにある」（同上）と観ぜられる。──このように現世における最高の政治体制である国家は，諸外国に対して排他的な独立の存在であって，諸国家は互いに"自然状態"の中にあり，自らの権利の現実性は超国家的な普遍意思の中にではなく，各自の特殊意思に委ねられる（§333）。したがって「国家間の紛争は，（各国の）特殊意思が合意を見出さない限り，ただ戦争によってのみ決せられる」（§334）ということになる。このヘーゲルの国家観は，G. イェリネックらによって精密に法理論化されたが，何れにしてもこうした主権国家が対峙する国際（法）社会には，国家の同意なしには規範的拘束力を持つ上位法はなく，──20世紀の初頭に至るまで──「世界法秩序」は大方の人々の観

念にも上ってこなかった。

　近代国家が互いを距てていた「主権」と国境の高い壁は，しかし，19世紀末から各国家を襲う経済変動の影響や相互依存性の高まり等を通じて，次第に変化せざるをえなくなる。とりわけ20世紀に進行した国際的危機や二度の世界戦争などによって，国際関係は急速に緊密化し，多かれ少なかれ各国家を拘束する法制度的枠組み（とくに国際連盟→国際連合の形成とそれに伴う諸規定）を強めることになってきた。この変化に加えて，各先進諸国家の内部には，一方では大企業の超国家活動の活発化，国境を越えた経済進出や企業結合などによるワールド・エンタープライズの勃興と，他方では地方自治や分権を求める脱中央主義の高まりがあって，国家の「主権」性は対内・対外の双面から揺るがされるに至った。――この潮流の上に（或はその中から），先に（§3で）概述した種々の世界問題の重圧が加わってくる。18・19世紀の旧主権国家のフレームは，ここで不可避的に大きな変容を蒙らざるをえなくなる。

　以上の背景を負って進行しつつあるグローバリゼーションの中で，国家はどのように変容し・またどの方向に位置や機能を変えていくだろうか。とりあえず今日生じつつある実態に即して，事実問題として見れば，概略次のように要約できると思われる。ⅰ）第1に，18・19世紀以来の主権国家は，すでに20世紀に旧来の"主権絶対"のイデオロギーや閉じたナショナリズムの変更を余儀なくされてきたけれども，その傾向は21世紀には一層つよまるだろう。何よりも先にあげた世界問題の噴出と重圧は，主権諸国家の無為・無関心を許さないほど共通の課題をつきつけており，グローバルな協力・協業を求めているからである。どの国家も，規模・能力・体制のどの点でも，世界問題を単独で解決することは不可能であり，しかも前述したとおりそれらの解決なしに人類そのものの存立が危うい以上，"主権"のイデオロギーに固執して協業を拒むわけにはいかないのである。ⅱ）第2にしかし，人類的観点に立って各国の主権性や国境の壁を低めるべきだとしても，現実問題として近い将来に国家を消滅・ないし揚棄することは不可能である。現代国家はなお巨大な権力を持ち，そこに住む国民の共同の意識や利害を踏まえて，それぞれの"国益"を追求して対

立しあっており，その限りで現代はまだナショナリズムの時代である〔一例として，世界の平和に最も重大な責任を負う有力な UN の安全保障理事国の現行メンバーを見よ。その全てが「核」を保有し，"核廃棄"の国際世論に背を向けて，「核」を手放そうとする気配さえないだけでなく，何れもが武器輸出国として自らの経済的・軍事的利益を優先させ，武力紛争に直接・間接に"寄与"している。諸列強のこの国家エゴイズムの構図は，現代の人類の問題状況を象徴的に物語っているといえよう〕。しかも現代の国家は，その強力な自己主張の故に事実上存続しているだけでなく，次節（§5）で見るように，なお果たすべき課題と機能を持っている。"人類の時代"に入りつつある今日でも，端的に国家の消滅（マルクス主義の言葉でいえば"死滅"Absterben）を期待もしくは予想するのは，現実を無視した幻想というしかないであろう。[12]

　iii）うえの2点は，一見互いに矛盾した事柄のように見えるが，実際には恐らく国家は，次第に人類共生（或は少なくとも"生き残り"）の要請に応じて自己修正または自己改革を進め，何らかの世界規範的枠組み（たぶん後述の"世界連邦"的システム）の中に収まる方向に進むと考えられる。なお，一種の"世界化"と呼んでよいこの方向のほかに，現代国家の各処で進行・もしくは要望されつつある"地方自治"の強化，或は地域（分権）化（localization）の傾向も同時に視野に入れておかなければならない。前の"世界化"が普遍主義の方向であるとすれば，この"地域化"は個別主義のそれだといってよいだろう。この両者はまた，一元化と多様性の相反的流れとも重なると見られる。現代国家はこの双面での変容を進め，文化のグローバリゼーションの中で新しい機能と課題を担うものとなろう。以下，この大まかな見取図の下で，国家を世界と民族・自治体および個人との関係で捉え直し，その変容のヨリ具体的な意味を考えてみることにする。

---

12) 周知のとおり，マルクス・エンゲルスは，社会主義革命の達成によって階級対立がなくなれば"国家は衰滅する"と説いた（エンゲルス『家族，私有財産および国家の起源』1884等）。国家を"階級支配の道具"と規定した唯物史観の立場からすれば，その結論

は定義上当然に導かれるトウトロジー的必然であるが，社会主義革命の成功を誇り，無階級になった（筈の）ソ連邦において，国家は衰滅するどころか益々強大な支配機構となった。これについてスターリンは，"資本主義諸国に囲繞され・その侵略干渉の脅威が存する限り，防衛上「国家」は存続する"と説明した（1939年18回党大会演説）。そしてその強大なソ連邦は，自己解体をとげた（むろんロシアその他の構成諸国は残存した）ため，"国家死滅"を永遠の彼方に押しやったままになった。皮肉なことに，既成の国家の解体（或は"衰滅"）があるとすれば，唯物史観のいう"必然"ではなくして，グローバリゼーションの極限に現われるであろう世界連邦（見方によれば，それも一つの"国家体制"だが）の成立によることになるだろう。なお，社会主義とは全く無関係に，第二次大戦後の一時期に活発に行なわれた世界連邦主義運動の中で，主権国家の揚棄が唱えられた。その代表的な論者の一人 E. リーブズによれば，"現代の戦争は主権国家の対立に起因する。世界の平和と安全を達成するためには，国家のエゴイズムを抑制し・統一的な世界法に服せしめる必要があるが，それは世界政府の樹立によって国境を取り払うことである"（Cf. E. Reves, *The Anatomy of Peace*, 1945）。——これは単純明快な結論である。"主権国家を解消すれば，国家間の戦争はなくなる"という命題は，一種のトウトロジー的な"正しさ"を含んでいる。但し，問題はいかにして世界法秩序を作り，諸国民・諸国家をそれに服せしめるのか，という手続と方法にある。さらに，国境とは無関係に発生し，戦われている民族間の闘争も，そこでは考慮されていない。国際社会の厳しい"現実"の前で，この種の国家消滅論が後退し，世界政府論も衰退したのも，やむをえない成行きであったといえよう。

§5　国家・民族，自治体・個人の関係

　この節の本題に入る前に，うえに略述したグローバリゼーションの方向に関する二組の対概念に補足的な考察を加えておこう。再々繰り返してきたとおり，文明（むろん国家・法などを含む）のグローバリゼーションは，一方向へ単線的に行われるものではなく，普遍と特殊（或は個別），一元化と多様（又は多元）化という対極的な方向性を持ち，——また時には連続的に・時には非連続（飛躍）的に進行する，複雑な歴史過程である。〔それにはもう一つ，価値観点から見た「正と負」の，もしくは，積極的（positive）面と否定的（negative）面の相反的な意味が加えられるだろうが，これは人々の主観的価値観によって異なった評価を生ずるから，ここでは採り上げない。後でⅢの問題に即して，この観点からの扱いを行うことになろうが。〕①文明・文化は，一方では普遍化の方向に進む。技術・機器・制度など，どこの誰にも便宜や快適を与

える文明的所産（例えば秀れた医療技術や薬品，通信・交通手段，制度では貨幣・交換システム・議会制や立憲制などをみよ）は，高度の合理性によって広くゆきわたり，普遍的なものとして承認されるだろう。そのような普遍的なるものは，その性質じたいによって世界化しやすいし，空間的拡がりによってそれらの"普遍性"を実証してゆく。他方でグローバリズムは，それとは一見反対の特殊（個別）化の傾向を有する。"普遍"的な技術や社会システムも，異なった民族・風土・慣習などによって，異なった仕方で受容され・変形や加工を施されて，独特のものとなる。〔例えば，言語文化上のクレオール現象をみよ。また立憲民主主義の諸制度が，各民族の政治風土の相違によって，驚くほど多様な変形を生ずることも，グローバルに見られる風景である。〕文明のグローバリゼーションは，この面では個別（特殊）化の過程でもある。[13]

㊂うえの対概念と或る意味では重複したり・交錯したりもする，もう一組の対極的カテゴリーとして，一元化と多様（多元）化がある。普遍的なるものは，一元化に向かう傾向があるし，個別的なるものは，その拡がりにおいては多様化を意味するから，この二組の概念は親縁・重複関係にある。しかし，普遍と特殊（個別）という古来哲学上長らく論議されてきた概念に対して，一元化と多様化は科学上の現象的観念であって，哲学的論議から切り離して用いることができる日常用語でもある。ここでは主として文明の制度面・社会システムの過程に限定して用いることが許されよう。本章での"グローバリゼーションと国家"のテーマに即していえば，国家や民族のうえにそれらを拘束する世界法秩序（世界国家あるいは世界連邦）が出来れば，それは世界システムの一元化に外ならない。しかし他方で，そういう制度的一元化は，下部システムとしての諸組織（旧国家や地方自治体，企業・労組等）の全ての一元的統合を意味するわけではない。そのような"統合"は事実上不可能であるだけでなく，逆にすぐ後で述べるように，多様・多元的である方が望ましく，そのゆえにまた必然的に多様化が進むだろう。いいかえればグローバリゼーションは，社会システムの一元化と多様化の双志向性を持って推進されることになろう。

13) グローバリゼーションの過程とその支脈の理解は，"普遍と個別"の関係を中心に置いてなされるべきだ，という見地に立つ R. ロバートソン（前掲，第4章）は，アイデンティティやジェンダー等の問題をとり上げながら，"グローバル文化"の社会理論的位置づけを試みている。彼はウォーラーステインが"個別主義と普遍主義の同時性を主張する"点を"正しい"と認めながらも，この両者の相互作用が"資本主義に独特であるという含意には同意しない"とした上で，次のように提唱する。すなわち，「現代のグローバリゼーションをその最も一般的な意味での個別主義の普遍主義化および普遍主義の個別主義化を含む，二重のプロセスを制度化する一形態として考察することが最善であろう」と。そしてグローバリゼーションは，「四つの基本的な準拠枠―国民的な諸社会，個人の自己，諸社会の世界システム（国際関係），および人間」の「相互浸透的なプロセスを構成するものとして，示すことができる」という。これは国家のみの問題にとどまらず，個人のアイデンティティの問題を指摘したものとして，後(d)でも考察されるべき重要な論点でもある。

　上述した文明のグローバリゼーションの（2重の）双志向性を念頭において，本節の主題に入る。この問題群は，次の四つに分節化される。第1は，世界的に政治＝制度の一元化が進むという前提の下で，国家はどのような位置づけを得，どういう機能を受け持つことになるだろうかという問題。第2は，今日種々の紛争や対立を引き起こしている民族は，国家の内外でどのように位置づけられ，"人類の時代"の中でどう理解される（べき）だろうか。第3は，国のサブ・システムとされてきた地方自治体が，種々の面から強化・自律化を要望されている今日，世界システムと国と自治体との関係はどうなる（べき）か，という問題。さいごに，これらの関係変化の進む中で，個人はどんな位置を与えられ，どのような主体的存在たりうるか，という問題――である。これらは何れも，実体的な予想問題であるけれども，誰が扱っても主観的な希望的観測や当為（上記に例示した「べき」の要素）が入りこみ易い，厄介な問題である。中でも「民族」のように定義も実体的輪郭もさだかでない，無定形な対象は，果てしのない議論の渦に巻きこまれて，その重要さにも拘らず，問題じたいが行方不明になる惧れさえある。そういう混乱を避けるためにも，ここでは専ら筆者の私的観点からの予測（およびその理由もしくは根拠）を，端的にかつできるだけ単純化した形で提示し，大方の議論の足がかりに供したい。

〔但し，単純化の故にブラック・ボックスに入れたり，或は方法論的に一時考察の外に押しやったりした問題や要素が，絶えず再検討を求めて表面に再び押し出され，"論議のむし返し"が行われる可能性はつねにあろう。そういう"復活運動"が理論枠組じたいの再検討を促すような，フィードバック作用を営むとしたら，それは理論の革新や発展にとって歓迎すべきことであり，ほんらい社会理論はそうした弁証法的性格を持つものというべきだろう。その意味で以下の試論は，反定立を予定する一つのテーゼ提出に外ならない。〕

(a) "世界化"の中の国家　前から見てきたとおり，世界問題の噴出によって人類の生存そのものが脅かされている今日，国境を越えた人類の協働を可能にする世界システム作りは，緊急の課題となっている。人類が理性的に共生の選択をするならば，政治＝制度のグローバリゼーションは次第に急速に進み，世界法秩序の建設もかつてのように遠い未来の夢ではなくなりつつある。むろん，後でも述べるように，その前に立ちふさがる諸々のバリヤーがあるから，その早急な実現は望みえないにしても，その方向は必須である。ただ，文明の多様化も他面での不可避の流れである以上，未来の世界システムも，民族・宗教・あるいは諸々の価値観の多様性を一色に統括する（ドイツ語でいう Gleichschaltung の）ような，一元的な権力体制にはなりえないであろう。おそらくそれは，各民族・宗教その他の諸集団の多様性を承認する，価値論的にはゆるやかな民主的システムとして成立し，ただ人類の平和的共生を脅かす組織力や運動に対しては，厳しい有効な統制を加えうる世界法秩序をめざすことになろう。各国家はその下で，各自の一定の自由と独自性を持ちながら，人類意思としての"世界法"に服するものとして，古い主権性を大幅に削減し，その権能の相当部分を世界（権力）システムに譲るようになってゆく。その極限で国家は，後者のサブ・システムたる支分邦（今の U.S.A. の state，ドイツの Land に当るもの）となるであろう。

(b) 世界システムにおける民族　未来の世界システムにとって，最も厄介な問題は，民族をその中にどう位置づけ・諸民族間に生じる紛争や衝突をどのように予防し解決するかにあろう。常識的な定義づけを試みれば，民族とは，

"共通の言葉で通話し合い，宗教・道徳・政治・経済・伝統・生活習慣など多元にわたり文化的共通性を持つ社会集団"を呼ぶが，多くの場合それは，一定の血縁・地縁の観念を紐帯として，強い帰属意識を共有している。〔この"定義"が示すとおり，民族とは文化や歴史に関わる社会科学的概念であって，生物学的分類に属する人種とは別義である。ただ実際上，各民族は同種・同族の血縁観念——及び一定の"風土"や"先祖以来の土地"などに結びついた地縁観念——を持つゆえに，国家・国境を越えた共属の意識や連帯感を有する集団となる。大ドイツ共同体を目ざしたナチスが，"Blut und Boden"のスローガンを掲げたのも，それなりに理由があったといえる。〕民族のそうした特性のゆえに，民族間の衝突は，それぞれの名誉や誇りをかけた激情的な対立になり易く，とりわけ長らく敵意を抱いて対峙しブルータルな闘争をくりかえしてきた民族の間では，発火点の低い緊張状態が続いている。冷戦後に各地で頻発している熱い戦いは，その端的な証拠である[14]。——こうした民族対立は，グローバルな安全と平和の脅威であるから，国際的な調停や干渉によって，(PKO のような形で) 停戦や和解を求める動きが重ねられてきたし，それは今後益々つよまってゆくだろう。それと同時に，民族の自律性や諸要求を積極的に承認し，世界システムの中に主要な構成要素として採り入れる方向に向かうことが必須になると思われる。そうでないと，民族間の融和と理解を進めて，恒久的に安定した世界システムを作ることは不可能だからである。

14) アラブ対イスラエルを始め，インド対パキスタンのような「核」がらみの熱い戦争さえ憂慮される，民族＝国家的対立の外に，ユーゴスラビア・アフガニスタン・ロシア・旧インドネシア等に見られる国家内の民族紛争があり，クルド族のように複数国家にまたがって自律自存の抵抗を続けるものなどがあって，対立の様相は極めて多様かつ複雑である。これらの外さらに，アフリカ大陸に続出する部族戦争，中国・スペイン・カナダ等の安定した諸国家にも見られる少数民族の独立運動などを加えると，広義の民族紛争と無関係な国の方がずっと少ないことになろう。
　なお，この現実の認識のためには，最近のルポルタージュとして，自らコスモポリタンと自認しながら，各地の悲惨な民族闘争を実地に目で確かめた，M. イグナティエフの『民族はなぜ殺し合うか』(M. Jgnatieff, *Blood and Belonging*, 1993 幸田敦子訳,

1996)をみよ。更にまた，血と帰属意識に基づく凄まじい暴力を念頭において，S. ハンチントンが戦争の主要原因とした「文明の衝突」の大部分も実態的には，民族間のそれであることを思うと，平和政策の主要な努力は，民族間の紛争防止と融和に向けられるということにもなろう。

(c) 世界と国家と地方自治体　グローバル社会が形成されつつある現在，国家の変容（とくに堅い主権枠の軟化）と対比して，地方自治体（多民族国家の場合には，とくに少数民族の自治体）の上昇が注目される。教育・福祉・医療その他の生活配慮について，自治体は国家ができない施策を受け持つ点でも，それを踏まえたコミュニティ作りでも，地域社会の重要性は益々高まるからである。世界問題の亢進に従い，世界システムの強化が要求される中で，小さな自治体の権能を増大させることは，一見パラドキシカルな現象である。しかし，一般に国家は，地球大問題の解決には弱小である反面で，市民の多様な生活要求を充足するには過大であり，後者に対する緩和策としては地方自治体の活動が最も適合的なものとして要請されよう。しかも人民（市民）が直接に政治・行政に参加し，民主社会を効率的に運営し，各地域の特有の問題を解決していく点で，地方自治体は，規模と能力の双面から見ても適切といえる。グローバリゼーションの推進も，各地域社会の民主的運営――いい換えれば民主主義の分節化――を各国で実現することによって，世界システムの統合と多様化の要件に沿うことができよう（後述§7のグローバリゼーションの要請参照）。

15) この点について筆者は，『憲法政策論』1991の第10章「地方自治の方向と可能性」の中で，やや詳細な考察を行っておいた。その小論は主に日本憲法下の自治制を扱ったものだが，そこでも自治体は「地球化」の時代に対応していくべきことを指摘しておいたので，参照を乞いたい。

(d) グローバリゼーションと個人――「世界市民」意識の問題　文明の世界化は，"人類の時代"の到来を意味する。前述したとおり，現在はまだナショナリズムの時代に足を踏まえているために，大方の諸個人は一定の国家・民族

に帰属し，自らのアイデンティティをその中で保持しており，世界市民の自覚は殆ど持っていない。各国もその国民の忠誠心や一体感を強化する，教育やシンボル操作に努めているから，人々がナショナルな意識を越えて世界市民となることは，現状ではすぐには望みえないだろう[16]。しかし，地球がこんなにも"縮小"し，通信・交通がこれほどに各地を接近させ，また世界問題の重圧が全人類の上にのしかかっている時代に，思考力を持った人々が偏狭な国家（民族）意識に凝り固まっているわけにはいかない。すでに人類は，宇宙空間から"青い地球"を眺め，そこで繰り広げられている戦争や環境破壊の愚かしさを客観視できる時代に立っている。人類が教育と学習を進め，宇宙の中の極くちっぽけな一惑星の上に生まれ・進化してきた生物であることを顧みれば，互いに地上の"同胞"であるという認識をすぐにも共有できるだろう。「宇宙船地球号」に乗り合わせた仲間という認識に立てば，「地球市民」たる自覚はあと一歩である。すでに"地球社会学"とか，"世界法"とかが日常語になり始めている今日，諸個人が地球市民の一員として考え・行動する時期は，それほど遠い未来のことではないと思われる。

16) 近い将来，人々の意識における"世界市民と国民（又は民族人）"との相剋——それは先に述べた普遍主義と個別主義との対立でもある——は激しくなるかもしれない。現に日本のインテレクチュアルにおける，二つの帰属意識の対立は，例えば坂本義和と佐伯啓思のそれに典型的に見られる。坂本は論文「相対化の時代」（『世界』1997．1）の中で，現代は"主権国家絶対の観念が相対化され，グローバルな市民主義の時代になりつつある"とし，普遍的な人権価値を核心として，「地球的市民社会」の意識がある程度は「実現化している」と述べた。これに対して佐伯は，「一体，国家や国境を飛び越えた市民がありうるのか」と反問し，"インターネットで環境やら人権やらを基礎にしたコミュニケーションを他国民と結べば地球的市民となるのか"といい，自分には「地球的市民の虚妄よりも国家市民の実在の方が，まだ確かなものに思える」という。（『現代日本のイデオロギー』1998，4章）——ナショナリズムがまだ熾んな今日，佐伯のように国家帰属意識の"実在"を強調して，世界市民の"虚妄"を叩こうとする動きは，たぶん強く続けられるだろう。しかし，上に述べた理由から私は，坂本とほぼ同じ立場で，「地球市民」の意識の"実在"化と成長の時代に入っていると思う。かつて私は，"地球規模での人権問題解決"に関連して，"世界市民"という言葉を使ったことがある（『現

代基本権の展開』，1976，第8章）が，これは上の概念と全く同じである。なお，この言葉を用いなくても，例えば小松左京が『地球社会学の構想』，1979（第6章）を書いた趣旨も，ほぼ同一といってよかろう。この視点からすれば，佐伯・上掲のような思考法は狭隘にすぎるといわねばならないとおもう。

§6　世界システム構築への視座

　上述の諸点は，私の観点からの未来予測であって，むろんその通りに実現されるという保証はない。私なりに（客観的と思われる）根拠は示したものの，例えば（私の希望的観測かも知れないけれども）核戦争の蓋然性等は，殊更に視野の外に置いた。もしも何らかの不測の理由で大規模な核戦争でも始まれば，人類の未来は全く絶望的なものとなろう。民族間の衝突がこじれて，（仮に核使用がなくても）大がかりな破壊と殺戮が長期に及べば，やはり文明の世界化の行程も大きく狂うことになるだろう。――こうした「負」の蓋然性が否定できないとすれば，我々は敢えて「予測」を越え，あるべき世界システムの設計図を画き，その方向に向かって積極的に努力する途を選ぶべきではないか。その必要は何よりも，先に挙げた世界問題ののっぴきならない圧力から生ずる。既述のごとくそれらの処理・解決に失敗すれば，文明の未来は暗黒に閉され，悪くすると人類の生存じたいが危うくなる以上，グローバリゼーションも各国家や大企業のエゴイズムの角逐のままに委ねるのではなく，人類の理性を総動員した方向づけを行うべきである。以下ここから先は，"認識の理論"ではなく，目的の設定（或は価値論的には目標の決定）およびその実現のための方途を選考する，という実践理性の領域もしくは"政策の理論"の分野に入ることになる。

　ここでの目標設定には，幾つかの前提的な基本条件が必要である。ミニマムの範囲で簡潔にそれをあげれば，――第1に，高邁な理想を見つめることは必要だが，政策目標は実現可能なものでなくてはならない。到達不能な目標は，思想や哲学には有意味であっても，現実の政策や戦略には不適格である。第2に，その"決定"は"主観的な"価値判断に属する点で，世界観的な対立を伴うであろうが，できる限り広い知的同意が得られるよう，理性的な手続と配慮

が求められる。第3に，作られるべき世界システムは，世界問題を解決しうる統合力を持つ必要はあるが，民族＝文化の多様性を否定するほどにまで一元化された権力体たるべきではない（その理由は前に述べた）。第4に，第2の要件に合致するグローバリズムの"普遍的"理念としては，自由・平等・福祉（以上は現代民主憲法の認める「人権」の内容でもある）および公正（正義）と平和が挙げられよう。これに反する「負」のグローバリゼーションは阻止されなければならない。

　これらの要件や理念を踏まえた，目標としての世界システムについて，かつて筆者が試みた基本設計の概略をここに再掲して，討議の"叩き台"に供することにする[17]（少々長い自家引用を許されたい）。

(1)　未来の世界システムは，どのような形態をとるにしても，全構成員の人権尊重を最高の原理としなければならぬ。この指導理念じたいは，すでに国際人権規約が「人類社会のすべての構成員の固有の尊厳及び平等のかつ奪い得ない権利を認める」（AB両規約の前文）ことから出発している点で，文明社会ではすでに広いコンセンサスを得ているといえよう。各国がこれを受けて，各憲法秩序内で，「生命に対する固有の権利」（B規約6条1項）を始めとする基本的人権の実現に努めるならば，新しい世界システムへの道も確実に拓かれるだろう。

(2)　国家主権は遠くない将来，人類主権に道をゆずり，各国家は世界共同体（恐らく連邦形式をとる）の一支分国，終局的には一地方自治体となる。この方向性も，世界連邦の思想や運動の中に打ち出されていたものであって，原則じたいは新しいものではない。問題は，それをナショナリズムに優位させ，世界規模で実現させていくことにある。このために，各国は次第に在来の国家高権を低めるとともにその軍隊や武器を漸減させ，やがては残った部分も人類共同体に委譲し，もしくは放棄して，相互安全と平和を新世界システムに委ねるようにしなければならない。この移行過程は，特定の国または国民が特別の利益もしくは不利益を受けることのないよう，公正かつ慎重な手続をとる必要がある。

⑶　人類主権の原理の下で，各民族（小部族を含む）は自決の権利を尊重される。「すべての人民は，自決の権利を有する」という原則は，すでに長い歴史的伝統をもち，国際人権規約第1条でも確認されている既定の公理だといってよい。この原則は新しい世界システムの下で，各国の少数民族（部族）にまで十分保障されなければならない。新しい世界システムは，この意味で民族の自律と平和共存を実現する秩序であって，一元的な強制管理を行う「世界国家」ではない。現在の国民諸国家は，それぞれの国民の安全や「生存のための手段」（国際規約1条2項）を保障する責務を担った支分国として，自治的な司法・行政を継続的に行うものとなる。

⑷　連邦制の形をとる新世界システムは，人権規定を中核とする世界憲法を創定し，ゆるやかな立法・司法・行政の機関（連邦警察軍を含む）を持つことになろう。軍備の徹廃と環境保全等のミニマムの緊急課題を除けば，前掲の自治原則を保障し，中央集権的な強権の体系はとらない。ただ，人権規約を中心とした最小限の世界法の支配を達成できるための，抑制の利いた強制手段は必要となろう。民族自律の原則と世界法の支配との，健全な調整を行なうために，民主的合理性をもつ制度が工夫されるべきである。

⑸　既存の国家の権力は，一部は連邦機関に"上昇"的に吸収され，一部は現地方自治体や国家内部族（の自治体）に"下降"的に委嘱され，必要最小限に縮減する。国の政府の縮小した分だけ，連邦および小自治体の政府の権限は強められるが，それらの何れのレベルでも，権力的統制はできる限り少なくし，世界の隅々にわたり人民の自律性を増進すべきである。そのようにして初めて，人民主権の原理は，世界秩序の上部から下部の全体にわたり，究極的には個人にまで貫徹するであろう。

⑹　各国の経済＝社会秩序とイデオロギー上の相違は，——各民族の独自の文化とは少しく違った意味において——少なくとも当分の間は共存すべきものとする。「東西」のイデオロギーの対立は，［注17）参照］"東の自由化"・"西の計画化"の推進によって，長期的には解決されよう。「南北」の格差の解消は，——資源・技術等の再配分が絡むだけに——より困難な仕事にな

るけれども，これも公正な再配分を通じて，次第に実現されうるものと思われる。それはともかく，東西の異質体制の接触面，南北の格差の動態面の何れにも生ずる，不連続線上の摩擦は，不断に紛争を惹起する原因となるから，当初より弾力的な世界政策を必要としよう。

(7) 以上のどの問題の解決にも，各国民の自覚的な協力と，その前提となる民主的教育の推進が必要である。核兵器の廃棄，地球環境の保全といった，当面の課題を果たすのにも，人類主権と人権尊重の原理に対する"世界市民"的コンセンサスが不可欠である。この同意を形成していくためには，狭隘なナショナリズムを超えた人間教育のネットワークを広く作り出さなければならない。諸国民の積極的な――人間のための――教育と学習以外に，現代の矛盾と人間の自己疎外を克服する道はないであろう。

17) この骨子は，1980年代に台湾および韓国を訪れた折に行った講演の中で述べたものだが，のちに和田・小林・深瀬・古川編『平和憲法の創造的展開』1987の最終章の拙論でまとめた部分からの引用（若干省略）である。当時まだ「東西」対立のさなかだったので，(6)にみられるような文章も入っているが，それはそのままにしておいた。なお，右の後に加えたコメントの一部を引いておこう。「上記の7点の大部分は，――(6)の経済システムを一応別にすれば，――世界人権宣言や国際人権規約の中に反映した人類の理性的認識のレベルで，広い同意を得べき範域に入ると見ることができる。現代はこの意味で，ホッブス的な〈自然状態〉を抜け出して，人類全体のコモンウェルスを想望できる時代である」。

III　現実的諸問題

§7　経済のグローバリゼーション――その問題性

　文明のグローバリゼーションというと，ともすればプラスの面に眼が行きがちになるが，いうまでもなく「負」のグローバリゼーションも沢山ある。「核」や環境破壊の世界的拡散など，多くの世界問題はマイナス・シンボルの典型例だといえる。そのほか，象徴的な例だけあげても，麻薬や犯罪や性病などの世界的拡がりも，その一種といえるだろう。それらとは次元が違っても，今日"グ

ローバリゼーション"の中心もしくは主軸となっている経済も，多くの人々にマイナス面を厳しく批判されているところである。そしてそれは，国家のあり方や諸国民の生活に対して，看過できない直接的影響を及ぼす問題であるから，門外漢の筆者としても担当テーマにとって不可避の論点に触れておかねばならない。──尤も，ベルリンの壁の崩壊と共に幕を落とした経済（資本主義）の新たな世界化（広義のグローバル化は，第一世界大戦前に始まっているから，ここは正確には T. フリードマンにしたがって，"グローバル化の第二ラウンド"と呼ぶべきか）は，すさまじいスピードで諸国民を巻き込み，文字どおり地球規模で国際社会や現代文明の様相を複雑に変えつつある。現在進行中のその変化の早さと大きさと多様さの故に，専門の経済学者たちでも全体像を正確には捉えかねているように見える。従ってその評価も未来の見通しなども，当然ながら実に多様である。専門の知識も分析・評価の能力も乏しい筆者としては，ごく大づかみな方向性を見定める作業に限定する外ない。

　先ず経済のグローバリゼーションの意味の理解から始めよう。

　一般にはそれは，現代資本主義あるいは自由な市場経済システムが，IT を始めとする新技術を駆使して，広く世界を包みこむ現象だといえるだろう。それを積極的に肯定する者も否定的に見る者も，この一応の定義には大した異論は差しはさまない筈である。但し，その実体のどこに重点を置いて見るかによって，対立的な見解が生ずることになる。とりあえず，グローバリズムに厳しい批判を下したジョン・グレイの見方から入ってみよう。かれは次のようにいう。「〈グローバリゼーション〉は多くのことを意味し得る。一つには，工業生産のための近代的技術とあらゆる種類のコミュニケーション──通商，資本，生産，情報──の国境を越えた全世界への普及である。こうした国境を越えた動きの増大自体，新技術がこれまでの前近代社会に広がった結果である。われわれがグローバリゼーションの時代に生きているということは，ほとんどすべての社会がいまや工業化されているか，工業化を開始したということである。グローバリゼーションはまた，ほとんどすべての経済が世界中の他の経済とネットワーク化されているということを意味する」[18]。ここまでは，上述の定

義を敷衍したものであって，グローバリズムを（条件付きもしくは全面的に）肯定する論者の見方とそう大差はない。例えば，「グローバル資本主義システム」をその「欠陥」のゆえに批判しながらも，それを利用して自らも活発な投機活動を行ってきたジョージ・ソロスは，この「グローバル経済は，モノやサービスの自由な貿易はもちろん，それ以上に資本の自由な移動を特徴としている」とし，とりわけその中で金融資本が自由な移動を行って「グローバル金融市場」を急成長させたと指摘する。[19]

より積極的にこのシステムを肯認し，"今日残された選択は自由市場しかない"と断言する，トマス・フリードマンは次のようにいう。「グローバル化を推し進める概念は，自由市場資本主義，すなわち，市場原理を導入して，自由貿易と自由競争に経済を開放すればするほど，経済効果はあがり，景気もよくなるという考えかただ。グローバル化が進めば，世界のほぼすべての国に自由市場資本主義経済が浸透することになる。グローバル化には一連の，独自の経済法則がある。経済の開放，規制緩和，民営化を中心に据えた法だ」と。——フリーマーケットの世界化を歓迎する立場に立つ傾向が感じられるものの，これもほぼ今日の経済グローバリズムの実体を述べたものといえるだろう。[20]

18) J. Gray, *False Dawn*, 1998　石塚雅彦訳『グローバリズムという妄想』，1999，3章。それに続けてグレイは，「世界中の経済活動の相互連関が増すことは，互いに違いがある諸国間の不均等な発展を助長する」と指摘し，グローバル化した経済は一面では経済関係の序列を変更させるが，「同時に現存する序列関係を強化し，新たに序列を作り出す」と述べている。この点は後でも触れるとおり，今日のグローバリゼーションの最大の問題点と見られるが，うえの指摘は多くの人々の賛同する見方といえよう。

19) G. Soros, *The Crisis of Global Capitalism*, 1998　大原進訳『グローバル資本主義の危機』，1999——著者は一面では，「相場師」として有名な（notorious？）投機活動を行う反面で，カール・ポパーに影響を受け，その〈開かれた社会　Open Society〉論をとり入れて，独自の立論を行っている。彼によれば，「グローバル資本主義システムは，開かれた社会のゆがめられた一変形」（序論）であり，とりわけ〈市場原理主義　Market Fundamentalism——行きすぎたレッセ・フェール＝自由放任主義をそう名づける〉によって，いまや危機的状況に追いこまれつつある。その崩壊を避けるためには，誤った市場原理主義を克服し，ルールのあるグローバル社会を作る必要があると，本書は強調

する。

20) Cf. T. L. Friedman, *The Lexus and the Olive Tree*, 1999 東江一紀・服部清美訳『レクサスとオリーブの木』上・下, 2000 有能な国際経済ジャーナリスト（と呼んでよかろう）が, 世界各地を駆けめぐり自分の眼でグローバル化現象の諸局面をとらえ, 雄弁にそれらの問題性を活写した本である。著者は"グローバル化の信奉者"であることを自認して, 市場経済の世界化を支持する立場をとるけれども, それに伴う問題や危険性にも犀利な分析を行い, 彼なりの解決策を試みている。書名にある「レクサス」（トヨタの高級車の国際ブランド名）は, 変化する技術の最先端を行くシンボルであり,「オリーブの木」はそれに対し人々のアイデンティティを守る伝統的な価値シンボルを意味する。グローバリゼーションの過程は, この両者の激しいレスリング又は綱引きであると見ながら, 著者はグローバル化を積極的に肯定しつつも「オリーブの木を守る手段を講じなくてはならない」（18章）として, 両者の併存・両立の方法を考えようとしている。この点で, グローバリズムの単純な楽観的支持者ではない, いわば改良型の構想を持った示唆的な著書といえる。

さて, このような経済のグローバリゼーションは, 冒頭に述べた"地球の縮小化"や国家関係の相互依存性の増大, およびとりわけコンピュータ・衛星通信・インターネットなどの技術の推進によって, 加速度をつけて進行している。その勢いは, 国家・企業・研究機関・個人それぞれを駆りたてる競争原理によって強まる一方であり, フリードマン（上掲）のいうように"選択の余地のない"所与として受けとらなければならないように見える。しかし, その強烈な事実を認めるにしても, すべての国や諸個人に至るまでが"黄金の拘束服"を着て, "世界の自由市場"に加わらなければならないだろうか。利潤追求の"拘束衣"をまとう以外に, このグローバル市場に生きる途がないとすれば, 現代人は"電脳集団"の支配する経済の蟻地獄にはまり込んだ, 憐れな蟻の子にすぎなくなりはしないか。そして, この市場の無慈悲なルールに従って, 果てしのないゼニ競争の揚句に, "電脳ティラノザウルス"に踏みにじられた犠牲者となって放り出された人々は, どのようにして生きてゆけるだろうか。フリードマンのような論者は, この"高速社会"に適応してそこからドロップアウトしないためには, 先頭を行く"アメリカを見習い", 一刻も早くグローバル化の波に積極的に乗れとすすめている。だが, 新技術「レクサス」の道を

ひた走る国や企業や個人が，伝統的価値の「オリーブの木」をどうやって守り，マンモニズムの奴隷にならない自己と文化を保持できるだろうか。グローバリゼーションが，カネと技術と衝動的な競争で高速化されていく先方に，希望の光が僅かでも見出されるであろうか。

こう問うてみると，U. S. A.に引っぱられている経済のグローバリゼーションには，数々の欠陥や問題が目立ってくる。それらに対する多くの批判や論難が続出している——尤もこれらも十分に体系的とも総合的とも思われないが——のも当然であろう。現代グローバリズムへの批判や反対（及び対策提言）の主なるものをまとめてみると，概略次のようなものとなろう。

ⅰ）グローバル市場の無秩序化と不安定　　経済のグローバル化は，「制約のない資本移動と束縛のない自由貿易を促進する，工業生産と新しい技術の全世界への拡散である」（J.グレイ前掲１章）とすれば，その世界市場での自由競争は，市場を不安定な無秩序状態に陥れる公算が大きい。とくにマネー投機のカジノ化や資本の急激な移動が無規則に行われる中で，"自由市場の自律的安定"に対する古典派リベラリズムの幻想が通用するわけがない。20世紀初頭の大恐慌から同90年代の日本のバブル崩壊まで，何回となく現実に破綻を実証してきた"市場の自動調節"の教義は，グローバル化によってより大規模なカタストロフィに直面することになろう。大破局に至らないまでも，絶えざる不安定状況の中で，"黄金の拘束衣"を着けられた企業や個人は，"さ迷えるシャイロック"として右往左往の混迷に悩まされ続ける運命を免れえないであろう。——これを避けるとすれば，例えばグローバリストのT・フリードマンでさえも，"社会的安全ネット主義"の政策を求めるように，民主的で有効なグローバル社会システムを必要とすることになろう。それはまだ出来てはいないが，いづれ世界市場はその安定化のために，何らかの"世界法"的規制を要請せざるをえないと思われる。

ⅱ）不均等発展とその未来　　近代資本主義は19世紀の段階で，自由競争の結果として勝者と敗者，富と貧困の格差を生じ，それがまた階級闘争の原因となることを実証して見せた。グローバル市場の形成とそこでの無規則の競争

は，資金流動の高速化等と相俟って，情報と技術に卓越したアメリカを頂点とする，少数の勝者に巨大な富を集中させ，多数の敗者（とくに「南」の劣悪状態にある貧しい国々と諸国民）を一層貧困に追いやる結果に導くであろう。このことは先に（注18に引いたグレイの指摘に）も示されたように，多くの社会＝経済学者たちの認める基本常識であり，また UNCTAD のレポート（とくに1997）が実証しているとおり，「北と南の所得ギャップ」の拡大は20世紀後半の（グローバル化に伴う）世界経済の著しい特徴となった。不平等の拡大というこの傾向は，〈金力の格差〉が〈技術力・情報力の格差〉を生み，後者が更に前者を増幅するという悪循環を通じて，グローバル市場の構造的性格となるだろう。その結果はまた恐らく必然的に，市場の不安定状況を増進させ，更には経済難民の移動や衝突等による世界秩序の攪乱を招くことにもなろう。──この防止には，ⅰ）に挙げた社会システムが市場統制力だけでなく，（難民救済等を含む）グローバルな福祉政策を実施できるまで成長しなければならない。なお，不平等発展の現象を〈北の中心部への富の集中〉と〈広い周辺部の貧困化〉のコントラストと見れば，グローバル市場の健全と安定のためには，ローカル部分の振興・回復が必要となる。グローバリズムはむしろ，ローカリズムと支え合う行方をとらないと失敗するといえよう。"世界と共に地方化を"という志向で，グローカリゼーション（Glocalization──R. ロバートソン上掲・序論参照）が説かれるゆえんである。

ⅲ）環境破壊のグローバル化　資本市場の世界化は，人々の欲望を充たす経済活動の高速化と拡大とによって，確実に地球汚染を進めていくだろう。経済のグローバリゼーションが，深刻な環境破壊を広げつつあることも，多くの論者の指摘しているとおりだが[21]，前にも述べたとおりその阻止は，人類生き残りのための優先的課題である。利潤追求という経済の論理を貫徹しようとする"純合理主義"（ソロスらのいわゆる市場原理主義もその一種）の立場で，エコシステムまで壊して自らの墓穴を掘るのは，最大のパラドックスだからだ。──これに対してはむろん，沢山の批判や提案が行われてきた。標語の形で表わせば，例えば"地球にやさしい○○を"，"持続可能な○○に転換せよ"（○

○の中には，生産・開発・技術・発展・行政などが入れられる），"（環境保全に向かう）NGO を支援せよ"，"リサイクル社会を"，"亡びゆく動物を救え"，"緑の恢復（砂漠化防止）を" 等々。それらは全て支持され・実行されるべき意味を持っており，まさに地球時代の到来を告げる警鐘でもある。グローバル経済は，この面だけでも確かに，地球的配慮と人類共生のモラルを必須とするに至っているといえよう。

21) グローバリゼーションに関する著書の大部分は，例えば J. トムリンソン，J. グレイ，T. フリードマンらの前掲書は，何らかの形で地球環境の問題に触れている。（「地球文化」Global Culture を主題にした R. ロバートソン・前掲が抄訳とはいえこの問題に殆ど言及していないのは，奇異な例外といえよう。）とりわけ環境保護主義の立場に立つ人々の共著，J. Mander & E. Goldsmith 編『グローバル経済が世界を破壊する』（原題は *The Case against the Global Economy and for a Turn towards the Local* の小南祐一郎・塚本しづかによる抄訳，2000）は，グローバル経済による環境・生活・民主制の破壊に対し痛烈な告発を行っている一例である。同様の観点から，日本で出された土生長穂・河合恒生らの共著『開発とグローバリゼーション』，2000 も，世界的視野で "多国籍企業の世界経済支配" による不平等と環境悪化の批判的検討を行っている。例えば土生はその序論部分で，「多国籍企業が世界経済を支配している限り，〈持続可能な開発〉も〈人間開発〉も達成することは不可能である」として，企業活動の規制が重要課題だと強調している。

iv）精神文化の荒廃の憂い　〔とりあげるべき問題は，外にまだ多々ある。とくに経済内部に立ち入れば，財政や金融等に関する諸問題は少なくない。しかし，それらについての考察は，専門家の手に委ねられるべきであろう。例えば金子勝『反グローバリズム』1999，等の参照が推められる。ちなみに金子は，専修大学の本シンポジウムで主報告を担当し，本書にも収録されているから，経済の制度や戦略に関する問題はそれらにまかせ，ここでは所題の精神文明（文化）の問題に限定する。〕　この大きな問題には，それにふさわしい討論の舞台や思想の道具だてが必要だが，ここでの主要な問題点は要するに，世界市場での利益追求の角逐やマネー競争が，人間の精神性やモラルを減退させることにある。カネによる人間の腐敗や堕落は，どの時代にも見られる

ありふれた光景だが，グローバリゼーションはそれを文字どおり世界中に拡げる可能性を含んでいる。至るところでのマネー競争は，カネの物神崇拝を促進し，人生の主要目的が恰もそこにあるかのような幻覚を生じ易い。現に日本のバブル期における経済界の狂奔ぶりを始め，アジア諸国や旧社会主義諸国にまで広がった恐ろしい程の金銭欲の噴出は，マンモニズムの世界化を予告しているといっても過言ではない。それはまた，経済力と権力との相互支持関係の深さの故に，至るところで政治の腐敗化を惹き起こす原因ともなっている。そしてそのような政治と経済におけるマンモニズムの横行は，人々の倫理感を磨滅させ，最低限の責任感さえ失なわしめることにもなろう。日本のバブル崩壊期とそれ以後の，眼を蓋うような政財官界の無責任状態は，その一つの手近な範例である。経済のグローバリゼーションがこのような傾向性を持つ限り，それは人間の精神性を低下させ，地球規模での人間の頽廃を招く要因ともなりかねないであろう。

　エコシステムの破壊と併せて，人間の精神文化をも磨滅させる惧れがかくも大きいとすれば，経済のグローバリゼーションには，やはり社会倫理的な最小限の枠組の設定が必要だと思われる。そこでは，支配の側にまわるマネー・トレーダーや電脳集団も，その下で収奪される"金銭奴隷"の大衆も，ともに精神的な創造力も豊かな人間性をも失った，新しい自己疎外の客体になり終るだろう。そういう人間喪失や自己疎外から人間性を恢復するシステムを作らないことには，"世界市場"は人間文化の索漠たるネクロポリスに化さないとも限らない。

§8　U. S. A. 主導のグローバリズム

　現代のグローバリゼーションは，経済面だけに限っても，統合化と個別化，普遍化と特殊化等のさまざまな運動のバリエーションを含んで，複雑な軌跡を画いて展開している。市場の一元化が世界規模で進む反面で，ナショナリズムの抵抗が各地で発生したり，例えば有力国家の金融市場のメルトダウンによって，世界経済の崩壊が生ずる可能性なども決して極小ではないだろう。とりわ

け世界市場での多数の敗者が，経済難民として流動を始め，激しい国際紛争を生じる惧れも少なくあるまい。どのみち経済のグローバル化が，単線的に進行していくという楽観主義は成り立たないし，だからこそ各国および大経済圏で生じる攪乱や紛争等に対処する，諸種のセーフティ・ネットの必要が説かれるゆえんである。——しかし，経済のグローバリゼーションが，種々の障碍や抵抗によって，ジグザグの複雑な道をとおるにしても，その大きな流れはやはり塞き止められないだろうし，その中に生ずる半ば"法則的"な成り行きも否定できないものとなろう。この後者のうち最も際だった現象は，アングロ＝アメリカン勢力（米・英・豪・加など）の優勢化，とくにグローバル市場の形成過程におけるU.S.A.の主導的地位の突出である。アメリカは日本にとって最も因縁ぶかい国であるだけに，この点は格別の注目と考察に値する。

　冷戦における"資本主義の勝利"とその後のグローバル化について，U.S.A.が果たしてきた役割は絶大である。いま進行中の経済と技術のグローバリゼーションにおいても，特別の異変のない限り，アメリカのヘゲモニーは，他の追随を許さず続いていくと考えられる。その理由は沢山あるけれども，さし当り，相互に強化しあう三つの巨大な力，すなわち資本力・技術力・情報力の卓抜さを挙げれば十分だろう（それらをバックにした軍事力の絶大さとその大きな影響力も加えられうるが，一先ず経済面だけに限って見ておく）。豊かな資源と食糧と工業生産のどの面でも群を抜く経済力を持つ同国は，資本力で金融市場を牛耳るだけでなく，巨大な資金によって秀れた研究者を集め，技術を高め・凡ゆる情報を手に入れその情報と技術を駆使して圧倒的な優位に立つことができた。資本↔技術↔情報の有利な相乗作用によって，これからも同国は市場を拡大し，そこでの優勝者たる地位を固めていくだろう。同国のみならず，同国にある世界の上位を占める多数の巨大な"世界企業"（多国籍企業——その多くは中小規模の国家を凌ぐ資金力を有する）もまた，世界市場で巨利を得る活躍をしている。こうした結果として，U.S.A.は，市場のグローバル化の先頭に立つだけでなく，グローバリゼーションそのものが"アメリカ化"に外ならない，といった印象まで生ずるに至った。

第1章 グローバリゼーションと国家・民族・個人　41

　この点について，分り易い描写を行った，T.フリードマンの一文を借りてみよう。彼はいう。「なんといっても，グローバル化は，はっきりとアメリカの顔を持っている。ミッキーマウスの耳型の帽子をかぶり，ビッグマックを食べ，コカコーラかペプシを飲んで，IBMかアップルのラップトップ型コンピュータを繰り，ウィンドウズ98，インテルのペンティアムⅡプロセッサ，シスコ・システムズのネットワーク網を使用する。従って，何がグローバル化で何がアメリカ化という区別は，……世界の大多数の人にとっては曖昧模糊としている。ほとんどの社会において，人々は，アメリカの勢力，アメリカの輸出品，アメリカ文化の急襲，アメリカ文化の輸出などと，ごく普通のグローバル化との区別がつけられない」と。
　（前掲，16章）
　このような状況は同時に，自然なことながら，不均等発展にとり残された多くの国々（諸国民）の反発や批難を呼び起こすであろう。上の著者も，世界中をとびまわって見聞した結果，「アメリカ人以外のほとんど全部の人々が，アメリカを"グローバルな傲慢の中心地"と呼んでいることに気づいた」といっている[22]。こうした批判は，U.S.A.としても当然に耳を傾けるべき意味が十分ある。ただ，グローバリゼーションにおけるU.S.A.のリードは，ただ一方的に「悪」の刻印を貼られるべきものではなく，冷静で客観的な評価を行う必要があろう。「アメリカ化」が「負のグローバリゼーション」の面を持つことは否定できないにしても，上述のような力関係によって諸国に押しつけられる面だけではなく，それを受け入れる側にも，内在的な理由があることも認められるべきであろう。何よりも，生産・流通等の合理化・効率化，生活の利便の増大等は，現代諸国民の共通の要求であり，「アメリカ化」はそうしたニーズに応える面では，自然の流れという外ない。ITの拡がりも，"マクドナルド化"現象も，そうした例証といえる。建設的批判の前提としては，これらを含めて，総合的な考察が求められるであろう。

22）このほか後でも引くジョン・グレイの前掲書のような批判が参照されるべきである。なお我が国でも，アメリカ主導のグローバリゼーションへの批判は，沢山行なわれてい

る。その一例として，土生長穂（前掲・序論）の一文を引いておこう。いわく，「冷戦終結以後，世界の覇権国として君臨するアメリカが強力に〈グローバリゼーション〉を推進し，いま世界はその波にのみ込まれようとしている。／アメリカがおし進めているのは経済のグローバル化であり，周知のように貿易の自由化，投資の自由化，金融の自由化を推進し，そのために規制緩和，公営企業の民営化などを世界各国に押しつけている。さらに，債務に苦しむ途上国に対しては，IMF（国際通貨基金）が財政の緊縮，民営化などの構造調整を実施させたのである。／このような経済のグローバル化によって利益を受けているのは，アメリカ企業を中心として複雑に結びついている多国籍企業である。多国籍企業は，これらの処置によって国境を越えて進入し，あらゆる国の経済にたいして支配的な地位に立ち，世界経済を支配することになったのである」と。もう一つ，アト・ランダムだが，原洋之介（『グローバリズムの終宴』1999の一節）に，次のような批判的な見解があるので，参考に供されよう。この著者はいう。「いずれにせよ，21世紀にむけての世界経済の運営に関しては，とくにアメリカが非西欧社会に自己利益をおしつけるために用いるイデオロギー（ハンチントン）にすぎない普遍主義をグローバル・スタンダードとすることはできない。アメリカが声高に主張している普遍的市場原理主義とは，臆面もなく〈弱肉強食〉をおしつける社会的ダーウィニズムでしかない。この原理主義を世界基準にすると，経済競争の激化のなかで〈文明の衝突〉が現実化する危険性が大きいことを忘れるべきではない」と。なお，これらとは少し違った視角から，金子勝は，前掲『反グローバリズム』の中で，以下のように指摘している。「グローバリゼーションの本質は，市場が世界規模に広がってボーダーレス化するといった表面的現象にあるのではない。冷戦終了後も冷戦型のイデオロギーの残像に寄り掛かりながら，なおアメリカが強引に覇権国であり続けようとする〈無理〉が，今日のグローバリゼーションをもたらしているのである。それは，一方の極（中央計画型社会主義）の消失とともに，もう一方の極（市場原理主義）の暴走となって現われる。冷戦なきヘゲモニーがなおも市場原理主義に基づかなければならないのは，貿易赤字の拡大を抑える市場開放要求とともに，金融自由化政策の〈強制〉というアメリカの自己利害を最もよく代弁してくれるからである。」（第1章）

　上記のような力関係と，現代的グローバル化を受入れる諸国民のニーズからみると，U.S.A.が経済のグローバリゼーションの牽引車となっているとしても，何の不思議もないといえよう。ただしそれには，一面でメリットもある反面，アメリカが技術文明のチャンピオンとして，現代世界をリードしていくことには，少なからぬデメリットと大きな疑問符がついてまわることは否めない。以下この両面について，われわれの俯瞰図の下で主要な問題点を簡潔に引

出してみよう。

〔a〕メリットについて　①U.S.A.リードのプラス面の第1は，この国が近代国家群のトップを切って，自由・平等の人権宣言を掲げ，その独立戦争いらい大筋としてリベラル・デモクラシーの旗印と原則を守ってきた点である。U.S.A.が真に人権宣言の実現を目指し，デモクラシーの原則どおり諸国の真の民主化に努めるならば，同国はかつて健全なローマが果たしたような文明の"世界化"の担い手たる資質を持つといえよう。②プラス面の第2として，同国民がリベラルな伝統とともに，近代合理性と明るい開放性・庶民性を特色として持ってきたことが挙げられる。広く豊かな国土を反映するかのように，アメリカ人は例えばレフュジーの受入等にみられる，大らかな度量と懐ふかい明朗さで多くの人々を魅了してきた。多くの独裁＝専制国家が示してきた，やり切れない暗さや陰湿さと対比すれば，この明るい開放性は未来文化の建設に光を与えるものとなろう。③なお，アメリカが制度面で長い連邦国家の経験を重ねてきた歴史は，グローバリゼーションの行きつく先の（おそらくは必然的な）世界連邦化の過程に，貴重な資料と能力を伝えうると思われる。U.S.A.のあり方はそのままに世界過程のモデルにはならないだろうが，長い経験の所産が有用な参考資料になることは，間違いないであろう。

〔b〕デメリットと疑問点　①強さの故の傲慢と独善——これはU.S.A.だけの欠陥ではなく，凡ゆる強大な権力の陥り易い病癖である。ただアメリカは今日まで，20世紀初頭の大恐慌やベトナム戦争などを除くと，ほぼ順調に強盛を誇ってきたために，自覚を欠いたままこの病理を体質化させてきた観がある。自国に都合の良いアメリカン・スタンダードを，当然のように他国に押しつけてグローバル化したり，自らの国益（或は自国の大企業の利益）を守るためには，あざとい手段で他国（他企業）の利益を平然と圧服・排除するやり方は，世界リーダーとして反省を要する独善的態度である。先にも触れたとおり，世界中からその傲慢ぶりが批判の的となっている状況は，同国の大きなデメリットといわねばならない。ⅱ豊かさの故の無慈悲と無思慮——アメリカは，世界一の大消費国で，その豊かさは抜群である。そして富める者が極貧者

の飢えに冷淡であるように，富国アメリカは極貧国の苦痛に鈍感である。U.S.A.の掲げる「自由」の旗が，自国には富を呼び込む順風の働きをするのに，貧しい国々には逆風となって飢えを押しつけたり，自由な開発で環境破壊を招くことなどに対し，痛みを感じないゆえに思慮を欠くことになる。貧しい諸民族の生活を救済するグローバルなセーフティ・ネットを作るという配慮に乏しいだけでなく，自らの大量消費が未来の人類の生活権をも圧縮しているということにも思慮が及ばない。この無思慮は，リーダー格アメリカの反省を要する欠陥である。(iii)マイト・イズ・ライトという"力の論理"——先住民征服の歴史の中で，白人たちが奉持した便宜な実践力学は，"力なき正義は無意味だ"を転用した"マイト＝ライト"のロジックである。西部劇でくりかえされた，力のロマンティシズムは，アメリカ大衆の心理に定着し，政治や軍事や経済上の競争場裏でも，つよく作用してきたように思われる。この論理が①に挙げた傲慢と結びつき，独善的な"正義感"を煽ることになると，市場リーダーは鼻つまみ者の"一人勝ち"役者に化することだろう。更に，超強力な軍事力の発動に，この独善的な論理が働いてくると，現代のビヒモスたる米軍部は，手に負えない破壊的な暴力機構になろう。同国の"人権外交"が問題化するのは，この力の論理をバックにして，人権という高度の価値理念が独断的な干渉のイデオロギーに貶められる場合である。アメリカはその傲慢と独善とともに，"マイト・イズ・ライト"という虚偽の方程式を廃棄して，そのあり余る力を世界問題の解決に向け直すよう求められる。

　さいごに，このアメリカの強さと弱さの根源にふれ，同国へのつき合い方に一言しておきたい。尤も，強さ弱さといっても，上述の〔a〕のメリットはそのままU.S.A.の強さに通ずるし，〔b〕のデメリットは逆にそのまま弱さの要素にもなろう。問題はそれらの並べ直しや加算方式ではなく，総合力としての長短・強弱を見積り，グローバル化のリーダーたる資質を問い直すことにある。そしてその上で必要とあれば，その非を厳しく批判し，場合によってはその力の誤・悪用に反対し，他の諸国民と共に方向変換を求めることが肝要である。——第1に，U.S.A.の強さは，上述のとおり資本・技術・情報および軍

事の，相互に拡大再生産的な諸力を持つことと，自由民主主義の伝統とシステムを備えている点にあった。これらは何れも"善用"すれば，未来の世界システムの構築にも役立てうるメリットである。しかし第2に，強者に伴いがちな独善・傲慢・無思慮および力の正当化等の欠陥を免れていない点に，同国のデメリットと弱さがあると見られた。この後者に加えて，同国が現代世界のリーダーにふさわしい哲学と倫理的指針を備えているかどうか，が問われよう。私見を一言でいえば，アメリカの伝統的な哲学としてのプラグマティズムは，技術の時代にふさわしい実践的指針を与えはするけれども，人間の生き方や生存意味への根本的問いに欠け，未来世界の構築には不十分という外ない。民主主義の政治哲学に加えて，より本格の人間哲学とそれに基づく指針を示しうるのでなければ，同国は現代のローマにはなりえないであろう。——現代の巨大な権力国家にそのような"哲人王"の資質を求めることは，プラトン以来ほとんど実現されてこなかった夢に過ぎない望みであろうか。アメリカ内部の良心的な自由人たちの知性に加えて，諸国民の英知を働かせてそれを要求するならば，同国の"力の哲学"の民主的転向は可能だとおもうが。

§9　結び・日本の選択——方向転換の必要

　いま進行中のグローバリゼーションは，上に見てきたとおり，多様な局面と複雑な問題を孕む現代の新状況である。それは重い世界課題を負いながら，これから益々スピードをあげて進み，人類を一層のっぴきならない転換点に押しやるであろう。その中で日本は，どの方向を向いて・どのような姿勢で，この世界史の流れに対処していこうとしているのだろうか。——これまでの政治と行政のありようを見る限り，日本（の政官財界）は現代の世界史的転換に対して，明確な認識も哲学も持たず，ただアメリカ追随の方針だけで場当りの対処をしているにすぎないように思われる。第1に，わが国の政治・経済のリーダー達の言行から覗うかぎり，世界問題に関する関心が甚だ稀薄であり，それらと真剣にとり組む意欲が見られない。核廃絶一つをとってみても，それは歴然としている。グローバリゼーションについて口にはしても，視野の狭さのゆ

えにその核心の問題状況の把握ができていない。従って第 2 に，それへの適応の仕方も，目先の技術競争や利得追求に汲々として，"バスに乗り遅れない"ことに夢中で，そのバスの行方も通路も眼中にないようである。［すぐ後であげる森内閣の IT 政策や金融政策なども，その一例といえよう。］グローバリゼーションのさまざまな意味やその行方を見定め，その上で日本としてどのようにそれに参与し，未来世界の中に自らをどう位置づけようとしているのか，明確な基本方針は何処にも見出せない。要するにここでは，哲学の貧困と方向感覚の弱さが致命的な原因となっていると思われる。これでは日本は，自分でも行く先が分らず風のまにまに流される，浮草さながらの状態ではないか。"一寸先は闇だ"というのは，日本の政治家たちの常套語だが，"不確実の時代"を口実にして，敢えて"無為無策の哲学"をとろうとしているのだろうか。

　実際にはむろん日本の政府・与党も，無為でも無策でもなく，それなりにはっきりした方針を示してきている。主題に即していえば，一つは経済および軍事の両面で，U.S.A.との同盟・連帯の緊密な関係を"堅持"し，その基本政策に協力・追随するという，第二次大戦後いらいとってきた伝統的方策である。もう一つは，(森内閣時代打ち出された)"IT 先進国"に入り，グローバル化時代の経済競争に打ち克つ（或は少なくとも"負けない"）力をつける，という競争原理に立つ経済立国の方策である。この二つは，何れもそれなりの理由のある現実主義の国家政策であって，政府とその代弁者たちは，これこそリアリズムの政治哲学の現われと主張するかもしれない。つまり前者は，"最強者と手を組め"という現実的な政治原理に従って，自国の安全とアジアの安定を確保するとともに，"自由な民主国家"である U.S.A.と手を組むことで世界の"民主化"と平和にも寄与できる，という理由づけを持つだろう。後者は，IT の最先進国となって情報化時代の先頭に立ち，経済的繁栄をとり戻すと共に，頭脳と技術で"富と名誉"を得る途だと説かれるだろう。だがこれらは果して，リアリズム哲学の名に値する内実と思想性を持っているだろうか。答えは，否・否……否である。

　前者について。"最強者と組め"という命題は，安全のための一つの合理的

第1章　グローバリゼーションと国家・民族・個人　47

選択の推めだと見られるだろう。とくに相手が同じ民主主義政治理念を持つ国ならば，その選択は一応根拠があるといえる。しかし，上の命題は一見"平等者間の同盟"のように見えても，事実上（とくに軍事上）は優劣者間に保護＝服従関係を作り出すものである。現に日米安保条約の下での"同盟"関係は，冷戦下もそれ以後も端的にいえば〈宗主国と従属国〉に近いものであり，日本はアメリカの軍事的支配に対して"自由意志"を主張しえない劣位に置かれてきた。こうした従属状態は，自由な民主国家同士の平等な友好関係ではない。その実態は，"安全保障"の名と引換えに自律の意志も精神的貞操も譲り渡した，"援助交際"に類する自己喪失の状態に近いといえよう。そのような自律放棄の契約は，どんな意味でも自由でも民主的でもありえないし，真に現実主義的な選択にもならないであろう。［更に，U.S.A.は確かに軍事上とびぬけた超大国家ではあるけれども，前節で述べたとおり，多元的な国際社会の中でパックス・アメリカーナを常に貫きうるほど，真に"強い国"であるかどうかは疑問である。その意志と力に全面的に寄りかかることが"現実的"とはいい難い点も考慮されるべきである。］

　後者について。技術上の卓越をめざしたり，経済的富を求めたりすること自体は，悪くはないし，日本（人）はその能力を持っているだろう。しかし，IT等の技術的先進国になったり，U.S.A.に次ぐ"豊かな国"になったりすることが，国の第一目標であるというのは，次元の低い目的設定ではないか。戦前の明治国家がひたすらに"腕力に強い"軍事大国を目ざしたのと比べれば，"技術と経済の大国"となろうとする志向は，遥かにましではある。しかし，人間の幸福や生存意義が，富とその手段につきるのではなく，精神の高みと文化創造にあるとすれば，国家もまた経済大国である以上に文化大国を目ざす志が必要ではないだろうか。そのような国造りの大目標は一先づ置いても，日本が経済競争力の強化を目的とするだけで，人類の当面する世界課題を考えないのは，"物足りない"以上に問題である。日本国（民）が世界・人類のために為し得る・また為すべき仕事は，Ⅱに述べた今日の人類の危機的状況に照らせば，沢山ある筈である。それらへの配慮と政策的志向を欠いたIT立国では，

余りに視野が狭く・志も低いといわざるをえない。以下，日本（人）として為し得ると共に為すべき仕事を念頭において，ここで我が国の姿勢と基本方針の転換を考えてみたい。〔紙数も予定をかなり越えたので，簡潔に箇条書き風に私見を示し，大方の参考に供するにとどめる。〕

　(i)　日本は，世界問題の解決の運動の先頭に立つべし　　日本が人類の歴史の中で，光輝ある存在意義を示す国になろうとするならば，現に人類の存立を脅かしている世界問題群との格闘に，力を傾けるべきである。それらの諸問題はいずれも，危険な「負のグローバリゼーション」でもあるから，その克服ないし解決の努力は，片々たる見せかけの"国際貢献"よりも，はるかに重大で・実質的意味のある人類的貢献となるだろう。

　(ii)　日本は，平和で自由な文化大国たるべし　　上の作業を果たしていくためにも，また日本国民が独自の文化を創造していくためにも，自由で平和な国づくりが必要である。もともとこの目標と公準は，我が国の平和憲法に示されていた筈だが，卑俗な軍事リアリズムに歪められて，国民も目標を見失ってきた感がある。人類の大転換期に当り，平和立国の初心に立ち返ってこの基本目標を再確認すべきである。〔これに比べると，"日本よ，国家たれ"（清水幾太郎）とか，"普通の国家"に戻れ（小沢一郎）といったスローガンは，旧い軍事国家への復帰を求めるだけの，実に卑小な（しかも明治国家で大失敗の経験をした実験済みの）国家目標ではないか。これらには，現代における人類の問題状況の認識が，全く欠けているとしか思われない。〕

　(iii)　世界性（普遍主義）と自立性（個別主義）を両輪にして進むべし　　(i)の課題は，人類共生のための必須要件であり，その延長線上には，より積極的な世界システム作りという，人類の大きな協業の目標がある。日本はそれへの積極的推進に努めることによって，普遍主義の要請に応えるべきであろう。他面では(ii)の目標を遂行するなかで，民族独自の文化を作りつづけ，それによってグローバリゼーションの中に内在する多様性と個別主義の意義のある実践を示しうるだろう。そしてこの作業の大前提として，日本は自前の自由と自立を確保しなければならず，そのためには何よりもアメリカの軍事体系からの解放

第1章　グローバリゼーションと国家・民族・個人　49

と自主性の回復が要請される。

　(iv)　世界とアジアにおける自己位置を再定位すべし　　上の最後に述べた点は，具体的には日米安保体制の廃止とそれによる軍事的従属関係の解消に帰着する。断っておくが，これは対米関係の遮断とか両国の疎隔とかを意味するものではなく，自由な民主国家たるアメリカとの友好関係はむしろ強化されるべきであって，ただ大戦後から続いた，異常な軍事的隷属をやめて，自由・平等な正常のパートナーシップに戻るだけのことである。[23]対米関係におけるこの自主自立の姿勢は，全世界及びアジアの諸国，とりわけ新しい超大国に育ちつつある中国に対しても，そのまま妥当する。日本の平和主義は，米中始めどの国に対しても，偏ることなく自主的に守られるべきであり，そうすることでどこの覇権主義にも属せず，どんな紛争にも公正な立場で対処できる，・自・律・の・位・置を保てるであろう。

23) 日本の現実は，この方向とは逆に，新ガイドラインとそれに付属される周辺事態法などが示すとおり，アメリカへの軍事的包括の度合を一層深める方向にある。これについては沢山の批判論が出され，筆者も何回か論考を試みたことがあるので，ここでは繰り返しはしない。ただ，拙論と比較的に方向を同じくする，武者小路公秀の論説（「経済のグローバル化と日米安保」，月刊社会民主，1999. 9号）の中に，注目すべき指摘があったので，ごく手短かに言及しておく。第1に彼は，アメリカが強調する民主主義や人権が，つまるところ同国が仲間や国民の"団結のための「口実」として言っている"として，そのイデオロギー性を暴露する。"コソボ爆撃なども，アルバニア系の人権を大事にしようとして行ったのではなく，コソボで「民主主義」という名目のために共に戦う状態をつくり出せば，ヨーロッパと米国の互いの「経済」もまとまる，という利点を狙ったのだ"と見る。この人権のイデオロギー性のバクロの仕方には，若干の問題はあるけれども，アメリカ的正義や民主主義の道具的行使の仕方に対しては，鋭い批判となっているといえよう。

　さいごに，上述では意図的に触れなかった問題として，アジア共同体（AU）の可能性に，文字どおり一言だけ言及しておく。EUの形成に対して，アジアでも大きなローカル体系としてAUをという要請は，これから先に恐らく諸方面から高まっていくだろう。結論からいうと，EUと違ってアジア全体を包

む体系づくりには，基盤となる思想的伝統も政治的関連もなく，異質の民族文化の対立がつよく，統合は格段に難しい。しかし，この地域における経済・人口・環境・安全等の共通の要求度は高まる一方であろうし，AU 形成の努力は決して不毛な幻想とはいえないとおもう。日本もかつての馬鹿げた「大東亜共栄圏」的な発想を越えて，グローバリゼーションの中に位置づけられうる AU のシステムを構想し，それについてアジアの諸国民と対話していくべきであろう。

第2章
グローバリゼーションと「日本法総改革」

白藤 博行

はじめに

　新ガイドライン関連法，中央省庁等改革関連法，地方分権一括法，国旗・国歌法，組織的犯罪対策三法，憲法調査会設置法，住民基本台帳法など，このところ反憲法的ともいえる内容を含む法律が連続して成立している。いわば，「日本法総改革」とでもいえる事態が進行している。このような事態を許してしまうところの最大の要因には，憲法的価値（基本的人権，民主主義，平和主義および地方自治）に対する政治の「絶対鈍感」があることを見逃してはならない。このことは，わが国におけるこれまでの基本的人権保障，法治主義，民主主義あるいは福祉主義のあさはかさを示しているものであり，憲法学あるいは行政法学上の表現を借りれば，わが国がいかに非「社会的法治国家」であるかを示している。本稿では，あくまで行政法学・地方自治法学を学ぶものの立場から，しかし，同時に少し広い視野，つまり本シンポジウムのキーワードであるグローバリゼーションの観点から，このような「日本法総改革」の現状を分析・検討してみたい。

　最近，グローバリゼーションという言葉を，新聞その他マスコミで見聞きすることが多くなった。日本語に訳すと，「地球化」とか，「地球規模化」というように訳されているところである。たとえば坂本義和氏によれば，以下のように説明される。いま，世界全体でいうと，グローバルな市場経済が，これまであった国内市場に対しての優位性をここにきて一気に発揮しており，それはとりも直さず，グローバルキャピタルといわれる世界を股に掛ける資本が高度に成長している結果である。このグローバルキャピタルが，高度に成長するとど

うなるかというと，国家と国家の間で格差が生じてくるし，国家内における国民どうしの間にも格差が生じる。それは，資本が急激に移動するわけであるから，一つの国家が一気に倒れてしまうほどの移動なわけであるから当然である。それが，一つの国家の中に貧困層と富裕層の格差を生み出す。簡単にいうと，これがグローバリゼーションの全体的な傾向である。しかし，このグローバリゼーションの正体は何かと言うと，グローバルスタンダードというのは，実はアメリカンスタンダードにすぎず，アメリカが作り上げた世界化にすぎないというわけである。いわばアメリカンスタンダードが席巻しているにすぎず，アメリカ企業の元で，世界の市場主義というのが進んでいる。そういう動きの中で，一方では，これまであった国家から資本が離れてゆき（いわゆる多国籍企業化），これまでの国家が相対的に力を失っていく過程が進む。国民は国民で，国家にだけお世話になっているわけにはいかないという形での国家離れが生じる。坂本氏は，これらの両方の傾向を，「市場の自立」，「国民の自立」と表現している。こういう風に，国家の役割が相対的に弱化するなかで，国家のあり方そのものが問われ，市場と国民の双方から国家のアイデンティティを問われる，そういう事態が起こってきているということである（坂本「世界市場化への対抗構想―東アジア地域協力と『市民国家』」『世界』1998年9月号，57頁以下）。もちろん，坂本氏の把握が標準であるわけではなく，グローバリゼーションの概念把握自体区々であり，グローバリゼーションと国家や法理論との関係でも，難解な問題が提起されている（ここでは，グローバリゼーション自体の諸問題には立ち入らない。さしあたり，広渡清吾「グローバリゼーションと日本国家」『法の科学』第27号，1998年，8頁以下を参照せよ）。

　いずれにしても，このようにグローバルな市場経済が国家・市民社会に対して優位するかのような現実の中で，「日本法総改革」が進められていることにまず注意しなければならない。

1．グローバリゼーション下での国家行政組織改革

　そこで，日本国家の基本的なあり方をもう一度模索し，積極的な施策を立てるため，日本国家構造改革論が出てくることになる。この間行われてきた国と地方公共団体の両レベルでの大きな改革は，まさにこのような認識から出発していると見ることができる。すなわち，国の行政改革を主導してきたのがいわゆる行政改革会議で，地方分権の改革を主導してきたのが地方分権推進委員会ということになる。もちろん，それに先立って，行政改革委員会が，わが国のこれまでの行政の規制のあり方を検討して，様々な規制緩和を勧告してきたことも周知の事柄に属する。そこで，この間の国家行政組織改革をまず概観し，現在進められている地方分権改革をはじめとする行政改革との関係を整理したい。

　まずは，国レベルで何が起こったかを見てみよう。中央省庁等改革基本法という法律が制定され，これに基づき，省庁再編を具体化する各省設置法を含む中央省庁等改革関連法律が制定された。これらは，いうまでもなく行政改革会議の議論を具体化しているわけだが，そもそも行政改革会議の行革理念は，「肥大化し，硬直化し，制度疲労のおびただしい戦後型行政システムを根本的に改め，自由かつ公正な社会を形成し，そのための重要な国家機能を有効かつ適切に遂行するにふさわしい，簡素にして効率的かつ透明な政府」の実現を具体化するものであるといわれる。主要な柱は，①「大括りの省庁再編」，②「行政の減量化・効率化」および③「官僚に対する政治的支配」の確立であるといえる。

①「大括りの省庁再編」
　「大括りの省庁再編」は，縦割り行政の弊害と重複行政の無駄を排除し，総合行政化および行政の効率化を図り，行政目的・機能ごとに省庁を再編して，1府10省7委員会20庁に再編しようとするものである。しかし，結局，大括りにされた省庁による「縦割り再編」だけが目だち，国の事務権限を自治体に移

譲する具体策は見えず，国土交通省のように，やたら肥大化し，かえって地方分権に逆行するように見える省まで誕生した。行革会議の指導理念においては，単なる類似機能の大括りに終わらないように，どの機能とどの機能が根本的に相いれないといった，「機能の相反性」にも配慮したはずであったが，結局，果たされていないように見える。残念ながら，理念なき「大括りの省庁再編」といわれてもしかたのない結果となっている。

②「行政の減量化・効率化」（アウトソーシング）

「行政の減量化・効率化」を果たすために，政策の企画・立案機能と実施機能の分離論が採用された。肥大化した中央行政組織を，機能の面に着目し，企画・政策立案機能を専ら担当する組織と，それらを実施するだけの実施機能を担う組織に大きく分けるのである。内部部局が専ら政策の企画立案機能を担い，そして，実施機能を担う組織は，新しい外局と独立行政法人である。とくに独立行政法人というのは，中央組織が担ってきた機能を外に放り出すことによって，場合によっては非公務員がこれらの実施機能を担うということになる。したがって，穿った見方をすれば，国家行政組織の縮減と公務員定数削減ということになる。イギリスのネクスト・ステップ・エージェンシーを模倣したものといわれるが，イギリスでも大幅な公務員定数削減が実現している。現在数十万人いる官僚達が，へたをすると数万人になるという話であるから，大変大きな問題である。今度の改革では，独立行政法人の中に公務員型と非公務員型が並存することになったが，これは小手先の対処であって，将来，独立行政法人の多くは，非公務員化される可能性はおおいに残っている。行革会議のメンバーのように，抜本的な行政改革を志向するものにとっては，独立行政法人は，所詮，民間化の次善の策にすぎないわけであるから，その先には本格的な民間化が待っていることは確実である。

このような「行政の減量化・効率化」（アウトソーシング）のための国家の機能再編は，「民間化できるものは民間へ」といった民間化論の発想を超え，いまや「どうしてもやらなければいけないこと以外は官はやらない」といった市場原理最優先の段階にまで来ている。そこでは，もはやこれまでの福祉国家

観は放棄され,「福祉と距離をおきたがる国家」観,あるいは反福祉国家観とでもいえるような国家観が喧伝され,行政責任を放棄するための,官と民との「行政責任の構造転換」論が闊歩しているように見える。

③「官僚に対する政治的支配」

今回の最大の焦点は,「官僚に対する政治的支配」の確立を目的とする内閣機能の強化にあったと考えられる。行革会議最終報告における内閣機能の強化は,内閣そのものの機能強化,内閣総理大臣の指導性の強化,そして内閣および内閣総理大臣の補佐・支援体制の強化が内容とされた。基本法では,内閣総理大臣の国政に関する基本方針の発議権が明確化され,国務大臣の減員,内閣官房の機能強化,内閣府および総務省の新設が図られた。ここでは,まず,閣議の議決方法についての多数決制の採用が見送られ,閣議の全員一致の合意形成方法が閣議をして事務次官等会議了承事項の承認に貶めているといった批判はかわされてしまったことになる。つぎに内閣官房が内閣および内閣総理大臣の直接補佐機関とされ,総合戦略機能(国政に関する基本方針の企画立案,重要事項の総合調整等の機能)を担い,その人事においても政治的任用を認められたこと,内閣府が内閣の機関として内閣官房を「助けて」総合戦略機能の具体化の機能を担うこと,そして総務省が人事管理機能等において内閣総理大臣および内閣官房を補佐する機能を担うこととされ,内閣官房,内閣府および総務省が三段構えで内閣および内閣総理大臣を補佐・支援する体制は一応維持されたといえる。しかし,仔細に見ると,行革会議が内閣官房に,「国政上の重要事項について,分野,レベルを問わず,内閣としての最高かつ最終の調整の場」の機能を付与したニュアンスは基本法には見当たらない。内閣府が各省の上に立ちながら内閣官房を助けるという意味はあいまい化され,省と同レベルでの実施機能も担うなどいかにも中途半端な位置づけとなった(内閣府設置法4条3項の所掌事務)。総務省の総合調整機能も限定され,省間調整の主体は各省に委ねられた。結局,行革会議のいうところの内閣総理大臣の行政各部に対する指揮監督権の弾力化も果たされず,各省の行政分担管理が貫かれ,省庁縦割り行政は打破できずに終わっている。このように,危機管理のように内閣

が一体となってあたる場合はともかく，制度的に見ると，行革会議の内閣機能強化論は骨抜きにされ，官僚に対する政治のリーダーシップの確立は換骨奪胎されたといってよいだろう。

　しかし，行革会議以来強力に展開されてきた「官僚に対する政治的支配」論には，憲法・行政法論として，非常に興味深い論点がある。つまり，この度の国家行政組織改革の具体化の中心的役割を果たした中央省庁等改革関連法律は，内閣法，内閣府設置法，国家行政組織法，その他の各省設置法等からなるが，その目的である内閣そのものの機能強化，内閣総理大臣の指導性の強化，そして内閣および内閣総理大臣の補佐・支援体制の強化の理論的根拠づけが興味深い。

　実は今回の改革は，「官僚に対する政治的支配」との関係で，憲法第65条と第73条に関わる重要な問題が提起されている。マスコミ等では「大括り省庁再編」ばかりが注目されてきた感があるが，実は，行革会議の議論以来一貫して，「法の支配」と「行政権」についての新たな理解が法的には重要な課題として提起されていたのである。すなわち，憲法第65条では，「行政権は，内閣に属する」と定めており，かつ，憲法第73条第1項第1号では，「法律を誠実に執行し，国務を総理すること」が内閣の事務とされているが，この憲法解釈に関わる問題である。

　この点，行革会議で中心的役割を果たしてきた佐藤幸治氏の理論が興味深い。佐藤氏は，行政権の「国法の執行」についての把握において，行政権者の果たす政治・統治作用をどのように位置づけるか，について以下のように論じている。すなわち，憲法第65条にいう「行政権」には，国法（法律）を執行する作用と政治・統治の作用の両者が含まれていると解し，このことは制憲者意思および憲法の文言・構造からも導き出されるとする。実証的部分の詳細は佐藤氏の論文（「自由の法秩序」佐藤幸治・初宿正典・大石眞編『憲法五十年の展望Ⅱ』有斐閣，1998年，巻頭論文）を参照していただきたいが，内閣が，「法律を誠実に執行」するためには，国政の運営に関する総合戦略・総合政策的な発想に基づく総合調整力を発揮しなければならず，それはまさに高度の統治作

用であり，憲法第73条第1号の言う「国務を総理する」ことであるという（同書30頁）。これまでの憲法学の通説は，この「国務を総理する」作用をことさら軽視または無視してきたというのである。つまり，結論的には，法律の誠実な執行と国務の総理（高度の統治作用）が憲法のいうところの「行政権」の中身であるというのである。さらに，このような「行政権」の内容として高度の統治作用を含める考え方は，「行政権」が属する内閣と行政各部との関係についても貫かれる。「行政権」が内閣に属するといっても，内閣が行政事務のすべてを直接に自ら行うことを意味せず，むしろ直接には行政各部が行うものであり，内閣は，この行政各部の上に立って，法律が誠実に執行されるよう配慮し，全体を統轄すべき地位にある。内閣のこのような統轄作用を根拠づけるのも，「国務を総理する」という憲法条項であるという。佐藤氏は，第一次臨調行革答申，第二次臨調行革答申などの内閣機能の強化論，内閣総理大臣の指導性強化論を振り返り，そのような課題をほんとうに実現するためには，行政の範囲をより限定的かつ明確にする（規制の撤廃・緩和と地方分権の推進）と，なにより，行政の統轄者にして高度の統治作用を果たすべき内閣の立場を明らかにし，主権者たる国民が内閣にもっと責任をとらせるような体制を作る必要を説く（同書35頁）。以上のような佐藤氏の考え方が，行革会議の最終報告（1997年7月）の内閣機能の強化論，内閣総理大臣の指導性強化論，内閣および内閣総理大臣の補佐・支援体制の抜本的変革の必要論に，そのまま反映されている。佐藤氏は，「この国のかたち」の変革の要諦を，「国民と国会を一体に捉え，その『政治』が内閣と行政機関（官僚）とが一体化した『行政』をコントロールするという従来の考え方に代わって，国民・国会・内閣という『政治』が行政機関をコントロールする『かたち』への転換」の中に見ている（同書36頁）。

　「官僚に対する政治的支配」という場合の「政治」については，佐藤氏自身がいうように，専ら，国民と国会を一体に捉えたうえでの「政治」の理解に立っていることが普通だったように思われる。それゆえ，行政法における「法の支配」ないしは「法律による行政の原理」という場合も，専ら，そのような「政

治」の理解が通説であったように思われる。それを，国民・国会・内閣を一体的に捉えて「政治」と観念し，その「政治」が行政機関の専門的技術的能力を活用しつつ，また，同時にそれをコントロールするという「行政権のかたち」へと転換するということは，「法の支配」または「法律による行政の原理」にも革命的な影響を与えそうである。佐藤氏は，前者を「政治のフォーラム」の拡充・活性化と称して，後者との関係では，司法＝裁判を，国会および内閣という政治部門とは異なる「法原理のフォーラム」と称して，その拡充・活性化を主張するところである。その特徴は，ともに，公共的討論の場と捉えるところにある。「法原理のフォーラム」の拡充・活性化を同時に唱える佐藤氏が，司法制度改革審議会に力を注ぐ理由もここにありそうである。

　佐藤学説に対する批判的検討はまだ始まったばかりであるが（高見勝利「『この国のかたち』の変革と『議院内閣制』のゆくえ」公法研究62号，2000年，6頁以下，今関源成「『法の支配』と憲法学」法律時報2000年1月号25頁以下など），2001年1月6日から施行される新省庁体制は，内閣府一つとっても，かならずしも佐藤氏がいうように，「国民・国会・内閣という『政治』が行政機関をコントロールする『かたち』への転換」が果たされているようには見えない。内閣府は，「内閣の重要施策に関する内閣の事務を助ける」（内閣府設置法第3条第1項）といった任務を遂行するため，「行政各部の施策の統一を図るために必要となる」ところの，第4条各号の事項についての「企画及び立案並びに総合調整に関する事務」をつかさどるだけでなく，行政各部が分担管理する行政事務と同レベルの事務をつかさどり（第4条第3項），しかも，多くの行政官僚が内閣府の主要なポストを占めることになる。これを実際的問題として理論的問題から切り離すには余りに大きな問題に過ぎる。「政治」主導の強化といいながらその実はひょっとすると内閣の中枢部分，すなわち，内閣官房および内閣府において行政官僚が席巻し，「政治」部門に行政官僚がますます容易に進出し，ついに支配するところとなり，「行政官僚による政治の支配」が進む危険が，むしろ危惧されるところである。

　いずれにしても佐藤氏のような理解が「行政権」の存在理由を変えるとすれ

ば，今後21世紀に向けて，改めて「この国のかたち」が法的に議論されなければならない。

次に，もう一つの国家統治構造改革といえる地方分権改革について見てみよう。

2．グローバリゼーション下での地方分権改革

(1) 自治体は，国の「テアッシー」？～機関委任事務廃止の意味

　地方分権推進委員会（以下，分権委員会）を中心とする地方分権改革の最重要課題とされたのが機関委任事務（体制）の廃止であった。機関委任事務（体制）というのは，一般には決してなじみのある言葉ではない。しかし，自治体が仕事をするにあたって，いくら住民のためによかれと思っても，自治体の思うとおりにできない最大の理由の一つが，実は，この機関委任事務にあった。機関委任事務とは，ごく簡単にいうと，たとえば国の事務が自治体の首長（都道府県知事，市町村長）やその他の執行機関（たとえば教育委員会，公安委員会，選挙管理委員会など）に委任されると，なぜか自治体の首長などは国の下級行政機関にされてしまい，中央省庁の機関（主務大臣）の指揮監督のもとにおかれることになると解釈されてきたものである。この指揮監督は包括的なものであるといわれ，いわば何でも国のいうとおりにしなければならないと理解されてきた。一時，若者の間で，「アッシー」という言葉が流行語になったが，国の「手足」となるこのような機関は，いわば「テアッシー」とでもいえよう。

　1995年に制定された地方分権推進法に基づいて設置された分権委員会は，自治体を国の「テアッシー」におとしめている機関委任事務（体制）を廃止しようと考えた。当初の分権委員会の理念・目的は，たいへん高邁なものであった。戦後，憲法の地方自治保障の規定にもかかわらず，実際には，国と自治体との関係を上下主従の関係と見なすような中央集権型行政システムが闊歩してきたわけだが，これを一掃し，国と自治体との関係を対等・協力の関係に転換し，分権型行政システムを実現しようと考えたわけである。そのためには，国

がこれまで独り占めしてきた事務や権限を，とにかく自治体に移譲することが何よりも大切だと考えた。分権委員会の「中間報告」(1996年3月29日)には，この志がはっきり現れていた。ところが，その後の中央省庁の抵抗には凄まじいものがあり，分権委員会は，早々に権限そのものの移譲はあきらめ，次善の策として，せめて機関委任事務を廃止し，機関委任事務にまつわる包括的指揮監督といった国の関与の縮減を図ろうと考えた。したがって，分権委員会の第一次勧告以降の勧告は，機関委任事務の廃止と，その後の事務処理体制をどうするかという問題に終始することになった。ただ，この機関委任事務の廃止自体も，中央省庁にとってはたいへんなことであったから，これに対しても一斉に反発があった。そのときの理屈の一つが，いわゆる事務の「受け皿論」といわれるものであり，そもそも自治体が機関委任事務に相当する事務を処理する能力があるのかどうか，といった議論である。「地方公共団体の行政体制の整備・確立」といった課題が，突如として，第二次勧告から登場したのはこのような中央省庁の議論に対応するものであった。今回の地方分権改革の動きをふりかえれば，この「地方公共団体の行政体制の整備・確立」の議論が，その後の広域行政論，市町村合併論，「行政の効率化」論あるいは「行政評価」論など，一連の「自治体リストラ」論の始まりということになる。これ自体，きちんとした分析が必要な問題である。

(2) 国と自治体の役割分担

　たしかに，分権委員会の奮闘の結果，機関委任事務は廃止された。しかし，問題の核心は，機関委任事務が廃止されたことで，国と自治体との関係がほんとうに対等・協力の関係になったのか，あるいは，自治体に対する国の関与は縮減したのか，ということである。以下，具体的に，改正地方自治法の内容を検討しながら見てみよう。

　改正地方自治法には，「地方公共団体は，住民の福祉の増進を図ることを基本として，地域における行政を自主的かつ総合的に実施する役割を広く担うものとする」(第1条の2)といった自治体の役割が規定された。一方，「国は，

前項の規定の趣旨を達成するため,国においては国際社会における国家としての存立にかかわる事務,全国的に統一して定めることが望ましい国民の諸活動若しくは地方自治に関する基本的な準則に関する事務又は全国的な規模で若しくは全国的な視点に立つて行わなければならない施策及び事業の実施その他の国が本来果たすべき役割を重点的に担い,住民に身近な行政はできる限り地方公共団体にゆだねることを基本として,地方公共団体との間で適切に役割を分担するとともに,地方公共団体に関する制度の策定及び施策の実施に当たつて,地方公共団体の自主性及び自立性が十分に発揮されるようにしなければならない」(同条第2項)といった国の役割も規定された(以下,両方の役割規定を合わせて,「国と自治体の役割分担の原則」という)。

　立法論として見れば,自治体の役割を「住民の福祉の増進」に限定しているような書きぶりになっていること,「住民に身近な行政」だけを,しかも,「できる限り」自治体にゆだねるに過ぎないような書きぶりになっていることなど,自治体が,住民の権利自由にかかわるすべての政治・行政を担当する,住民にもっとも身近な地域的統治団体であることを十分に表現するようになっていないことには,おおいに批判のあるところである。ここでは,あくまで解釈論として考えてみると,この間の地方分権をめぐる議論を踏まえるならば,この「国と自治体の役割分担の原則」は,自治体が住民のための行政を担当する団体としてなによりも最初に存在することを認め,まずはそれにふさわしい事務の配分が行われるべきことを定めたものと読まなければならない(これは,事務配分の原則の一つとして,「地方公共団体優先の原則」と呼ばれるところである)。

　ところが,今度の改正地方自治法の趣旨は,国と自治体の事務(仕事)の配分については,事務がそもそもどこに帰属するかといった「そもそも論」はさて措いて,誰が(どこが)事務を処理するか,といった事務を処理する主体に従って,国の事務か,自治体の事務か,を決定するという「現住所主義」を採用したことにあるといわれる。しかし,大切なことは,「現住所主義」に基づき,事務の処理主体を決定するにしても,そもそも誰が事務を処理するべきか

を決定する基準が必要である。この基準が「国と自治体の役割分担の原則」である。改正地方自治法は、法律やこれに基づく政令（以下、法令）によって事務の配分が決められることを定めたわけであるが、それだけではなく、そのような法令を制定する際にも、憲法の「地方自治の本旨」とともに、「国と自治体の役割分担の原則」が尊重されねばならないことをわざわざ明記した（「国の立法原則」という。第2条第11項）。この「国の立法原則」は、なにも国と自治体の事務配分問題だけに限られたことではない。いままでも、そしてこれからも、自治体の事務の処理にかかわって、自治体がどのような権限をもっており、どのように権限を行使するかなど、法令が定めるわけだが、このような法令の制定の際にも、「国と自治体の役割分担の原則」は尊重されなければならない。しかも、改正地方自治法は、制定された法令の解釈と運用にあたっても、憲法の「地方自治の本旨」と「国と自治体の役割分担の原則」を踏まえなければならないとしている（第2条第12項）。このような意味では、改正地方自治法の「国と自治体の役割分担の原則」は、まさに憲法の地方自治保障の中身を具体化した画期的なものであり、これからの法令制定、法令解釈および法令運用に活かされなければならない。

したがって、われわれは、この「国と自治体の役割分担」が適切なものかどうかを常にチェックしなければならない。もし、この役割分担が不適切であれば、きちんと意見を言わなければならない。法令や、その解釈および運用をただすことを怠ってはならないことになる。

(3) 法定受託事務と自治事務

それでは、自治体はどんな事務を処理することになったのであろうか。機関委任事務が廃止されて、そのまま事務が廃止されたもの、国の直接執行事務とされたもの（沖縄県の大田知事相手に行われた職務執行命令訴訟で問題になった、米軍用地特別措置法に基づく土地収用・使用にかかる知事の代理署名など）を除いて、原則として、「法定受託事務」と「自治事務」という二つの新しい事務に分類されることになった。法定受託事務と自治事務の定義をめぐる

複雑怪奇な話は措くとして，結局，法定受託事務は，「法律又はこれに基づく政令により都道府県，市町村又は特別区が処理することとされる事務のうち，国が本来果たすべき役割に係るものであつて，国においてその適正な処理を特に確保する必要があるものとして法律又はこれに基づく政令に定めるもの」と定義された（厳密にいうと，これは「第一号法定受託事務」の定義であり，市町村又は特別区が処理することとされる，都道府県が本来果たすべき役割に係るところの「第二号法定受託事務」もある。複雑になるので，原則として，「法定受託事務」で通す）。そして，自治事務はというと，「地方公共団体が処理する事務のうち，法定受託事務以外のものをいう」と定義されたにとどまった。数式風にあらわすと，「地方公共団体が処理する事務」－「法定受託事務」＝「自治事務」となった。改正地方自治法では，（普通）「地方公共団体が処理する事務」は（普通）「地方公共団体の事務」とされているので，結局，「地方公共団体の事務」＝「法定受託事務」＋「自治事務」という等式が成立することになる。

　では，なぜ「地方公共団体が処理する事務」をわざわざ法定受託事務と自治事務に分けたかが問題である。上記の法定受託事務の定義の「国が本来果たすべき役割に係るものであつて，国においてその適正な処理を特に確保する必要がある」が，国にとって重要なところである。「国が本来果たすべき役割に係るもの」にこだわり，文言どおりに解すれば国の事務だろうという解釈も不可能ではないが，改正地方自治法は，あくまで「地方公共団体の事務」と整理仕切った。したがって，地方自治法上は，法定受託事務は「地方公共団体の事務」となったと解さざるを得ない。より問題なのは，「国においてその適正な処理を特に確保する必要がある」の部分である。つまり，国が，事務の適正処理を特に確保する必要があると考えるとき，その適正処理を確保するために必要な国の関与が用意される事務を法定受託事務として，自治事務と区別している。誤解をおそれずにいえば，自治事務に比べて，多様な，かつ，強い国の関与が可能な「地方公共団体の事務」が「法定受託事務」とされたということになる。このことは，国の関与の仕組みを具体的に見ると，一層明らかになる。

(4) 国の関与の仕組み

それでは、法定受託事務と自治事務に対する国の関与の仕組みを簡単に見てみよう。機関委任事務においては、主務大臣の包括的指揮監督権に服するわけであるから、どんな関与も可能だったといっていい。権力的関与（国の関与が、自治体の意思を無視して、自治体を法的に拘束するような関与）かつ非権力的関与（最終的に関与に従うかどうかは、自治体の意思に任されているような関与）を問わず、何でもありというありさまであった。改正地方自治法では、まず、国の関与は法律又はこれに基づく政令に根拠を要するといった「関与の法定主義」（第245条の2）が定められたことが重要である。次に、「関与の基本原則」が定められているが、関与は、その目的達成のための必要最小限のもので、自治体の自立性・自主性に配慮したものでなければならないというのも大事な原則である（必要最低限度の原則、第245条の3）。もっと大事なのが、関与の基本類型にかかわるところである。関与の基本類型として、地方自治法自身が、法定受託事務と自治事務について、できる限り、この関与の基本類型以外の関与を個別の法令で定めることがないようにしなくていけないとしていることも重要である。法定受託事務については、「助言又は勧告」、「資料の提出の要求」、「同意」、「許可、認可又は承認」、「指示」、「代執行」及び「協議」、自治事務については、「助言又は勧告」、「資料の提出の要求」、「是正の要求」及び「協議」が関与の基本類型とされていると解される。それぞれの関与の中身や方法については省略するが、これだけ見ると、自治事務に対する関与は限定されているように見える。しかし、実は、決してそうではない。自治事務についての「同意」、「許可、認可又は承認」及び「指示」といった強い権力的関与も、場合によっては可能とされている（第245条の3第4項ないし第6項）。また、「代執行」（自治体に代わって、国が直接事務を処理してしまうこと）といった最強度の権力的関与も、法文上は可能となっている（第245条の3第2項）。したがって、法文上は、法定受託事務と自治事務に分類し、それぞれについて関与の基本類型を定め、一応、関与の態様及び程度に差を設けているが、いざとなったらその限りではない。第145回通常国会の「地方分権一

括法案」の審議過程で、自治大臣が、法技術上の問題にすぎないとか、自治事務に対する「代執行」を個別法で規定することはまったく考えていないなどと答弁している。これを信用するしかないが、それなら、なぜ条文上このような規定を置くのであろうか。実際、建築基準法第17条などでは、自治事務に対する、いわば「裁判抜き代執行」といえるものがすでに定められている。いったいどう説明するのであろうか（自治省筋は、あくまでもいわゆる「並行権限」と主張した）。

　自治事務についての「同意」、「許可、認可又は承認」及び「指示」といった強い権力的関与は、個別の法律で、これらの関与を可能とする定めが必要である。この点、一般ルール法としての地方自治法に直接基づいて発動することはできないという意味で、「まだまし」といえるかもしれない。問題が深刻なのは、自治事務についての「是正の要求」である。「是正の要求」については、国会でたいへんな議論となったところである。国が、自治体の自治事務の処理について、違法であると判断したとき、又は、著しく不適正で、かつ、明白な公益違反であると判断したとき、国は、違反の是正又は改善のための必要な措置を講ずべきことを、求めることができ、かつ、自治体には、違反の是正又は改善のための必要な措置を講ずべき義務があることを明文で規定したこと、そして、「是正の要求」を権力的関与に分類したように見えることが、主に批判の的になった。たしかに、「是正の要求」の手本になった旧地方自治法の内閣総理大臣の措置要求（第246条の2）を見ると、いわゆる有権解釈でも、「非権力的関与の一態様」（長野士郎『逐条地方自治法・第12次改訂新版』、学陽書房、1996年、938頁）とされていたから、旧地方自治法の自治事務（第2条第2項）に対しての関与ですら非権力的関与しか許されていなかったのに、地方分権を目指した改革の結果、なにゆえに権力的関与としての「是正の要求」が可能とされるのか、しかも、地方自治法といった一般ルール法に基づいて許されるのかといった批判は、正鵠を射たものであった。

　このように関与の仕組みは、ほんの一部を取り上げるだけでも、複雑でわかりにくいだけでなく、今度の地方自治法改正の目的とされた国の関与の縮減が

はたして果たされたのかどうか，きわめて疑わしいものとなってしまっている。

(5) 国と自治体との紛争処理の仕組み

それでも，救いがないわけではないと考えたい。たとえば，自治体の事務処理に対して，違法な国の関与又は不当な国の関与があった場合，自治体はどのように救われるのであろうか（市町村に対する都道府県の関与は措く）。機関委任事務の場合には，職務執行命令訴訟という特別の訴訟の仕組みがあったが，一般的に，自治体が「その固有の資格において」国の関与の相手方になる場合には（公権力の行使を行う地位にあるときのように，通常，私人が決して立つことができない統治権の主体としての地位にある自治体の場合），たとえ自治体が違法な国の関与によって自治権を侵害されるようなことがあっても一般の私人のように，国を相手として国の関与の取消訴訟などはできないと解されてきた。平たくいえば，違法な国の関与があっても，裁判所では争えない。なぜなら，国家の行政組織という観点で見れば，国も自治体も異なる行政主体とはいえ，行政内部の関係なのだから，行政内部で決着をつけなければならない。裁判所で救済が可能な「法律上の争訟」ではない，というのが普通の考え方だったということである。

そこで，今回の改正地方自治法では，国の関与が違法・不当だと考える自治体は，国地方係争処理委員会という第三者機関に「審査の申出」をすることができるようになった。行政内部の機関とはいえ，権威ある第三者機関の客観的・公正な判断がくだされることになれば，多少の改善は期待されるかもしれない。

さらに，国地方係争処理委員会の判断に不服であれば，違法な国の関与に対して，裁判所に訴えることができるようになった。詳論は避けるが，自治体が国地方係争処理委員会へ「審査の申出」をすることができ，さらに，裁判所に訴えることができる勇気があれば，つまり，国と自治体との紛争を，闇から闇に葬らないで，両者間で生じた紛争を，改正地方自治法がいうところの「係

争」とすることができるなら，そして正々堂々と法律論で闘う勇気があるならば，相当大きな変化が期待されるところではある。

　機関委任事務の場合には，「国の指導がある」，「国の通達があるからやむをえない」などと住民に言い訳をしたり，あるいは，「国のマニュアル行政」に甘んじてきたりした自治体はずいぶんの数にのぼると推定される。これからは，違法・不当な国の関与をまずはそう簡単に発動させないという意味でも，そして，不幸にも違法・不当な国の関与の発動があった場合には，裁判も辞さず徹底的に闘うためにも，自治体の職員の法務能力が問われることになりそうである。

(6) 改正地方自治法は，地方自治を拡大したのか，それとも地方自治を収縮させるものなのか

　改正地方自治法のほんの一部を見てきた。多くの問題がありそうだということと，それでも，地方自治拡充のために解釈する余地はある，あるいはそのように解釈しなければならないことを述べてきたつもりである。

　今度の地方分権改革については，当初より，さまざまな思惑が絡んできたところである。財界は，グローバル経済の急速な進展の中で，地球規模の市場経済競争における自らの生き残りをかけ，国内市場における規制緩和政策を展開してきたが，その一環として「地方分権」を位置づけてきた。つまり，「地方分権」によって中央省庁の「減量化・スリム化」が図られ，ひいては「行政の効率化」が達成されると目論んだ。その意味では，先に述べた中央省庁等改革関連法律による国家行政改革と一体である。中央官僚たちも，財界の意向を受け，事前チェック型行政規制システムから事後チェック型行政規制システムへと転換する政策に与していることは明らかである。ただ，企業に対する行政規制の総量（国と自治体の行政規制の総量）を減らす規制緩和の論理，すべてを事後チェック型行政規制システムへと転換することは，国と自治体との関係にそのまま当てはめることはできない。たしかに，規制緩和政策の大展開の結果，すでに多くの規制は撤廃又は緩和されてしまった。もはや「地方分権」に

よって自治体に事務が移譲されたとしても，自治体が独自の判断に基づいて企業に対する自治体レベルの規制強化は許されないかのようなシステムができあがりつつある。自治体に対する国の関与が行われなくとも，実は，財界は，もう十分なほどの市場の自由は獲得しているといえる。

　それでは，なぜ，改正地方自治法では，「反地方分権的」と批判されてまで（たとえば，自治事務に対する「是正の要求」），強力な国の関与を定める必要があったのであろう。実際，改正地方自治法およびこれに関連する個別法の関与の仕組みを総覧すると，法的に見て事後的関与は明らかに鋭い切れ味のよいものとなっていることは誰もが認めるところであろう。その理由はいろいろ考えられるところであるが，中央官僚たちの権力欲・権限欲といったものも，もちろんある。しかし，見落としてはならないのは，特に周辺事態法の「周辺事態」のような緊急事態が発生したときを想定して，「裁判抜き代執行」まで含めて，リアルタイムでの対応が可能な関与の仕組みになっているということである。つまり，「危機管理型関与システム」，あるいは，今後の防衛行政を先取りしていえば，「有事法制対応型関与システム」となるかもわからないが，とにかく「一旦緩急あれば……」の関与の仕組みの基本は出来上がったと見てよい。国が認める「周辺事態」，国が認める「有事」の際には，改正地方自治法の関与システムは存分に作動し，十分に地方自治収縮機能を果たすことになるであろう。

　それでは，「平時」はどうであろう。自治体に対する国の関与の仕組みは，住民の命や暮らしを守るために，つまり，地方自治を拡充するために機能するのであろうか。自治体に対する国の関与は，企業に対する行政規制が甘い自治体や，住民のための社会福祉行政が不十分な自治体に対して，「もっと厳しい規制を！」とか，あるいは，「もっと豊かな福祉を！」とか，自治体の施策を是正するために発動されるのであろうか。たとえば，社会福祉基礎改革を推進しようとする「行政改革」路線からは，想像がつかないところである。国の関与は，むしろ，国の規制より厳しい環境保護規制行政を展開する自治体や，国の基準より豊かな社会福祉行政サービスの提供に努力する自治体に，「上乗せ

条例の禁止」や「上積み条例の禁止」といった形の関与が予想される。残念ながら，すでに市町村による介護保険の減免措置について，これを違法とするかのような厚生省の「関与」（2000年9月）が問題になった。このような自治体の憲法的価値実現を逆転ないしは抑制するような関与は，憲法の「地方自治の本旨」からして許されるものではない。

3．グローバリゼーションと危機管理型「協働国家」の構築

　経済のグローバル化からはじまったグローバリゼーションは，いまや政治・経済・社会において全面化の様相を呈している。財界が，グローバリゼーションの進展の中で，財界にとってのあるべき国家の構想を緊急に迫られたことは容易に推測がつく。すでに，第二次行政改革推進審議会（1987年〜90年）の「国と地方の関係等に関する答申」（1989年12月12日）では，「経済活動のグローバル化を始めとする広範な国際化と国際社会化における我が国の比重の高まりの中で，我が国社会の在り方にかかわる様々な問題が提起される」といった，「転換期」の現状認識が示されていた。一方，経団連「21世紀に向けた行政改革に関する基本的考え」（1993年2月23日）も，この行革審の「政府部門の果たすべき役割の再検討」と「総合的な政策展開が可能となる行政システムの構築」の課題について，いまにつながる「規制緩和の推進」と「地方分権の推進」を柱とした改革展望をすでに示していた。第三次行革審（1993年〜96年）は，第一次答申から積極的に国際化対応を重視し，「世界の中の日本」の国際的責務を果たすことを強調してきた。これらの動きを素直に見れば，グローバリゼーションの中でわが国の資本が生き残れるための「市場経済奉仕型」国家が期待されるところであったと見てよい。財界にとっては，規制緩和論も地方分権論も，そのような文脈においてこそ意味がある。したがって，そこでの地方分権論は，「規制緩和型地方分権」論とでも称することができる。

　また，国家統治構造改革で重要な役割を果たした行革会議において強調されてきた，わが国の危機管理のための行政の機動性，総合性，効率性の確保につ

いて着目すると，まさに，日米新ガイドライン，それに関連する周辺事態法などとの関係が無視できないところである。今日の行政改革は，その意味で，いわば「危機管理型国家」の構築に向けての「大改革」という側面を有することが指摘できる。これに政治と財界との「協働」関係の密接化を不可欠とする「改革」の思惑を考慮にいれるならば，政府・財界主導の「危機管理型協働国家」の構築といった国家像が見えてくる。このような国家に対応する地方分権論は，「危機管理型地方分権」ないしは「有事法制対応型地方分権」とでも呼ぶことができるものである。このような「危機管理型地方分権」ないしは「有事法制対応型地方分権」のもとにおいては，防衛行政領域や警察行政領域のような，いわゆる集権・融合行政領域において，選別的直接行政の強化（国の直接執行事務化）や国家関与の強化がますます図られ，逆に，社会保障行政のような，いわゆる分権・融合行政領域においては，国家行政責任の放棄と国の指導・監督機能の強化が加速する。つまり，生存配慮行政責任の放棄を目的とする「行政責任の構造転換」が，規制緩和論，民間化論および地方分権論の美名のもとで堂々と進められているのである。

おわりに

グローバリゼーションの視角から国家行政組織改革や地方分権改革を見てみると，「危機管理型協働国家」論，「規制緩和型地方分権」論，「危機管理型地方分権」ないしは「有事法制対応型地方分権」といった新たな国家像やこの間の地方分権改革の本質が見えてくるようである。

このような改革を内容とする「日本法総改革」は，いまや「行政改革」から「司法改革」に射程を広げている。そして，憲法調査会の審議も着々と進められ，「憲法改革」が政治日程にのぼる準備が淡々と進められている。この「憲法改革」が，「この国のかたち」の変革の総仕上げであることは誰の目にも明らかである。これらの底流には，先に述べた国家行政組織改革や地方分権改革の本質からして，「有事貢献国家」とでもいえるスリムだが強力な国家像があ

第 2 章　グローバリゼーションと「日本法総改革」　71

り，あるいは，この「有事貢献国家」に貢献する「国家貢献自治体」とでもいえる自治体像がある。しかし，このような国家や自治体は，財界が狙う規制緩和と地方分権を基礎とするものであり，国民・住民をして絶えずグローバルな競争に向かわせるものであり，国民・住民にとっては，「酷薄な国家」，「酷薄な自治体」であるに違いない。21世紀日本の国のかたちがこのままでよいのか。憲法と地方自治のあり方についての国民的議論が欠かせない。

〈あとがき〉

　本稿は，専修大学社会科学研究所50周年記念公開シンポジウムでの報告「グローバリゼーションと日本法総改革」に加筆および修正をほどこしたものである。報告は，この間ものしてきた改正地方自治法の諸問題についての下記の拙稿をもとに行われたこと（したがって，逐一注記することはしなかったが拙稿との重複がある），また，「変革の中の『地方分権』論―地方分権推進計画までの地方自治改正論を中心に―」（専修大学法学研究所紀要25『公法の諸問題Ⅴ』（2000年）において本稿の一部がすでに発表されたこと，についてご容赦願いたい。

　なお，本稿は，平成10年度専修大学研究助成（個人研究）研究の成果の一部である。

参考文献

＊室井力・原野翹・福家俊朗・浜川清編『現代国家の公共性分析』1990年，日本評論社。
＊㈶地方自治総合研究所編『地方分権の戦略』1996年，第一書林。
＊自治体問題研究所編『地方分権への提言』1997年，自治体研究社。
＊浜川清「行政改革と官僚制」『現代の法　第一巻　現代国家と法』1998年，岩波書店。
＊「特集　行政改革のキーワード」法律時報1998年3月号。
＊「特集　国家の役割と統治構造改革」ジュリスト1998年5月1・15日号。
＊「特集　行政改革の理念・現状・展望」ジュリスト1999年8月1・15日号。
＊石村修「内閣に対する民主的統制」杉原泰雄先生古希記念論文集刊行会編『二一世紀の立憲主義――現代憲法の歴史と課題――』（勁草書房，2000年）所収。
＊特集「内閣制度と行政機構および『地方分権』」公法研究62号，2000年。

＊「中央省庁等改革関連法律の理論的検討(1)〜(4)」自治研究76巻9号〜12号。
＊拙稿「『地方分権』論の軌道と『機能分担論』」行財政研究第17号（1993年）13頁以下。
同「最近の地方分権論における対立軸」東京研究第2号（時潮社，1995年）115頁以下。
同「『地方分権』の論点を読む」自治体問題研究所編『解説と資料　地方分権の焦点』1996年，自治体研究社，13頁以下。
同「国の行政組織再編論と『地方分権』」二宮厚美・自治体問題研究所編『国家改造と自治体リストラ』1997年，自治体研究社，31頁以下。
同「地方分権推進委員会勧告における『国と地方公共団体との対等性』論の法的検討」行財政研究第34号，1997年，2頁以下。
同「歪み続ける行政改革」世界1998年7月号，35頁以下。
同「日本国家構造改革と自治体改革」自治体問題研究所編『自治体の「市場化」』（1998年，自治体研究社，47頁以下。
同「地方公共団体に対する国の関与の法律問題」地方自治総合研究所『地方分権の法制度設計』1999年，29頁以下。
同「地方自治法『改正』の論点」法と民主主義1999年2・3合併号（通算336号）3頁以下。
同「国と地方公共団体との間の紛争処理の仕組み」公法研究62号，2000年，200頁以下。
同『改正地方自治法を超えて』自治体研究社，2000年。

第3章
日本とアジア太平洋地域

鈴木 佑司

1. はじめに

　日本はアジアにあってアジアでないといわれてきた。そして，日本型システムというものは日本だけに存在すると思われている。しかし，アジア・太平洋地域，すなわち東北アジア，東南アジア，オセアニアを含む太平洋の西海岸地域，における政治・経済のパターン，ことにやや長い歴史的視座で見た場合のそれには，注目すべき類似性を見出すことができる。本論が対象とするこの地域における権威主義支配と国家主導型の開発の形成，成熟そして衰退というパターンで見る限り，日本は明らかにアジアの一員であり，日本型システムは日本だけのものではない。特に注目すべきは，こうしたパターンに大きな変化が生じている点である。今日，それはインドネシアで終わり始めているし，数年前にタイで終わった。10年ちょっと前には既にフィリピンで終わり，台湾でも韓国でも姿を消した。この権威主義的な国家のあり方や国家を主導力とする開発のあり方こそ，この30年この地域に「東アジアの奇跡」をもたらしたといわれたものであった。だが，考えてみると，こうした政治権力と経済開発のあり方は100年くらい前から日本で少しずつできあがっていったモデルであったように思われる。それが今終わりにさしかかっているという長期的視点と地理的広がりのスケールの話をさせていただきたい。換言すれば，国境を越えた相互依存が著しく深まった今日，日本の中だけでこの問題を解くことの限界をもっと認識すべきであろう。
　では，どのような選択肢があるのか。アジア・太平洋においてどんな選択がなされてきているのか。金子報告はこの点で，日本の取るべき選択として二つ

鋭い指摘をしている。すなわち，これまで中央の「官」に独占させてきた状態を変えること，そしてもう一つはもはや「官」依存ではなくて「民」自身が自己責任のもとで自己決定能力を高めること，である。つまり，国家主導型からの脱却が手がかりだということを指摘している。この二つの選択は，分権化と官民関係の転換という形で他のアジア諸国でも既に実行に移されつつある選択である。アジアの次の時代がどのような特徴をもつのかを知る上での手がかりといえる。これまで「対外開放」には熱心でも「対内開放」には慎重であり，長期的な共通の利益よりは短期的な自己利益を重視してきたアジア諸国において，「対内開放」と共通の利益を求める一歩が踏み出されつつあるといえよう。そういう意味でいえば，グローバリゼーションの意味が少しずつ見えてくるのではないかと思われる。では，国家のもっとも重要な役割といわれる安全保障の面ではどのような変化が生じつつあるのだろうか。以下において，まずグローバリゼーションがもたらしつつある権力の構成要素の変化から始めたい。

2．グローバリゼーションとローカリゼーション

巻頭の小林報告は，各国家は主権の壁をさらに低め，旧来の主権の相当部分を上級の国際機関に委ね，国民に必要な部分を下部の自治体に委譲していくべきであるという議論をされている。しかし，「べき」という時代は終わり，現実になりつつある。どのように進んでいるかを以下の三点にまとめることができよう。第一に，市場はグローバル化するけれども国家はローカル化するという傾向がどこでも見られるという点があげられる。この点は既に多くの論者が触れているのでここでは割愛する。第二に，国際的政府というのは存在しないけれども，国際的政府機能を果たす，例えば国連の専門機関もそうであるが，そのような政府機能が，国家を越えて少しずつできあがってきている点である。グローバルスタンダードというのはアメリカが作ったようにいわれているが，仮にそうであっても作ったアメリカもそれに拘束される。国際的政府機能の劇的な始まりを記したのは，リオデジャネイロの地球環境サミットであっ

た。そこで採択された「アジェンダ21」がきっかけとなって，以降定期的開催されるようになった気候変動枠組み条約締約国会議では，そもそも規制に反対であったアメリカは京都会議（COP 3 と略称される）での規制案に合意を取り付けられてしまった。第三に，サブ・ナショナルなレベルの変化，例えば地方政府，さらには民間団体に国家政府的な機能が移行しつつある点である。政府機能は政府，特に中央政府が独占する場合がほとんどであった日本でも，分権推進が叫ばれるようになった。地方公共団体の地方政府化といえよう。もう一つ注目してよいのは，アジアの地域でも NGO といわれる非政府組織が爆発的に成長している点である。現在世界第三位の NGO 大国といわれるのはフィリピンである。カンボジアでは，中央政府の汚職と非能率がひどく，政府機能の 4 割を NGO が果たしているといわれる。効率，汚職から自由ということが原因といえるが，もう一つ構造的な要因があるように思われる。

　既に述べたように，グローバリゼーションはローカリゼーションを伴う。このトレンドが続くとすると，国家権力の構成要素に大きい変化がもたらされることを避け得ない。近代国家を支えた権力の第一の要因は，軍事力の国家による独占であった。周知の事実であるが，この軍事力の持つ意味が転換しつつある。つまり，国家のもっとも重要な要因は，軍事力の大きさではなくて，国際経済に対応する能力に取って代わられつつある。そのことは，一国だけで経済が自己完結するということがなくなった以上，他の経済との関係をいかに上手にマネージするかということが国家の存立，より正確にいえば政権の存立にとって重要になるということである。この数年間大失敗をするという非常に苦い経験を，アジアの国々は経験している。圧倒的な権威と実績を誇った権力者たちが，ほとんどすべて倒れたのである。これまで軍を掌握し，国内治安と国際的安全保障を実現することが正当性の根拠であった。これからは経済をいかにうまくマネージしていくかということが，国家の存立理由や正当性の基準となりつつある。

　もう一つ触れておきたいのは，私が先ほどふれた日本型システムにとって極めて重要な集中から分散へという大きい転換である。集中のもっとも極端な

ケースが，中央集権という権力の維持の仕方であり，これが効率的とされてきた。しかし，日本ではあまり注目されていないが，アジア・太平洋の途上国では，現在公営，国営の企業がどのくらい大きな赤字を作り，どのくらい問題を起こし，どのくらい汚職にまみれているかが政治的な問題として明るみに出されつつある。日本でもそういうことが暴露され，中央集権に代わって地方分権が関心を集めていることは既に述べたとおりである。インドネシアでも，本格的な地方分権法が成立し，2001年度予算から実施に移されることになっている。タイの新憲法で地方自治が謳われるという歴史始まって以来のことが起こった。1991年にフィリピンにおいて地方政府法が制定され，翌年から実施に移された。これらの変化には，中央集権的国家権力の再登場を防ぐという目的が共通して見られるだけではない。もう一つ，もはや国家は国民の面倒をすべて引き受け，それを実現することはできないという現実的な判断が潜んでいる。問題を解決したのではなくて方法を変えただけにすぎない。日本でいえば，国が集中管理できないものを都道府県，そして市町村でやってくれ，どうせできっこないけどということである。老人介護保険制度などは，まさにそうした例といえよう。地方分権はトランプカードではない。しかし，変化は起こっている。

　最後に触れておくべきは，支配から自治へという変化である。これまで，支配される側の方が結構楽だといわれてきた。なぜなら，文句だけいっているだけでいいし，国に「あれやれこれやれ」と政治家の足を引っ張ることがいくらでもできたからである。「あれやれこれやれ」，これが実は政治をゆがめてきたもう一つの理由であったことは誰も疑えまい。しかし，これにお金がつかない，答えが出ないとなると，自分でやる以外なくなる。ここが非常に重要な変化点である。先進国でも途上国でもそうであるが，自発的恭順のうまみがなくなれば，自発的行動を自ら起こす以外にない。この支配から自治へという構造変動がどうやら見えてきている。

　では，こうした構造変動とも呼べる大きい変化は，安全保障やあるいは権力の問題にどのような影響をもたらすのだろうか。それが次の課題である。

3. 安全保障概念の変化と担い手の多様化

　まず第一に変化を迫られているのは、集中あるいは中央集権ということの延長線上にある大国主義という考え方である。近代日本は、いち早くイギリスとの同盟を軸にして対外関係を構築し、そして第二次大戦後はアメリカとの「同盟」を機軸としてきた。共通するのは、常に「寄らば大樹」である。本当に自立した経験はといえば、孤立としてしかない。つまり、日本はさまざまな国家と交渉しながら、同時に自立するという経験をほとんど持っていない国である。自立か依存かという問いに対して、完全孤立か完全依存かという実に狭い選択肢しか経験していない。しかし、これから問われるのは、自立していて、かつ共存するというパラダイムである。そうしたパラダイムに即して、さまざまな概念やその担い手を多様に作るのが地域主義である。

　ちょうどドイツの理論家たちが、対米依存からどのように抜けるかを考えた時に、しかも元の帝国主義に戻らない、ドイツ中心主義に戻らないと考えた際の一つの手がかりは、ヨーロッパ主義という、およそドイツ人には受けそうもない、それでも受け入れられた地域的な協力体制である。その場合にはマルクを捨てる。このことは、われわれにとって円を捨てることを意味する。「一国発展、一国平和」を変えることが必要になる可能性がある。それは、それで日本における大きな変化なしにはありえない。国内的変革はともかく、地域主義が大きな手がかりになっていることは、大変興味深い。グローバリゼーションが進めば進むほど、相互の競争の激化とともに、地域協力が進むという今日の変化が、いかに歴史的変化であるかを物語っているといえよう。アジアの代表日本、つまり覇権的な秩序イメージをもってアジアをみる見方、考え方は過去のものとされるべきである。脱亜入欧の延長線上に自他を位置付ける視座ほど地域協力や地域主義の妨げになるものはないからである。それに代わって、今求められつつあるのは「アジアと共に」、いやより正確には「アジアの中で」である。とりわけ日本にとって、大・中・小、強弱・貧富にかかわりなく、ど

ことも上手に付き合っていくこと，いけることが必要である。

　新たな概念，組織，その主体を駆使し，地域的協力体制を作っていく担い手は国家だけではない。やや古い話になるが，われわれが完全孤立，つまり鎖国を破って世界との関わりを築き始めた時，教訓を二つヨーロッパから学んだ。富国強兵と殖産興業である。要するに，他と対等になるにはまず自らを強く，豊かにしなければならないという考え方であった。これが権威主義支配と国家主導型開発の基本思想といっていい。人間的平等ではなく，国家的平等を求めて富国強兵に走ることは，やがて国家間の不平等を生むというジレンマから自由ではない。ヨーロッパの歴史を参照するまでもあるまい。日本もこうした考え方を基礎としてきた1945年以前においては例外ではなかった。しかし，今日，問題は国家的平等ではない。国民的平等である。実際，1980年代以降，とりわけここ数年間，アジアで一番流行している言葉は，"Civil　Society"である。それを国家と家族の間の中間的存在，仲介的存在だと考えるヘーゲルにとって，国家ほど理想的組織はなかった。多種多様な地域社会が相争ってきた歴史からすれば，その調停を完全に行える抽象性の高い国家は理想の組織であった。この抽象的存在たる国家と具体的な存在たる家族を結びつける仲介的組織，それが彼にとっての「市民社会」であった。従って，相争う社会の調停を完全に行うには，国家の言葉，国家の考え方，そして国家のやり方が市民社会に浸透されることが必要であった。権威主義の支えの理論となった所以である。しかし，今日アジアで隆盛な市民社会の議論はまったく逆の方向性を持っている点が特徴である。つまり，国家の言葉で語っていたことを市民社会の言葉で語り，国家のやり方でやっていたことを市民社会のやり方でやっていく。つまり，先ほど触れた集中から分散へ，支配から自治へという方向性を備えたものが今関心を集めているのである。もう少しそれを進めると，もはや統治機能ではなく自治機能，政府組織ではなくて自治組織が，すなわち「官」ではなくて「民」が責任も持つということにおそらくなるに違いない。こうした方向性を持つ市民社会議論が盛んであることは，アジアの国々におけるNGOの爆発的成長や役割の飛躍的増大を支えていると考えられる。当然，国家が専決事

項と考える外交でも，政府以外にも，多様な主体が参加することが当たり前となり，国境を越えた多元的協力が厚みを増すようになった。これからは内政問題に関しても，NGOが中央政府，地方政府の決定により深く関わるようになると思われる。

このような傾向は，安全保障にとって，実に深刻な問題を投げかけている。にもかかわらず，その深刻さについて，日本社会の反応は大変鈍い。意味ある対応をいまだ示していない。では，どんな変化が今起こっているのだろうか。そして，どのような対応が求められているのであろうか。以下，立ち入った検討をしたい。

4．地球的課題としての安全保障

第一に，安全保障という国家が独占してきた課題領域が脱国家化を始めている。これは，「一国安全保障」ということ，つまり自分さえ平和であればよいという考え方が有効性を持たなくなったばかりでなく，もはや本当の意味で保障にすらならなくなってきているということを意味している。「一国安全保障」に代わって関心を集めるようになったのは，地域的総合安全保障という考え方である。これは細川内閣の時に諮問され，村山内閣の時に答申が出された安全保障問題懇談会の報告書の主な内容と一致している。この報告書は，ソ連崩壊後においてもアメリカの覇権秩序の維持を安全保障の重要な条件と考えるアメリカを強く刺激し，「安全保障再定義」「新ガイドライン」に展開していったことは，周知の事実である。しかし，どう再定義しようとも，いずれ根本的問題に必ずぶつかる。なぜならば，アメリカ一極といわれながら，アメリカは一極では小さな戦争すらすることもできなくなっている。湾岸戦争がそれをよく示した。日本にあれだけ多額の金を要求せざるをえなかったのである。他方，東ティモールに来てほしいといってもアメリカは参加しなかった。「アジアはアジアで」である。そのことは，われわれが考えているよりも早く秩序，より正確にいえばアメリカ的覇権秩序が壊れてきているということを意味す

る。私にいわせれば，無極化が始まっている。最近19世紀型の集団的自衛権を復活させるべきだという議論があるが，それはまことに時代錯誤の議論であるといえよう。

　第二に，もっと重要なのは，戦争から紛争へという紛争パターンの大変動である。戦争とは通常国家間紛争のことを指すが，国家間戦争の直接，間接の原因は，承知の通り，国内的矛盾であることにまちがいない。国内的な紛争，特に国際的影響をもち，かつ地域的に広がる可能性を備える紛争，具体的には死者が千人を越えた大規模な紛争は，1989年，冷戦が終わった年から1995年までの6年間で，18回生じている。それは，1945年から1995年までの50年間に起こった大規模な紛争39件の半数に近い。いかに冷戦後，大規模な紛争が多発しているかを物語る。加えて，先進国における紛争はそのうちの一つ，北アイルランド紛争だけである。後は全部途上国で起こっている。ここに共通しているのは，民族とか宗教の違いを原医とするといわれる紛争，国家と地域の戦い，特に分離・独立の要求とそれの弾圧といった紛争が極めて多いことである。アジアでも似たような傾向が強まっている。東ティモールの分離・独立がそれである。

　国内紛争の解決が国家の存立にとって重要だということは，ずっと前から理解されていた。近代国家とはそもそも，国内紛争を封じ込めていく制度であったはずである。しかし，解決できる能力を最初から持っていたわけではなかった。勢い，これを力，つまり軍事力で封じ込めてきただけである。問題を根本的に解決するにはどうすればよいのか，まさにそれが本質的な問いであるにもかかわらずである。だが，国家がこの問題を解くことができるのなら，100年，200年でなくなったはずである。しかし実際には解けなかった。現在も残っている。ただ，最近になって，新たな解決の方法として前に述べた地域的取り組みが重要なやり方だと認識されるようになってきた。この地域的取り組みこそ地域的安全保障の概念を支えている。地域的というのは，敵も味方も同じシステムで安全を保障する，ということが意味されている。つまり，敵と味方を区別するというやり方から敵も味方も同じシステムに入るという方法に転換する

ことを意味している。これまで敵を排除し，味方だけ集まるという集団的自衛，集団的安全保障は，いずれも敵と味方が互い別の保障制度に加盟することを当然の前提としているのに対し，地域的取り組みは敵も味方もひとつの安全保障システムに入ることを前提とする。そうなると，潜在的敵はだれか，顕在的敵はだれかという敵と味方の区別，そして共通の脅威への対応としての安全保障はもはや意味を失うのである。

　アメリカ人への嫌みを含めて，彼らに共通する考え方を解説すれば以下のとおりである。つまり，日本人の平和とは「平和のための平和」であって，正義のための平和でもなければ，国民のための平和でもない。ピースとは，アピースメント（宥和），つまり「腰抜け」の平和だというのが，アメリカの冷戦以前からの一致した意見である。だが，ようやく最近になってピースはピースであり，地域的安全保障が重要であるということが認識されてきた。これは日本的な平和の概念への理解が始まったというよりも，国家を成り立たせてきた正当性のうち，安全保障という最も重要なテーマもまた脱国家化しているとの認識を持たざるを得なくなったからだと考えられる。この点と関連して，見落とせないのは，軍隊，一国軍隊の意味が大きく変わってしまう点である。事実，一国的に形成されてきた軍隊をいかに使うかとう点で示唆に富んでいるのは最近多くなった多国籍軍の派遣や，国連の平和維持活動である。いずれも一国的枠組みを超えた軍事力の行使，ないし軍事力の非軍事的行使である。何らかの形で国家を超える枠組みを作らないと軍隊を動かせなくなってきているということを意味しよう。より突っ込んでいえば，紛争解決というのは予備的に，事前に解決することの方がはるかにコストが低いし，解決の可能性も高いということになろう。もしそうだとするならば，何らかの形とは，敵と味方を峻別せず，またはできず，敵も味方もいるシステムとならざるを得ない。そして，そうしたシステムのもとで紛争を解決するには，予防的に問題を解決することが最も望ましいことになる。当然，軍隊の行使は非軍事的でしかありえないことになる。

5．予防外交と人間の安全保障

　これが予防外交化という傾向である。紛争の種である対立というのは，ご承知の通り簡単にはなくならない。しかし，対立が武力紛争に転化することを防ぐ方法はいくつもある。多くの研究によって，対立が武力紛争に，そして武力紛争が国家間戦争に，そして国家間戦争が地域戦争に，さらには世界戦争にエスカレートするさまざまなパターンが研究され，それぞれの段階で何がエスカレートの要因であったかについても分析が進んだ。それはまさに，デスカレーション，つまり地域戦争を国家間戦争に，国家間戦争を紛争へ，紛争を対立へとデスカレートしていく方法を示唆することとなった。また，そもそもエスカレートしそうな対立を対立にとどめておくという方法もかなり開発されている。

　そして，デスカレーションにしろエスカレーションを制御する場合にしろ，注目すべきは国家以外にも多くの国際的，国内的主体が複雑に関わるという時代となった点である。現在の紛争は国内紛争である。圧倒的多数は発展途上国で起こっており，さらにまたその圧倒的多数は，一方の当事者が国家，また他方の当事者が反乱団体だという場合である。つまり，対等な立場での交渉がなかなか難しい場合が多いといえる。いいかえれば，国家と国家という対称型ルールが作れない。したがって，紛争の調停をするとなると国連，地域機構，関係する国家，紛争主体がそれぞれ役割りを果たすような，複合的プロセスを必要としよう。紛争当事者を横に並べて対等な立場を維持しながら解決するというのが19世紀以来の国際法的な紛争解決だったのとは，根本的に異なっている。つまり，縦に違ったレベルの主体が互いに紛争解決に協力し合うというプロセスの構築が解決の方法なのである。この縦の対立と抗争というパラダイムを対立と協力のパラダイムに転化することが求められており，この点はまだほとんど開拓されていない領域である。EUでは関係予算について，EU予算，各国の連邦予算，州予算，そして市の予算，さらにNGOの予算を縦に組み合

わせて作っているという。サブシディアリティーと彼らが呼んでいるこういうやり方を，そこでは少しずつ集積経験している。しかし，アジアでは全くこれができていない。国連と地域機構，国家と紛争主体が同じテーブルで，縦なのに横に並んで議論をするというメカニズムとシステムを開拓すべき時期に来ていると思われる。

　こういう形で紛争を予防し，縦型の協力関係を敵味方を含める形で築くことができるようになるとすると，次に，誰が，どこを，どう防げば紛争の予防ができるのかという大変重要なテーマにぶつかることになる。軍事力の行使ではないやり方であるのは当然としても，一体どこをどう触れれば紛争にならずに予防できるのか。まさにこの点への問いかけが安全保障の課題の組み替え，安全保障概念の大転換を起こしている原因であると考えられる。そして，これにより，国家安全保障から人間の安全保障に安全保障の概念が変わってきているのだと思われる。周知のように，人間の安全保障とは，対立や紛争の原因となっている社会的，経済的，文化的，さらには政治的な格差や差別の仕組みを一つ一つ取り除き，最終的には一人一人の個人の生存が確保されることを目的とする概念である。国連安全保障理事会でなくて，経済社会理事会の一機関であるUNDPを中心に形成された概念である点でも注目される。その『人間開発報告　1994年』によると，エネルギーとか食糧の安全保障という国家型の捉え方ではなく，まず個人個人の雇用，賃金の支払いといったことをきちんと確保することこそ重要なメルクマールであるとしている。また，共同体の権利を守ることについても重要な課題としている点は見落とせまい。少数民族問題は，近代国家が誕生して以来ずっと国家が内包してきた主要な矛盾だったし，ことに最近は紛争の主要原因の一つに数えられているからである。従来，言語，宗教，人種等を紐帯とする共同体を解体していくことが近代化であるというように考えられてきた。しかし，共同体の解体という形で進んだ近代化が人間の安全保障を損なってきた例は多数存在している。

　こうした新たな安全保障概念の登場は，グローバリゼーションの進行によって国家の役割が大きく変化し，逆に国際的政府機能が急速にその重要性を増し

ていることを物語っている。同時に，このことは誰が安全保障の担い手なのかという根本的な問いかけに対しても，新たな答えを求めている。その答えとは，冒頭で触れたように，集中から分散，支配から自治へという変化とともに，ますます非国家的主体，地方政府やNGO，さらには個人が重要な担い手となることを示唆している。それぞれが責任を持って参加する道が開かれ始めたのである。しかも，見落としてならないのは自己責任への要請の高まりである。自由もあるが責任もあり，自分で自分のことはやっていくという新たなコモンセンスを必要とする。例えば，各種の保険，医療等々，所謂護衛船団方式は自己責任方式に変わる。お上への陳情，お願い型，国家への依存に代わって，自分で自分を統治する能力，ガヴァナンス，が求められよう。

6．むすびにかえて

一言でいえば，われわれは国家なかりせば国民なし，自分の利益は国家の利益といった「滅私奉公」がいかに真っ赤な嘘であったかということに気づくべきである。それに気づくことでわれわれは，漸く国家の時代というものに終止符を打つことができるのではないか。そして，われわれらしい地域社会や，市民社会や，あるいは個人というものを主体とした国境を越えたつきあいがますます重要になってきており，それが実は安全保障という最もやっかいな問題にとって切り札になるということを，どうやら今理解し始めているように思われるのである。

第4章
憲法改定問題をめぐる日本の位置

隅野 隆徳

1. 日本での改憲問題の新段階

　1999年に改定された国会法により，2000年1月から衆議院と参議院にそれぞれ憲法調査会が設置され，そこで自民党や保守諸党の改憲論や，あるいは民主党や公明党等の中間政党による「論憲」論が主張されるようになって，改憲問題をめぐる状況は大きく変わった。ただし衆参各院の憲法調査会は，97年に結成された「憲法調査委員会設置推進議員連盟（略称，憲法議連）」が当初掲げていた，国会の常任委員会の一つとしての「憲法調査委員会」からは後退して，議案提出権がないことが確認されている。すなわち，憲法96条により憲法改正発議権をもつ国会であるが，今回の衆参各院の憲法調査会は，「日本国憲法について広範かつ総合的に調査を行う」こと（国会法102条の6）が目的とされている。それにもかかわらず改憲勢力は，この国会の場を通じて改憲の動きを結集し，国民世論を操作して，改憲への具体的な計画表を作るのに意欲を燃やしており，日本国憲法をめぐる攻防は新たな段階にいたっている。

(1) 軍事大国化の動き
　ところで，こうした改憲問題の展開の背景には二つの大きな要因がある。その一つは，1990年代に進められた日本の軍事大国化の動きである。90年から91年にかけ，イラクのクウェート進攻にともなう「湾岸危機」，「湾岸戦争」に対応して，アメリカの圧力のもとに，自衛隊の海外派兵体制が，国連協力を中心に「国際貢献」のイデオロギーとともに，92年のPKO等協力法によって作られた。その後，アメリカの国連に対する姿勢に変化があり，アメリカの国益に

基づく単独の軍事行動の領域も追求される中で，日本の支配層としても，1980年代後半以降，日本の大企業が，とくに東アジア諸国に急速に資本進出をして多国籍化し，それらの地域での政情不安から投下資本に対する軍事的保障を求める状況に対応して，日米軍事同盟の強化を中心的に追求していくことになる。すなわち，94年以来，アメリカとの間での日米安保条約の「再定義」交渉を通じて，96年4月の「日米安保共同宣言」の発表，それに基づく97年9月の日米新ガイドライン（防衛協力のための指針）の策定となる。99年5月に成立した周辺事態法は，新ガイドラインの基本部分を具体化したものである。

　前記「日米安保共同宣言」は，日米安保条約に基づく日米の同盟関係を，21世紀のアジア・太平洋地域の平和と安定にとっての基礎と位置づけ，この地域での10万人のアメリカの軍事的プレゼンスを不可欠のものとして認める。その前提の上に，周辺事態法は，地域的限定のない「日本周辺地域」で，日本の平和と安全に重要な影響を与える事態（「周辺事態」）に対し，自衛隊がアメリカの軍事行動に「後方地域支援」等をするというものである。それらにおいては，日米安保条約が，その改定手続きなしに拡大・強化され，同条約に基づくアメリカの軍事行動領域は極東からアジア・太平洋地域に，さらに地球的規模にまで及ぶ。また同条約5条に基づく日米共同作戦行動は，日本に対して直接の武力攻撃のない事態においても発動され，その行動範囲はアジア・太平洋地域にわたることになる。「周辺事態」の具体的内容としては，国会での野党質問でも追求されて，アジア諸国での内乱や民族的・宗教的な対立・抗争等が挙げられるが，そこに，99年4月，NATOの結成50周年の際に明らかにされた「新戦略概念」，そして同時期にコソボ問題でユーゴスラビアに対してなされたNATO軍による空爆の経験が，共通するものとして観念されていることは，重要な問題点である。すなわち，「周辺事態」には，アジア諸国に対するアメリカと日本による警戒感，ないしは危険視が内在しており，それは時に内政干渉の契機となり得るからである。その自衛隊の行動の法的論拠として，政府は依然として個別的自衛権をもってくるが，それではもはや説明がつかず，政府がこれまで憲法9条によって禁止されるとしてきた集団的自衛権の行使に

踏み込まざるを得なくなる。そこに90年代の改憲論の焦点があるといえる。

　しかも「周辺事態」の認定の主体も手続きも，法文上規定されてなく，結局，情報や指揮関係等から，アメリカ側の判断に日本が実質的に追随することが考えられ，日本の自主性，国家主権を侵害する問題が起こり得る。同法2条2項に自衛隊の対応措置が武力による威嚇又は武力の行使に該当することを禁じているものの，「後方地域支援」等は前線の戦闘行為と一体的で，国際的には武力行使とみなされ，したがって，アメリカの軍事行動による被攻撃国から日本に対する反撃がなされる可能性は十分に考えられる。そればかりでなく，周辺事態法は，周辺事態に当って国民の動員体制を樹立する根拠規定をおいている。すなわち，周辺事態において軍事行動をするアメリカに協力するのは，自衛隊だけでなく，内閣総理大臣の指揮監督の下に，「関係行政機関」の国家公務員は全般的な動員義務を負う（2条4項, 8条）。さらに地方自治体や民間企業等も「必要な協力」を求められたり，依頼されたりする（9条等）。周辺事態に当って，アメリカ軍の艦船や飛行機が自治体の管理する港湾や空港を利用したり，戦闘によるアメリカ軍の死傷者を自治体の病院で収容・治療するなどの態勢は，すでに訓練・演習過程で形成されつつあり，自治体や民間企業等において不安と反撥が強まっている。

　このような日米軍事同盟の強化，そして日本の軍事大国化の動きが，アジア諸国民の警戒と不信の念を増していることは明らかである。一方で，第二次大戦中の「従軍慰安婦」や強制連行の問題で，アジア諸国民により日本の裁判所に各種の訴訟が提起されていることに関し，日本政府は，それらの個別的請求につき，すでに解決済みとする姿勢を一貫してとり，第二次大戦での日本の戦争責任を明確に認めない状況が続いている。その点で，ドイツ政府がナチスの戦争責任を認め，ヨーロッパ諸国民に戦後補償をしているのとは対照的である。他方で，90年代に日本の支配層が，東アジアの諸問題につき，経済大国としてのみならず，これまでみたような軍事大国の方向で臨もうとしていることは，アジア諸国民の動向と対立する関係にある。すなわち，ASEAN（東南アジア諸国連合）は，かって1960年代，70年代にはアメリカのベトナム戦争を支

援したが，ベトナム戦争後の変化の中で，90年代にはベトナム，ラオス，カンボジアの加盟を認め，今日では東南アジア十か国すべてが参加する平和的な地域的協力機構として機能している。さらに94年には，東アジア全域の安全保障対話を目的とする ASEAN 地域フォーラム（ARF）が発足し，2000年にはこれに朝鮮民主主義人民共和国も加盟して，日本，韓国，中国を含む東アジアのすべての国が参加する協議の場となっている。しかも2000年6月には朝鮮半島の南北首脳会談が実現し，南北の平和共存と自主的統一の方向が合意され，経済，軍事，国際関係の面でその具体化が進められている。こうした東アジア地域での平和的潮流は，21世紀における日本の国際的対応として，日米軍事同盟の強化ではなく，日本国憲法に基づく平和的・友好的な連帯関係の推進こそ求められていると言えよう。

(2) **新自由主義的改革**

改憲問題の背景としての第二の要因は，「規制緩和」，市場での自由競争を，「強い国家」のもとに権力的に進めようとする，1990年代の「財政構造改革」と「行政改革」にみられる新自由主義的改革である。この点は，本シンポジウムで白藤教授の報告で重点的に扱われるので，ここでは要約的な言及にとどめる。多国籍企業を中心とする国際的な「大競争時代」に後れて参入した日本の大企業にとっては，競争力の維持・発展のために，日本での「高コスト構造の是正」がなによりも中心的な課題となる。そこで企業での人員整理・削減を強行すると同時に，法人税軽減を始めとする税制改定と福祉関係の予算支出削減を内実とする「財政構造改革」が進められる。しかも，金融部門の不良債権処理救済のための莫大な予算の投入，あるいは不況克服の名による巨大な公共事業費の継続的投下は維持されたままである。また，労働法制の「規制緩和」として，労働基準法を改定して，女子保護規定の撤廃，裁量労働制や変形労働時間の拡大，3年任期の有期雇用の法認等が強行され，企業が法的規制から解放された分だけ，労働者の雇用の不安定化は増す。さらに1999年の中央省庁改革関連法の成立と，2001年1月からの施行により，中央行政機構は大きく改変す

る。一方で厚生省と労働省が合体して厚生労働省となることにより，保護行政が削減されることはないか。他方，運輸省，建設省，北海道開発庁，国土庁が合体して国土交通省という巨大省庁が実現するが，国民経済の発展よりも利権政治のいっそうの基盤となることはないか，など課題は多い。とくに内閣総理大臣の権限強化に対応して，新設された内閣府が経済・財政・科学技術・軍事・治安を始め多くの任務を集中させることになり，その活動が注目される。

　以上のような「財政構造改革」から「行政改革」に至る一連の「改革」では，97年12月に発表された行政改革会議の最終報告で打ち出された方策，すなわち，「自律的個人」による自己努力を国民に対しては強調する一方で，国家の福祉的任務を縮小する方向が明確に出ている。こうした「自由な経済」の名による「福祉国家」の解体を目指す新自由主義的改革は，同時に，「強い国家」の名の下で軍事国家を擁護・推進するという動きと結びつく。その点で，新自由主義的改革は前記の軍事大国化の動きと一体的関係にある。そして周辺事態法に対応する行政機構は，内閣府や，地方分権推進一括法に基づく改正地方自治法の中にすでに盛り込まれているともいえる。その意味では，周辺事態法による戦時体制への移行に見合う形で，国民の生存権や社会保障の権利をいっそう侵害し，国会を国権の最高機関とする議会制民主主義に相反する，内閣総理大臣指導型の統治構造が先取りされつつあるといえる。しかし，それらには国民の生活と権利を侵害し，民主政治の諸原則に反するさまざまな矛盾が内在していて，それほど一義的・直線的に進むものでもないことが現実である。

2．日本国憲法の可能性

　前述したように2000年1月20日から衆・参議院の各憲法調査会が活動を始めて1年を経過した時点でみると，同憲法調査会を舞台に，あるいは，それとの関連で社会的にも，改憲論が保守政党や諸個人によりさまざまに進められ，他方，改憲に批判的な革新政党や諸団体・諸個人の動きも活発である。衆・参議院の各憲法調査会を中心とする，それらの動きにつき，以下に簡単に言及し，

そこでの論点を若干整理しておきたい。

　衆議院の憲法調査会では，初め，各党代表により調査会に臨む姿勢についての意見表明がなされた後，「憲法の制定経過」のテーマにつき参考人の公述が5回行われた。そこでは「おしつけ憲法」論も展開されたが，調査会委員による批判や，あるいは改憲論者の公述での批判もあって，憲法50年を経た今日では同論拠の存立じたいが影の薄いものになっていることを示した。次いで「戦後の主な違憲判決」が最高裁当局により一回だけ説明されたが，問題の重要さに比して，憲法調査会の取り組みの軽薄さが出ていた。ここまでは2000年6月の衆議院議員総選挙を意識した，いわば第一ラウンドであったが，総選挙後，調査会委員の交代もあり，9月からは，第二ラウンドとして，「21世紀の日本のあるべき姿」のテーマで，総論的に，各党の推薦する参考人の公述が進められた。その間，憲法改正の経験のある外国の調査として，調査会委員による視察団がドイツ，フィンランド，スイス，イタリア，フランスを訪問し，聴き取りをしている。そして2001年2月には委員の間で総括的な自由討議を行い，その後は，第三ラウンドとして，憲法の各章毎の論議をし，並行して地方公聴会を開く予定という。

　他方，参議院の憲法調査会では，初め委員の間で，会の進め方や各自の憲法観等に関し二回の自由討議をした後，憲法制定経過につき連合国総司令部民政局関係者からの意見聴取を一回，日本国憲法につき文明論・歴史論も含めた観点からの参考人の意見聴取・質疑を重ねてきた。その間に2000年4月には募集した20名の学生・院生の意見を聴く場をもっている。そして2001年2月からは，憲法のテーマ毎の論議（その初めは「国民主権」）を行う予定としていて，第二ラウンドに入ることになる。

　それらを通じて登場してきた改憲論で特徴的なことは，一般的な論拠として，「憲法と現実との乖離」への調査・是正ということが，調査会委員からくり返し指摘される。しかし問題の基本は，現憲法の諸規定を誠実に具体化する努力をすることなしに，たんに現実政治の要請として改憲を主張する点にある。それは近代立憲主義の基本を理解しない立場である。また国家主義的な立

場から，日本の歴史と伝統・文化の尊重の記述が現憲法にないゆえ，日本国の現在の停滞があるとして，このことの明記を主張する見解も引き続きある。それでも天皇の元首規定の明記などを求める復古的改憲論は少なくなっているが，経済・政治・社会等の諸分野で国際化の進んでいる今日，日本独自の民族文化を強調することの時代錯誤性がある。それに対しては，日本国憲法に見られるように，普遍性と特殊性ないし個別性の調和をこそ追求する必要があろう。

　具体的な改憲論の中心が憲法9条に向けられていることは明らかである。1994年に改憲試案を発表して90年代改憲論の先鞭をつけ，社会的に批判された読売新聞社が，2000年5月には第二次改憲試案を提言した。そこでは，現憲法前文の平和的生存権規定や9条2項を引き続き削除し，代わりに明記するとしていた第一次案の「自衛のための組織」の保持を，「自衛のための軍隊」の保持といっそう明確にして，自衛隊の海外派兵体制への道を用意している。さらに，内閣総理大臣による緊急事態宣言の発布等の諸規定の新設を提案していることも，この間の経緯を反映している。また2000年10月に発表されたアメリカ国防大学の国家戦略研究所の対日本政策提言の中で，日本が採っている集団的自衛権の行使についての禁止措置を解除すれば，米日間でより緊密で効果的な安全保障協力が可能になるとして，歓迎する意向を，アメリカの外交・軍事の中枢的専門家が示していることは，新ガイドラインのもとでのアメリカの期待の焦点を物語っている。

　今回の一連の改憲論で特徴的なことは，憲法9条についてのみならず，現憲法のほとんど全体にわたる見直しを打ち出している点である。その理由としては，現在の国政に関する国民の多様な要求を，さまざまな接点で憲法改定に結びつけ，そのことにより憲法9条改定の焦点を相対化し，あいまいにすることが考えられる。それと同時に，1994年に「政治改革」として衆議院に導入した小選挙区制により，国民の意向が国会議席における政党間の勢力分布に民主的に反映せず，総体的には保守化傾向が進む中で，国会での改憲発議にとっては千載一遇の機会と見て，現憲法の平和的・民主的諸原則をできるだけ多く，あるいは，少しでも取り除きたいとしていることによるのであろう。

憲法9条以外の改定点の一つとして，現憲法には環境権や知る権利等の「新しい人権」が規定されていないので，これらを新規に盛り込むという主張がある。しかしこの点では，憲法の専門書や公害裁判の実態などに少しでも触れれば，その主張がいかに現実を見ない空論であるかが明らかになる。「新しい人権」は1970年代から法学界でも裁判でも取り組まれてきており，日本国憲法のように総合的な人権体系をもっていれば，「新しい人権」の生成にも十分対応できること，例えば，環境権は25条の生存権や13条の幸福追求権により，知る権利は21条の表現の自由や１条の国民主権等から導き出し得ることが力説されてきた。そして公害裁判等では，これらの「新しい人権」を国民の側はくり返し主張の根拠としてきた。また公害規制立法や情報公開法の制定に当っても，それらの「新しい人権」の導入を国民や野党の側が要求してきたのに対し，それらの障害になったのが政府や与党であったことは明らかである。

　その他にも憲法改定点として，現在の最高裁判所とは別系統で憲法裁判所を設置して，抽象的違憲審査権を専属させ，現在認められている下級裁判所の違憲審査権を奪うという構想がある。この問題は憲法81条に関して戦後憲法学界で多く議論されてきたものであり，その経緯は割愛して結論だけ言えば，現在の日本の司法審査制では，国民は事件の司法的解決を限定的であれ，憲法の問題と結びつけて提起できること，裁判官においても下級裁であれ裁判事件を憲法との関連で判断を求められること，それが裁判官の憲法教育にとって重要な試練の場になっていること，下級裁判所での司法審査の上に最高裁判所での消極的な司法審査はようやく成り立っていること，最高裁を頂点とする日本での司法審査の消極性の是正は，最高裁裁判官の選任の民主化，下級裁裁判官に対する最高裁事務総局を中心とする司法行政上の官僚的統制の民主的是正等により解決の途が考えられることなどにより，日本ではドイツ型の抽象的違憲審査制は不適当であると考えられる。

　さらに憲法96条の憲法改正手続きの要件を緩和して，憲法改正を容易にするという提案が諸改憲案に見られる。この点も近代憲法の成立以来の，近代憲法の本質にかかわる重大な問題である。すなわち，国民主権の核心である憲法制

定権力の付託を受けた憲法改正権については，通常の立法権による法律の改廃手続きと区別して，加重された要件をもつ硬性憲法であることが一般的であり，しかも20世紀の憲法では，主権論における人民主権的傾向の進展に伴い，憲法改正手続きに国民投票を導入する方向が顕著になっている。このような近代憲法の発展史を考えれば，今日の日本での諸改憲案で，憲法改正手続きの要件を緩和し，国民投票を選択的にするという提案（例えば，読売改憲試案等）が，いかに時代錯誤的な，非民主的なものであるかは明らかであろう。

　これらの諸改憲案と対比して，日本国憲法の先駆性と普遍性は明確であり，象徴天皇制という日本の特殊性に根ざした，民主主義の不徹底な分野はあるものの，21世紀に十分通用し得る効力をもっているといえる。とくに憲法9条は，広島・長崎での核戦争の犠牲の上に，国連憲章における国際紛争の平和的手段による解決の原則を徹底させた無軍備・平和主義を採用していること，そして憲法25条の生存権規定は，ワイマール憲法以来の社会権保障を徹底させて明確な権利規定になっており，26条の教育を受ける権利と，27条・28条の労働基本権とともに社会権体系の基本に位置していることに，第二次大戦後の資本主義憲法としての日本国憲法の先駆性が顕著に現われている。このような現代的要素と，近代ブルジョア革命以来の伝統的な市民的・政治的権利と，国民主権に基づく民主的諸原則をもっている日本国憲法は，今日の改憲論が指摘するように，50年の運用によって「制度疲労」を起こすような安易な性格のものではない。むしろ日本国憲法50年余の歴史をよく見れば，その諸原則，諸規定でまだ十分に実施されていない分野が広範に存在すると言える。

　しかも日本国憲法における未開拓の領域として，その国際性と人類的視点に注目したい。日本国憲法の国際協調主義については，憲法前文3項と98条2項との関連で，これまでにも指摘されてきた。また憲法前文2項の，全世界の国民に「ひとしく恐怖と欠乏から免かれ，平和のうちに生存する権利」を保障することの重要性も検討されてきた。その全世界的な平和的生存権の保障を，日本国民の基本的人権行使に当っての目的の一環に明確に位置づけ，運用していくことの重要性をここに指摘したい。すなわち，憲法13条の幸福追求権は，周

知のようにアメリカのヴァージニア州の権利章典や独立宣言以来，多様な歴史的変遷を経て，今日でも包括的人権として，プライバシー権や環境権等にも対応し得る生命力をもっている。この幸福追求権を，したがってまた諸基本的人権を憲法97条における「信託」概念と結びつけるならば，日本国民の幸福追求権ないし諸人権の行使は，人類から受託されたものとして，受益者たる人類の福祉に還元し奉仕しなければならない関係となる。そして，97条における受益者としての人類とは，とりもなおさず憲法前文3項の，日本国民による全世界の国民の平和的生存権の保障と結びつく。日本国民にとって基本的人権の保障はとかく自己のため，あるいは日本国のレベルでのみ考えることが多く，それは今日でもなお重要な観点である。しかし国際的交通が発展し，食料やエネルギー資源を始め，多くの生活資料が国際化していて，地球環境の保全を日常的にも考慮に入れなければならない今日，日本国民の人権行使においても，「グローバルな視点」（広渡清吾「グローバリゼーションと日本国家」『法の科学』27号，1998年，21頁）から把握され，検討されなければならない。その意味で，日本国憲法のもつ，人類的視点に立った普遍性は，日本国民にとり日常的な現実的課題となっている。

第5章
グローバル化された立憲主義
―― 概括と展望 I ――

石村 修

1. グローバル化の構造

　第Ⅰセッションは，便宜上「法・政治・国際関係」を扱い，第Ⅱセッションの「経済・社会」とは区分されている。ただし，第Ⅰセッションは第Ⅱセッションが先行的に仕掛け・定着された大規模現象としてのグローバリゼーションを受けていることは確かである。とくに，この分野では法は見事に主に先進国（資本主義）経済によって便宜的に構成された現象の後追いをしているに過ぎなかった。一般的に法にはやがて生ずるであろう政治現象を予測して，これにあてはまる規範を用意し，当為から政治現象に対応する場合があるが，今回のシンポジウムでの共通テーマに関して言えば，法は後追いの役割を甘んじて演じているに過ぎない。第Ⅰセッションの司会を託された私は，法学を専攻している関係からして，このグローバリゼーションが法律の世界にも侵食していることに注目しながらも，後追いの状況を認識しながら，限られた範囲での法の役割を考察すべき「まとめ」の文章を書くことになった。したがって，私がこれから分析する内容は極めて限定的であるものの，第Ⅱセッションに比べれば後追いであるがゆえに，終結的な側面を含みこもうとしていることは確かである。
　それにしても，法学の世界においても最近はグローバリゼーションの影響を見る機会は多くなり，この点に関する言及も多くなった。それは国家と関係する公法の世界だけではなく，私法の世界においても同様であり，国際公法と国際私法は体系を異にしながらも，ともに機能的には同様のグローバリゼーショ

ンという現象に厳然と真摯に対応している（正確には，対応しなければならない）。要は，安定した運営を託されてきた主権国家は，依然として国家という枠組を維持しながら，脱国家の契機をも窺っているがゆえに，公法だけでなく私法の分野においても，なんとかグローバリゼーションに対応しようとしているのかもしれない。主権国家の側からするならば，営々として築き上げてきた地位を簡単に国際秩序に明渡さないための方途を探索している状態，つまり，国家 vs. 脱国家の争いが厳然としていることが気になるであろう。国家間関係は，法的にはインターナショナルないしトランスナショナルであるのに対して，経済的にはすでにスーパーナショナルを指向していることのギャップが存在している。米ドル，マグドナルド，コカコーラ，ウインドウズ，ハリウッド，CNN，そしてついでに SONY は世界を駆け巡り，国境を越えた「自由競争」の名の下に，市場の開放を求める。一口にグローバル化は「人，モノ，カネ，情報が国境を越えて自由に，大規模に，すばやく移動する時代」であると言われるが，これらの個々は地域と時間で別個な発展を遂げてきた。したがって，実体としてのグローバル化，政策としてのグローバル化，イデオロギーとしてのグローバル化，そして，これへの消極的・積極的対応を区分して用いなければならない。また，すでに18世紀に現れた現象形態と，今日のグローバル化とは規模と質を異にしていることは明らかである。国内の政治経済体制が「新自由主義的」に再編される場合に，一方で市民社会の切り捨てがあり（小さな政府の実現），他方で集約的な国家管理と権限の分配（ローカリゼーション）がなされてくる。かくしてグローバル化とナショナリズムの強化は，複雑に絡み合いながら今日では平行的に進行し，しかもどちらかの要素の優越を求めていることになる。

　ここでは取りあえず，第Ｉセッションで用いる「グローバリゼーション」の用法と報告の意図を関連づけて簡単に説明しておく必要があるであろう。この用語は問題の切り口からして，世界的規模で展開する生産と市場のリンケージがもたらした，多国籍経済システム，これを支える文化（英語リテラシー）とコミュニケーション・ネットワーク（インターネット革命），さらにはこれを

外延から支える政治共同体（サミット）と安全保障システムを現象として認識するものであり，主にこれらを総称してグローバル化と呼んでいることによるものである。他方で，地球的規模で対応しなければならない現象がすでに生じており，国際機関を通じてここに対応することが必須となっている。その代表例が，「人権・安全・環境」という事例であり，これはグローバルに生じた危機であり，これはその原因を生み出した主権国家の枠組みの延長で対応すると同時に，これを国際機関が調整役としてインターナショナルに機能している状態でもある。ここに機能としてのインターナショナルと現象としてのグローバルとの間にギャップがある。かつてグローバリゼーションが国際経済学や国際政治学で主に取り扱われていた段階では，その危機性が強く認識されていなかったとも言えよう。人間のあくなき願望に支配された生のグローバル現象はそのマイナス要素を意識してこなかったが（人間の生活に寄与すると考えられた），それが生み出した負の遺産としての危機状況を回避するための最後の処方箋は，防御的な世界連帯でしかなかったのである。しかしここにおいても，経済開発先進国が負の贖罪をしかたなく認識しているのに比して，後進国は発展の権利を奪われてしまうアンバランスが生じていることは確かである。その妥協の産物として生物学の概念を援用する，「持続的可能な発展」（SD）概念が捻出されたが，これが真に国際社会で認知され，実践されることは困難である。そこで，逆説的に言えば，グローバリゼーションは旧来の国家の枠組を意識し，強化するに寄与している一方で，他方で，真の意味での国際化への道を準備することになったのである。この余儀なくされた二律背反状況を分析することこそが，第Ⅰセッションの課題であったと言えよう。

　グローバル化に関して問題とすべき局面は，国家間関係だけでなく，国家と市民社会との関係においても，さらには市民社会内部にまで質を異にしながら同様に及んできている。この点に関して社会学の観点から，M・ショーは要約して「グローバル社会は近代的生産，市場，コミュニケーション，文化的政治的近代化の統合力がグローバル，リージョナル（地域），ナショナル，ローカル（地方）といった多様な区分や差異と相互作用する社会領域」であるとして

いる（『グローバル社会と国際政治』高屋・松尾訳，25頁）。グローバル社会が単一のものでないことを，われわれは第一に認識しなければならない。政策の点からするならば，グローバル社会は経済と政治という社会構造の本質部分において，「無政府」を作りだし，小さな統合作用を排斥してきた。最も顕著になって現れたのは，自由で広大な市場であり，ここでは生産と商品取引の一体性が確保され，やみくもに消費が煽られてきた。政治も諸国家間の自由な競争を確保し，南の政府の多くが至った「開発独裁」を制度的に保障することになった。イデオロギーとしてのグローバル化は，小さな単位に伝統的であった固有の文化を消滅化させ，政治・経済現象としてのグローバル化を画一的な文化で支えることになった。これまでに機能してきた各種の中間団体（政党，教会，労働組合，職能組合等）は活性化を失い，代わってマスメデイアが闊歩し，既存の大衆文化を破壊することになった。市民は小さな単位の中で孤立するか，大きな社会の中に飲み込まれるかのどちらかの道を選択することになる。かくして多様な社会に及んだグローバル化は，無政府状態が生み出した負の遺産を受けて，そのまま経済的，政治・軍事的，文化的危機をもたらすことになった。無政府状態であるがゆえに，例えば地域紛争がやがてグローバルな危機をもたらし，局地的な経済パニックがグローバルな経済恐慌をもたらすことの確率を高めることになった。総じてグローバル化は強者の弱者への支配・服従関係を作り出すものであり，やがて生ずるであろう「危機管理」の手立てを用意するのも，強者の側の役割であった。

　こうしたグローバル化に対向する施策は，国際機関と諸国家の側ですでになされていることでもある。国家システムの延長線上に作られた国際機関は，原則的には国家間の関係を調整するに留まっている関係で，完全なグローバルな危機を救うまでには至っていない限界はあるものの一定の成果を示してきている。国際機関によるグローバルな介入を「グローバル立憲主義」と名づけるならば，規範的な統制が市民社会に直接に及ばないという問題と国家の側もこの国家介入を依然として甘く見ていることであろう。むしろ国家による市民社会の監視が（例えば電波の管理，郵便物の開封），グローバル化に対向すること

第5章 グローバル化された立憲主義 99

を名目にして強化されている。市場経済の領域においても，国家の直接所有は避けるものの，市場を完全にフリーハンドにするつもりはなく，巧妙にコントロールする手綱は確保してある。他方で，国際機関は国家介入に関して，今もって不充分な状態であるがゆえに，グローバル化への本格的な対応策とはなっていない。しかし，法の世界からはこの「グローバル立憲主義」（後述）の実現こそが期待されているのであり，第Ⅰセッションの課題もそこにこそあったと思われる。

2．報告の構成と内容

第Ⅰセッションは，「法と政治」を分析手法として用いており，適切な3名の報告者をえただけでなく，当日の法律家（隅野氏）によるコメントだけでなく，後に誌上で当日の報告を補正する論文参加をえて，課題への総合的なアプローチを充たすことができた（第Ⅲ編，仲井報告）。あえて贅沢な無い物ねだりをいうならば，国際法分野からの報告があればより完璧なものとなったと思われる。項目の立て方は，以下のような発想によるものであろう。小林直樹氏（「グローバリゼーションと国家・民族・個人」）は，専門とする憲法学からだけではなく，法哲学ないし文明論の観点からダイナミックに問題提起をすることが期待された。白藤氏（「政治システムと『日本法総改革』」）は，地方自治を専門とする立場から，グローバル化と対比されるローカル化を，グローバル化を意識しながら進行する一連の「改革」の中で論じた。学外のゲストとしてお願いした鈴木佑司氏（法政大学）（「日本とアジア太平洋地域」）は，環太平洋に詳しい国際政治学者の立場から，広域を視野に入れたグローバル化の変化を論じていただいた。さらに当日コメントした隅野所員は，日本が対応する安全保障の観点から，とくに「日米新ガイドラインと周辺事態法」の問題点にまで言及していた。

　これらの法・政治に関する報告が，すでに説明してきた今日の「グローバリズムの構造」分析に必要不可欠であったことは明らかである。小林報告は，「時

空における人類の進化」から問題を立てており，これを今日の事象まで繋げる大変にスタンスの長い議論を展開する。この壮大な歴史認識は今，何故にグローバル化が蔓延っているかを十分に説明するためには必要なことであり，とくに，主権国家の成り立ちとその変容を説明するための前提となっていたのである。急速な文明化を進めてきたこの1万年の時代をわれわれは単に諦観して眺めるに留まるわけには行かないであろう。報告者がまずは冷静に，すでにグローバル化した現状を分析するという姿勢は，必要不可欠であり，その際に技術・経済に留まらず「個人・国家・民族・人類」の範疇にまで視野を広げることこそ，このセッションの目的に相応することとなる。同報告の内容を要約することはここでは行なう必要はないであろう。その特色をここで指摘しておくに留めたい。本報告には，「グローバル立憲主義」への示唆があり，一方で主権国家の壁を低め国際機関にこれを移行すると同時に，他方で地方自治体にこれを移譲していく方向が示唆される。では主権国家の解体は何のためにあるのであろうか。報告者の視座の最も重要な箇所になるが，「文明の世界化は，平和で民主的なシステム作りの構想なしには，多大の摩擦と犠牲を生じ，人類の行方にむしろ暗い未来を予想させるものとなろう」というテーゼこそが，この報告者による時代を先取りした解答となる。

　同報告への質問も，グローバル化に伴う「国家の変容と転移」のところに集中していたのは当然であった。つまり，質問は適切に内容を理解した上で，変容する国家が「人権」の尊重や多元性の確保を志向するのではないかと質しており，先に示唆した「立憲主義」の方向性が唯一主権国家の生き残る道ということになる。ここで重要なことは将来への展望を楽観視できるかどうかであり，報告がその意図に反して明るすぎる展望を示しているという点は歪められない点であった。問題は報告者の依拠する「平和な世界システム」をどのように形成するかにあるが，安全保障のありかたを巡る論点は後述する国際政治学者との間で，明確な認識の違いがあることは確かであった。

　白藤報告は，グローバル化された政治環境にあって，わが国に進行中の「改革」への総合的な視座を提示している。これらの改革が作為的になされた連動

作用であり，国家構造改革がまず中央省庁等改革に始まり，次いで地方分権へと至り，これが最終的には危機管理型「協働国家」の構築へと進むシナリオが示される。つまり国民の意思を等閑にして，日本の法（憲法を含めて）が総入れ替えされる危険性が指摘される。これはグローバル化を受け止めようとする場合に，マイナスに作用する法治主義に他ならない。かつて明治維新が少なくとも見せかけの「法治国家」を装うことに執着したことと，内容は異にするが現在進行中の法現象は近似している。日本国に押しかけているグローバリズムは，明治維新・戦後改革に次ぐ第三の黒船なのかもしれないし，報告によれば，「グローバルな市場経済」を迎え入れる国家体制を整えているということになる。したがって，行政改革の果実としての「中央省庁等改革関連法」と「地方分権一括法」は同じ要因により生み出されたものであり，前者が行政のスリム化と指導性の強化を同時に実現し，後者は自治体の市場化を実現しようとしたのである。つまり，行政は主要な高度な統治作用（執政作用）を行なうに過ぎず，全体として国政も地方自治体も，グローバリズムを受ける受け皿となることになる。また，報告者がわれわれ憲法学者に問うているように，「内閣が国務を総理する」（憲法73条1号）ことの重大な解釈変更が生じていることは確かである。旧来の解釈によれば，総理の意味は「行政事務を統括管理する」という抽象的なものとして理解されてきたのに対して，行政権強化の側からは，具体的な官僚による行政支配までも許容する論理へと転化することになるからである。

次に白藤所員が最も得意とする地方分権への分析については，従来の事実上の関係が，法的に整除され，法上明瞭に定められた限りで国は地方自治体に関与できるようになったとされ，この領域においても法改正に危険な意図があったことが明らかにされる。「機関委任事務」が無くなった代わりに，これが「法定受託事務」と「自治事務」に区分けられたことで一見改善されたかに見えるのだが，両者ともに国の権力的な関与が可能であることが例証された。例えば，新ガイドライン関連法で作られた，地方自治体の協力への義務関係を考えれば最も分かりやすいことである。地方自治は本来的には，より小さな規模の

自治を実現しようとするものであるが，国は効率性を拠り所として，広域行政を一貫して指導してきた。今回の法改正は，国にとって全体的には規制緩和を国政と地方自治体に実現し，自由な競争原理が働くようにしながら，現実はバイアスのかかった自由市場の形成ということになろう。この点で本報告は第Ⅱセッションの論者の論点と関係してくる。

　白藤報告への質問から重要な点のみをここに記しておくことにする。それは「自治体の市場化」への問いであるが，これについては「自治体がもっていた公共性を放棄し，私的な性格を自治体がもつ」ことを指摘していた。公的領域が限定化されて，そこでは行政の統制が一層に強化され，他方で残された私的領域は私人に委ねられた自由な領域になるというわけではならなくなる。思想としての「リバタリアン」批判がここには見られるが，この視点は，金子報告と深く関係してくるテーマであり本格的にはその箇所に譲ることにする。

　第三の鈴木報告は，一転して主にインドネシアを基点とした国際政治学からのグローバリズムであり，共通現象として現れたグローバリズムの多様な展開を分析している。白藤報告で問題となった，官僚支配に対して市民層からの反発がNGOという構造をもって現れたことの重要な指摘がなされた。ここでも現状認識として，より「グローバル化する市場とローカル化する国家」という変化をより具体的に説明する。悲観的なグローバル化への反発だけではなく，ここでは積極的なグローバル化の意味が探られた。それは環境に対応する場面で確立したグローバル・スタンダードという規範であり，建前上これには国際的な規範力をもって各国を拘束することになる。次いで，市民参加型の援助という形態であり，市民が援助の現場を視察し，実際の開発態様を監視し参加の意識をもつことになる。

　以上の説明が伏線となって，次に主権国家を支えていた「権力・軍事力・安全保障」のそれぞれに変化が現れてくることが指摘された。軍事力に代わって国家への信頼度が「国際経済に対応する能力」となったこと，国家による権限の丸投げがアジアの諸国で共通して見られること，そして，支配から自治への変化は，権力への構造変化とされるが，その構造はすでに断片的に指摘してき

た，グローバル化への立憲主義からの反応と考えることができよう。最後にこの変化を，安全保障の観点からどのように評価するかになってくる。他の論者と異にし，鈴木報告では冷戦後の世界を支配したアメリカ一極型から「無極化」への変化をすでに読みこんでいる点に注目しないわけにはいかない。つまり，アメリカの覇権の下に有るグローバリズムの行く末を，多元的な安全保障へと進ませている認識が正しいかである。戦争にではなく紛争に対処することが現実的な課題であることを想起するならば，「敵と味方を区別するため」ではなく，「秩序維持のため」の安全・平和というと具合にパラダイムの変化が必要になってくる。重要な問題提起は，国家の枠組で志向する国家安全保障から「人間の安全保障」観念の提起であり，これは──報告者はこの繋がりを明確にしなかったが──憲法学（隅野コメント）から示された「平和的生存権」の観念と極めて近いものとなってくる。これを実現可能とするためには，報告者が示した市民意識の涵養が必要であり，タテ社会に構成された紛争解決のシステムによるのではなく，真の予防外交を可能とさせるような並列化された議論の場が必要となってこよう。国際政治学からはグローバリゼーションの質的変化が主張されていることを法学者が受け止めて，次に何をなすべきか，つまり武器によらない安全保障の具体策を改めて提示しなければならないことになる。

　鈴木報告を補完するようにして，仲井所員がヨーロッパを定点とするグローバリズム分析を試みている（第13章）。完全に書き下ろしの形で書かれたリポートは，以上の3人の報告を前提にし，ある意味では論争的である。ヨーロッパは既存のEC地域に関する限り，一応の安定（安全）を維持していた。しかし，安定の破壊は常にヨーロッパの外側から訪れ，しかもヨーロッパ域が拡大するに応じて，内部に不安定材料を抱え込むことになったし，アメリカから発信されるグローバリズムに直面し続けてきた。赤いグローバリズムに匹敵する新たな経済現象としてのグローバリズムが，冷戦後の今日においてあらゆる空域で支配することを前提として，仲井氏は国家の枠組を超える国際政治学からは本来は分析不可能な現象であるとするころから出発する。

　グローバリズム現象は，経済だけの問題ではなく，文化にも現れ，国家を離

れた多様な担い手によって遂行されることへの言及は，他の報告者と同様である。ただし，アメリカへの評価は他者と異にする。圧倒的な軍事力を背景にしてなされたアメリカの経済支配と，単に技術開発に長けてきたアメリカという評価とは別物であろう。仲井氏には「グローバリゼーションは，人類の技術開発能力と征服拡大本能から必然的にもたらされた結果である」自然の成り行きと映り，作為性をできるだけ低く見積もっていると思われる。ただし，ヨーロッパそのものの分析には，アメリカと連帯した安全保障の必然性が指摘される。もっとも本報告はNATOの冷戦後の本質的な変化を読みこんでの話であり，それが秩序維持（警察）の役割を担うものに過ぎないとする。東欧からすれば憧れのファッションに接する感覚でEUとNATOに近づくとすれば，アジアの諸国も同様にアメリカに魅了されていくのであろうかという疑問が出てくる。安全保障の必要性について，仲井氏は3人の報告者と見解を異にするが，さらに確認しなければならない点は，議論がヨーロッパ固有の問題なのかどうかという点であり，紛争解決に今日でも武力が最終的に必要か否かの点である。ただし仲井氏が最終的に主権国家に拘ることには私も基本的には賛成である。一極化されたグローバル現象に，政策的に対応できる主役は国家であることには変わりなく，問題はその方法と姿勢をさらに問わなければならない。つまり「国家の退行」は限界があるということになろう。どうやら「まとめ」の仕事を集約させる場面が見えてきたようである。

3．グローバリズムと立憲主義

　国家がグローバル現象に直面した場合に，これに対処するのは様々な形態がありうるであろう。もちろんその内容によってそれは異にするが，取りあえず内容は問わないことにすれば，容認する場合と抵抗する場合とが考えられる。文化・宗教的だけでなく政治的にも国際社会から隔絶を試みる中東のイスラム諸国は，アメリカに具現化されるグローバル化に抵抗する。アメリカ並びに国連の打ち立てた「自由度と安定度」という指標からして，社会主義諸国の一部

（例えば，キューバ）や絶対主義国家は依然として危険な指数を示し続け，その限りで抵抗する諸国の範疇にいや応無しに含まされることになる。その他の諸国，自由市場経済の形態を一部認めた中国やベトナム，そしてEUへの近さを意識するようになった東欧諸国も含めて，主権国家のほとんどが程度は違えども，グローバリズムを容認・受容する傾向にある。したがって，これらの国々は積極的な意味でグローバリズムに法的に対応することになり，そのためのシステムを完備するための準備をすることになる。また，その意味で旧来の立憲主義が変容をなすことも明らかである。法律家の立場から大津浩氏はこの点を適切にも三点に絞り込んでいる（「分権と統合の理論と政策課題」憲法理論研究会叢書6巻，30頁）。それは，①地域統合・国際協調の進展と国際「行政国家」化，②グローバル「法治主義」の多様な展開，③「下からのグローバリズム」としての多様な分権化と自治体協力・国際連合化，でありほぼ先に要約した白藤報告と重なっている。しかも③の範疇を設定することで，内容によりグローバル化すべき領域（例えば，人権や環境）を想定しうることであり，グローバリズムの積極事例を抽出しうることにある。

　グローバル化に対応する国家の側の措置は，とりあえず②の意味を含む，「法治主義」を整えることである。かつてイギリスからアメリカに伝播され，地球を一周することになる「法の支配」と，ヨーロッパに発した「法治主義」が今日では機能的には同意義をもち，第一に国家行為の正当化をなし，第二に法の正当化の実現を促し，憲法保障の実現として国家が不法を侵すことを抑止することになる。第一の機能からして，法治主義は統治者並びに被統治者の両者にとって理解しやすく，予見可能で効率的で説明責任可能な執政をもたらす。第二には，各種の憲法保障の実践をもたらし，とくに（近代的）憲法の番人としての憲法裁判の役割は確定され，期待度は高まった。法の支配ないし法治主義の目的が，こうして憲法保障に集約されることになり，それは近代憲法の中核を支配する「立憲主義」に体現されることになる。国家の諸機関は民主化され，とくに行政・司法機関が中立かつ公正で，さらに近年は一層の公開が求められている。もちろん各国家がすでに実現した立憲主義の成熟度は異に

し，国家にとっての改革の課題は以下のような違いを見せていることは確かである（T・キャロサースの指摘による。「グローバル経済が求める『法の支配』」『論座』1998．6）。一は，法律そのものに改革の的を絞り，新たな経済現象等に対応しようとする。二は，有効性，効率性，透明性の向上を目的として，法関連の制度強化を図ろうとする。三は，政府に一層の法遵守を求めるものである。程度を異にするとは言え，アジアの諸国は以上の改革を必要とし，わが国も一に関しては素直に改革の路線に乗っかっている。しかし，第二・三の改革に熱心でない現実に対して，常に問いかけをしていかなければならないであろう。

　グローバリズムに期待する部分は，立憲主義の実現の意味からするならば，普遍的な人権の実現やあらゆる生物体との共生を地球環境で実現することにとりあえず集約されよう。アメリカが仕掛けたグローバル化の動きは，やがてアメリカを含んだ形で展開されようとしている。今の時点で指摘できることは，少なくとも主権国家の枠組で機能してきた状態は変化し，ローカリズムの拡充とあいまって，人類の生存にとって少なくともプラスに作用するグローバリズムを法的に受け入れる体制を確立する必要があろう。国家に課せられた課題は，より多元的なものとなり，相対化するのは必至であろう。このシンポジウムの第Ⅰセッションで議論された地平は，概ね以上の点に落ち着くことになる。各論者の主張は微妙に異にしているものの，今後の国家が一層に変容していくことを予測している点は変わらないと言えるのではないだろうか。

第Ⅱ編

グローバリゼーション下の経済

第6章
日本の経営者資本主義の行方*

宮本 光晴

　社研50周年記念シンポジウムの共通テーマ，「グローバリゼーションと日本―岐路に立つ日本的システム」に，「日本の経営者資本主義の行方」という観点から接近したい。つまり，グローバリゼーションのもとで「岐路に立つ」日本の経済システムを，経営者資本主義として捉えたうえで，その行方について考えたい。もちろん，経営者資本主義は日本だけのものではなく，20世紀のすべての国の経済システムであったといえる。そして現在，グローバリゼーションとともに，経営者資本主義から市場原理の資本主義への転換が進行しつつある。このような観点から，日本的システムの行方について考えたい。

　ただし，紙幅の制約から，「日本的システム」そのものについての議論は割愛したい。というよりも，日本的システムだけではなく，グローバリゼーションのもとですべての国のシステムが「岐路に立つ」わけであり，このことを資本主義の観点から，そして資本主義の「ガバナンス」という観点から考えたい。そのためには，資本主義を一個の説明概念として明示する必要がある。そのうえで，グローバリゼーションとともに出現した市場原理の資本主義について考えたい。

　以下での議論は次のようになる。まず1節では資本主義システムの概念化を図る。これに基づいて，2節では所有者資本主義，3節では経営者資本主義，そして4節では市場原理資本主義を概念化する。最後に5節において，市場原理資本主義あるいはグローバル資本主義をどのようにガバナンスするのか，あ

---

* 本稿の元になるシンポジウムでの発表は，拙著『変貌する日本資本主義』（ちくま新書，2000）の作成の過程でなされた。詳しい議論や参考文献は，同書を参照していただきたい。

110　第Ⅱ編　グローバリゼーション下の経済

るいはできるのかについて考える。

1．資本主義システムの概念構成

　まず，資本主義システムを概念化しよう。それが図1に描かれている。P，E，Mはそれぞれ，私有財産，営利企業，競争市場を表わしている。つまり，私有財産と営利企業と競争市場を制度的な構成因子とした経済システムとして，資本主義を概念化する。

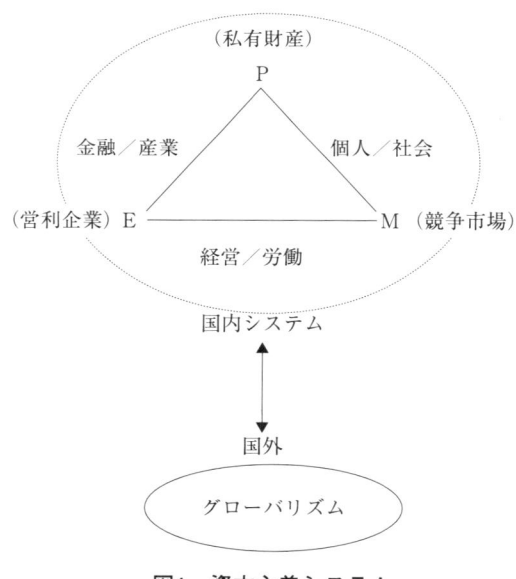

```
              （私有財産）
                  P
           金融／産業  個人／社会
  （営利企業）E ─────────── M （競争市場）
                経営／労働
              国内システム
                  ↕
                 国外
              グローバリズム
```

図1　資本主義システム

　以下の記述を含めて，紙幅の関係上，説明は簡略化せざるを得ない。このことを断った上で，図1を説明すれば，いわゆる資本の行動は，図1の三角形の全体の中で展開されると考えることができる。つまり，図1の三角形を組み立てるPとE，EとM，PとMの関係の中で資本の行動が展開されるのであり，

するとそれぞれの関係がどのように制度化されるかに応じて資本の行動もまた異なるものとなると考えることができる。このことを資本の行動をガバナンスするという観点から理解する，というのが以下での議論の骨子となる。

まず，図1に即した資本の行動を述べると，①私有財産と営利企業（P／E）の関係において，資本の行動は産業に対する金融の行動となり，②営利企業と競争市場（E／M）の関係において，資本の行動は市場に対する企業の経営行動となり，③私有財産と競争市場（P／M）の関係において，資本の行動は私的個人の利得追求の行動となる。さらにこのように組み立てられた資本主義システムは，海外とつながっている。これが図1において，国内システムと国外との関係として示されている。

次に，それぞれの関係において，資本の行動はある固有の問題を引き起こすことが指摘できる。つまり，①P／Eの関係において，資本の行動は金融と産業の間の対立を生み，②E／Mの関係において，経営と労働の間の対立を生み，③P／Mの関係において，個人と社会の間の対立を生む。そして，④国内システムと国外の間の対立を生む。

もちろん，それぞれの関係は相互の依存を前提とする。だがそれゆえに，資本の行動のいかんによって，相互の対立が生み出される。すると，これにどのように対処するのかが，資本主義システムの固有の課題となる。つまり，資本の行動をどのようにガバナンスするのかということであり，そのことが，①P／Eの関係においては，企業統治（コーポレートガバナンス）の制度化となり，②E／Mの関係においては，企業組織の制度化となり，③P／Mの関係においては，最も広義の意味での社会政策の制度化となる。そして，④国内と国外の関係においては，国際貿易と国際金融に関する制度化となる。

すると，それぞれの制度化の違いに応じて，資本の行動は異なるものとなり，この結果として，資本主義システムの違いが生まれることになる。つまり，図1の資本主義システムの組み立て方の違いに応じて，それぞれの資本主義システムの違いが生まれることになる。このような観点から，歴史上の資本主義システムの違い，そして国ごとの資本主義システムの違いを理解すること

ができる。

　そこで，以下での議論のために，図1の資本主義システムの組み立てを，さらに三つのパターンに類型化しよう。それが図2-1，図2-2，図2-3となる。図2-1は，私有財産の制度（P）を機軸として資本主義システムが組み立てられることを示している。同じく，図2-2は，営利企業の制度（E）を機軸として，図2-3は，競争市場の制度（M）を機軸として資本主義システムが組み立てられることを示している。このことを，図2-1は，私有財産の制度（P）が営利企業（E）と競争市場（M）をガバナンスする資本主義システム，図2-2は，営利企業の制度（E）が私有財産（P）と競争市場（M）をガバナンスする資本主義システム，そして図2-3は，競争市場の制度（M）が営利企業（E）と私有財産（P）をガバナンスする資本主義システムと概念化するのである。

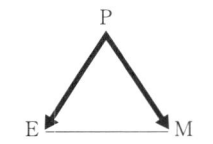

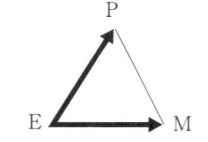

図2-1　所有者資本主義　　図2-2　経営者資本主義　　図2-3　市場原理資本主義

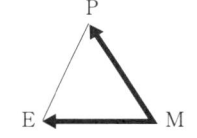

　詳しい議論は以下に回すとして，図2-1の資本主義システムが，いわゆる古典的資本主義とみなされ，それが所有者資本主義と呼ばれるものとなる。これに対して，図2-2の資本主義システムが，経営者資本主義と呼ばれ，そして図2-3の資本主義システムが，市場原理の資本主義と呼ばれるものとなる。

　ここまでは，資本主義システムの組み立てを形式的にパターン化したものである。いうまでもなく，資本主義は歴史的な概念でもある。つまり，18世紀の産業革命によって生まれたという近代の資本主義の典型が18世紀・19世紀のイギリスの資本主義であれば，それが図2-1の所有者資本主義として概念化さ

第6章　日本の経営者資本主義の行方　113

れる。このことの意味は重要である。つまり，18世紀の産業革命によって生まれたという近代の資本主義に先行して，イギリスにおいては私有財産の制度が確立されていた。それが13世紀以来のコモンローの意味での私的所有の制度であった。これによって近代の資本主義は，実はそれに先行する制度によってガバナンスされるものとなる。この意味で資本主義は歴史的な概念となる。

　このような19世紀の資本主義に対して，20世紀の資本主義は，私有財産の制度によってガバナンスされた資本主義システムから，図2-2の営利企業の制度によってガバナンスされたシステムへの転換として理解でき，さらに21世紀の資本主義は，図2-3の営利企業の制度から競争市場の制度によってガバナンスされたシステムへの転換として理解できる。前者の転換をもたらしたのが，19世紀末の第2次産業革命であるのに対して，後者の転換をもたらすのが，20世紀末の現在の第3次産業革命だということになる。このように理解した上で，日本の経営者資本主義とその行方について考えるのである。

2．所有者資本主義

　図2-1の所有者資本主義についてもう少し説明しよう。先に述べたように，それは私有財産の制度が営利企業と競争市場をガバナンスするシステムとして概念化されている。つまり，営利企業と競争市場における資本の行動は，私有財産の制度に従うものとなる。このとき，私有財産の制度は，所有に基づく支配（コントロール）と，支配に基づく責任を意味するものと考えられている。つまり，所有と支配と責任の結合が，古典的な意味での私有財産の制度となる。このような所有者資本主義の概念を，図3のように描くことができる。
　図3を説明しよう。①P／Eの関係において，出資者による企業のコントロールだけでなく，その結果に対する出資者の個人責任が制度化される。それがEにおける個人企業あるいは所有者企業の制度化となる。②P／Mの関係において，私的個人の経済的自由とその結果の個人責任が制度化される。それがMにおける自由市場の制度化となる。③E／Mの関係において，一方での個人企

114　第Ⅱ編　グローバリゼーション下の経済

```
        ┌──────────────┐
        │ ポンド／金本位制 │
        └──────────────┘
               ‖
            (個人財産)
               P
         ╱         ╲
   所有者支配      個人責任
      ╱              ╲
(個人企業) E ────────→ M (自由市場)
           見えざる手
```

図3　所有者資本主義

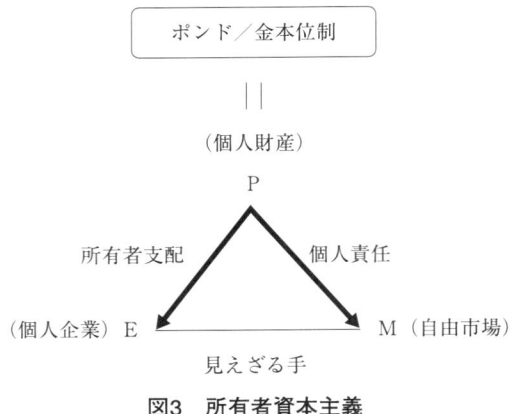

業（E）と他方での自由市場（M）から，いわゆる自由企業体制が制度化される。この制度的表現が，市場の「見えざる手」の支配となる。

　このような資本主義システムが，自由放任の資本主義と呼ばれてきた。このシステムにおいて，政府の役割は，私有財産の制度を保護することであり，それ以上の関与は否定される。このことが図4に描かれている。つまり，政府の役割は，私有財産の制度を頂点として組み立てられた資本主義システムをその底辺から支えることであり，営利企業と競争市場の制度に対しては不介入を原理とする。

　しかし，資本の行動は，文字どおり自由放任であったわけではない。それはガバナンスされるのであり，このことを理解する必要がある。つまり，P／Eの関係において，営利企業の行動は出資者の個人責任によって制約され，その経営の能力は同族やパートナーの個人的能力によって制約される。つまり企業行動は，私有財産の範囲内に制約される。

　指摘すべきは，ここでの個人責任は，企業行動の結果に対する責任であり，もしその行動が債権者や労働者や地域社会に対して何らかの被害を及ぼすなら，出資者が責任を負うということであり，それは所有者としての無限責任を原理とする。これに対して19世紀の半ばには，有限責任を原理とする株式会社

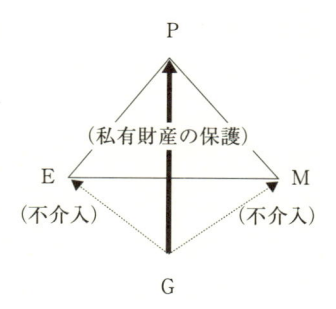

```
              P
              ↑
         (私有財産の保護)
     E ←─────┼─────→ M
    (不介入)  │  (不介入)
              ↓
              G
```

図4 所有者資本主義の政府

制度が承認された。これによって出資者の個人責任は，投資家としての自己責任に転換する。つまり，企業行動の結果に関連した他者に対する責任は免除される。

　ここから次のように推論することができる。つまり，出資者の有限責任あるいは自己責任は，私有財産の制度の観点からは，支配と責任の間の切断を意味する。すると，これに応じて所有と支配の間の切断が制度化される。つまり，法的所有者としての株主の支配は，取締役の選出にのみ限定されるのであり，この意味で，株式会社制度における所有と経営の分離が制度化される。次章で見るように，取締役の選出における株主のコントロールが無効とされるとき，経営者企業が成立する。と同時に，次のことを指摘する必要がある。つまり，20世紀の20年代に至るまで，イギリスにおいては株式会社制度自体が広範囲に普及することはなかった。その理由は，個人責任を前提として，所有と支配の結合を維持することが個人企業者の行動原理であったということであり，この意味で19世紀の資本主義は所有者資本主義と呼ばれるものとなる。

　他方，P／Mの関係において，その自由市場は，独占の自由を意味するものとなる。それは産業の独占だけではない。というよりも，企業の規模は個人企業のレベルであった。これに対して熟練の独占を意図した職業集団の形成が図られた。つまり，私的所有が意味する個人責任が自助の原理として主張されるとき，私有財産から切り離された労働者は，それを集団として実現することを

追求した。換言すれば，職業を集団的に所有することが追求されたということであり，このような集団形成に政府は関与しないということが，自由市場の原理であった。

さらに言えば，自助の原理の主張と同時に，社会的弱者に対する所有者の個人責任を喚起するのが，19世紀の所有者資本主義でもあった。それは所有者個人の慈善として意識されるのであるが，それを社会に対する所有者の責任の次元に引き上げたのが，ジェントルマンという社会的身分の制度化であった。ただしその責任は，あくまでも個人の自由に任されるという意味で個人責任となる。これが所有者資本主義の個人責任であった。

このような19世紀イギリスの資本主義と国外との関係をつなぐのが，自由貿易と金本位制であった。この二つをイギリスの国是としたのが，土地所有を基盤として政治を支配したジェントルマンの階層であった。このことが図3では，私有財産の制度とグローバリズムの結合として描かれている。この意味で，19世紀のイギリスの所有者資本主義は，ジェントルマンの資本主義と呼ばれるものとなる。

しかし，以上のような19世紀の資本主義システムは限界に打ち当たることになる。その個人財産の資本主義は，P／Eの関係において，企業行動を私有財産の内部に押しとどめるものであり，これに対して企業行動は，その制約を超えようとする。それが19世紀の末からの第2次産業革命であり，その技術革新が要請する企業の規模の拡大は，資金の面でも経営能力の面でも，私有財産の制度の制約を超えることを必要とする。それが株式会社の制度の全面的な採用となる。

同じく，P／Mの関係において，第2次産業革命の資本主義は，自助の原理の制約を超えることを必要とする。その工業生産の飛躍的拡大は，自助の原理と職業集団の組織化からはみ出す大量の労働者階級を生み出すのであり，ここから生まれる社会的問題を，所有者の個人責任に頼って解決することは不可能となる。ここから福祉国家の形成が始まることを見ることは容易である。いずれにせよ，この結果，19世紀の資本主義システムは，20世紀の資本主義システ

ムへと転換する。これが営利企業の制度によってガバナンスされるシステムへの転換であった。このようなシステムをいち早く形成したのが20世紀のアメリカの資本主義であり、それが図2-2の経営者資本主義となる。

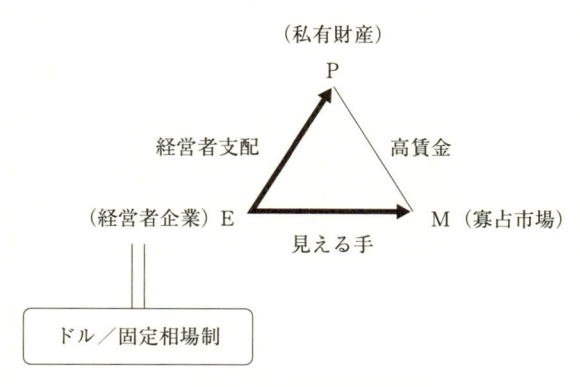

3．経営者資本主義

経営者資本主義の概念を、図5のように描くことができる。それは営利企業の制度（E）が私有財産（P）と競争市場（M）をガバナンスするシステムとして概念化されている。上記のように、それをもたらしたのが19世紀末からの第2次産業革命であり、巨大企業の出現であり、これを可能としたのが株式会社制度の飛躍的発展であった。これが20世紀のアメリカの資本主義であった。

```
              （私有財産）
                  P
                 ╱▲╲
         経営者支配  ╲  高賃金
             ╱      ╲
  （経営者企業）E ━━━━▶ M （寡占市場）
             ‖    見える手
             ‖
        ┌─────────┐
        │ドル／固定相場制│
        └─────────┘
```

図5　経営者資本主義

図5を説明すれば、①E／Pの関係において、株式会社の巨大化は、株式所有の分散化の結果として、所有者による経営のコントロールを切断する。この結果、所有者のコントロールを免れた経営者が自らの企業をコントロールする。この意味で、Eには経営者企業が成立する。この先駆がアメリカ企業であった。②E／Mの関係において、経営者企業は、技術開発から生産そして販売までを統合した内部組織を形成する。これによって経営者企業は、競争市場

を経営者の「見える手」によって組織化する。この意味で，Mには寡占市場が成立する。しかし，それは停滞的な独占市場ではなく，製品開発と技術開発をめぐる市場競争を激化させる。③P／Mの関係において，経営者企業の高生産性は高賃金の経済を確立し，大量生産と大量消費の循環を確立する。この先駆がアメリカのフォーディズムであった。

さらに，次のことを指摘しよう。図3の所有者資本主義と同様，図5の20世紀の経営者資本主義は国外とつながっている。それがガットとIMFの体制であり，あるいは固定相場とドル本位の国際金融のシステムであった。それは経営者企業に国際貿易と海外投資の安定的な環境を与えるものであった。この意味で，図5においては，グローバリズムと経営者企業の結合が描かれている。ただし，このようなシステムが安定的に維持されたのは第2次大戦後から70年代初頭までのことであり，この意味で「黄金の60年代」が，経営者資本主義の全盛であった。

経営者企業のコーポレートガバナンスについてもう少し述べておこう。株式会社のガバナンスの一般化された概念が図6に描かれている。S，B，E，Mはそれぞれ，株主，取締役会（Board：Director），経営者（経営執行役：Officer），株式市場を表わしている。図6説明すると，①株主の有限責任は，株主が経営に直接関与する存在でないことを制度的前提とする。つまり，S→Eの

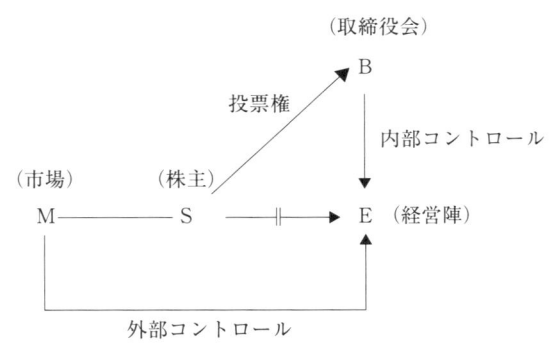

図6　コーポレートガバナンス

コントロールは否定される（所有と経営の分離）。②企業経営の最高の意志決定機関として取締役会が設立され，株主は取締役の選出においてコーポレートガバナンスに関与する（S→B）。③企業経営に対する直接のガバナンスは取締役会が担う（B→E）。

　以上の関係が，議会制民主主義に基づくステイトガバナンスに対応することを理解するのは容易である。つまり，株主を国民（選挙民），取締役会を議会，経営者（経営委員会）を政府（行政機構）に対応させればよい。換言すれば，コーポレートガバナンスにおける株主主権やステイトガバナンスにおける国民主権は，株主が経営を直接にコントロールすることや，国民が政府を直接にコントロールすることを意味するわけではない。そのようなコントロールを排除するために，コーポレートガバナンスとステイトガバナンスの機構が制度化されたといってもよい。この例外あるいは変則が，コーポレートガバナンスにおける株主代表訴訟であり（S→E），それはステイトガバナンスにおける国民投票や住民投票に対応するとみなすことができる。

　コーポレートガバナンスとステイトガバナンスの対応関係は次の点に関しても指摘できる。つまり，コーポレートガバナンスにおいて，取締役会（B）と経営執行役（E）は完全に分離するのではなく，最高経営責任者（CEO）が二つを媒介する。それは株式会社制度を法制化したイギリスの議院内閣制に倣うものだといえる。すなわち，議会と政府は完全に分離するのではなく，議会の第一党を代表する首相が二つの間を媒介する。この意味で，B→Eのコントロールが完全でないことは，議院内閣制の下で，議会→政府のコントロールが完全でないことと同等の関係であるにすぎない。これに対してアメリカの大統領制は，議会と政府の分離を制度化する。それはまた，アメリカ企業のコーポレートガバナンスにおいて，社外取締役の比重がより高いという意味で，BとEの分離がより強く制度化されていることに対応する。

　ただし，コーポレートガバナンスとステイトガバナンスの間には決定的な違いがある。つまり，コーポレートガバナンスにおいては，株主はその制度自体から退出できる。つまり，市場における株式の売却であり，ここから株価の下

落，株式の買い占め，そして企業の乗っ取りが生まれるなら，この意味で，市場を通じたガバナンスが成立する。それは企業の買収や乗っ取りが直接に行使されるだけでなく，その恐れが経営者の行動に影響を及ぼすという意味での市場を通じたガバナンスを制度化する。

　以上のことから，アメリカの経営者企業を説明すれば，図7のようになる。①株式所有の高度の分散化によって，S→Bのコントロールが切断される。つまり，株主が取締役を選出する株主総会は形骸化される。あるいは株主名簿を握った経営者のコントロールの下に置かれる。②取締役の過半は内部出身者が占め，外部取締役も経営者（最高経営責任者CEO）の交友関係に基づくという意味で，B→Eのコントロールが切断される。③以上のことから，経営者が企業経営をコントロールするという意味で，経営者企業が成立する。④しかし，経営者企業は何のガバナンスも受けないわけではない。それは市場を通じたコントロール，すなわち乗っ取りを通じた外部コントロールの下に置かれる（M→E）。⑤ここから株価の下落を避ける，すなわちある一定水準の株価を維持することが，経営者企業の行動となる。つまり，経営者企業は，株価を制約条件とするのであり，次に見るように，株主企業は株価を行動目標とする。この意味で二つは決定的に区別される。

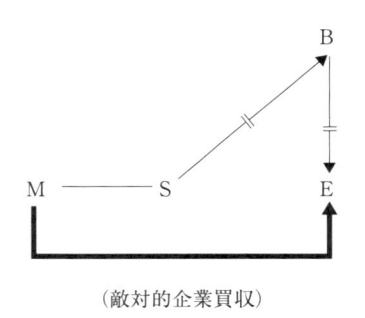

（敵対的企業買収）

図7　アメリカの経営者企業

　これに対して日本の経営者企業のガバナンスは，図8のように説明できる。①株式所有の分散化に対して，株式の相互持ち合いを通じた安定株主の組織化が図られる。これによって，S→Bのコントロールが切断される。②取締役のほぼ全員を内部取締役が占めることにより，B→Eのコントロールが切断される。③さらに，安定株主の組織化により，M→Eのコントロールが切断される。④この意味で，日本の経営者企業において，経営者支配が最も強く制度化

第6章　日本の経営者資本主義の行方　　121

されるとみなしうる。⑤しかし，それは何のガバナンスも受けないわけではない。M→Eのコントロールを切断する安定株主は，メインバンク（MB）を通じて企業経営をコントロールする（MB→E）。⑥メインバンクは債権回収の確保のために，経営危機において経営者企業に介入する。換言すれば，メインバンクの介入を排除するために，ある一定水準の利潤を実現することが日本の経営者企業の行動となる。

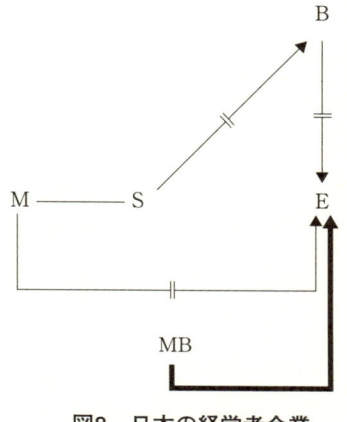

図8　日本の経営者企業

　要するに，日本の経営者企業は利潤を制約条件とし，アメリカの経営者企業は株価を制約条件とする。いずれにおいても，制約条件をクリヤーする限りにおいて，経営者支配が成立する。ここから次のことがいえる。つまり，株価を制約条件とするという意味で，アメリカの経営者企業は短期利潤の制約を課せられる。株式市場を通じた外部コントロールは，企業経営の内部情報から懸隔され，ゆえに短期利潤をもって経営を判断しがちとなることは避けられない。

　これに対して，メインバンクは経営の内部情報を得ることができる。この意味で，日本の経営者企業は，利潤の制約を，長期利潤の制約とすることが可能となる。以上のことから，日本の経営者企業の長期的視野での行動，アメリカの経営者企業の短期的視野での行動という類型が生まれることになる。後者は，短期のレイオフを制度化することを必要とし，このことが雇用システムにおける日本とアメリカの経営者企業の違いを生むことになる。

　このように経営者企業の違いの結果，国ごとの資本主義システムの違いが生まれることになるのであるが，これについての詳しい議論は省略して，次のことを指摘しよう。すなわち，このようなシステムとともに，「大きな政府」が登場する。それが図9に描かれている。これを説明しよう。①経営者企業の大量生産は，生産性の上昇を通じて賃金所得の上昇をもたらした。この意味で，

個人の所得形成を意味する P／M の関係において，経営者企業は高賃金の経済を確立した。②経営者企業の高賃金の経済を補完するものとして，福祉国家の政府が登場する。それは社会保障や累進課税を通じて，私有財産の制度への介入となる（G→P）。③さらに，経営者企業の大量生産はマクロの安定化政策を必要とする。それが競争市場に対するケインジアンの政府の介入となる（G→M）。④最後に，経営者資本主義は，経営者企業の国際競争力という観念を浮上させる。それが経営者企業に対する政府の産業政策となる（G→E）。

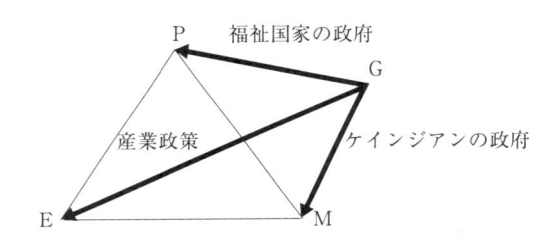

図9 経営者資本主義の政府

図9は，経営者企業を頂点として組み立てられた資本主義システムを，その底辺（P／M）から支える位置に政府が配置されることを表している。先の図4では，私有財産の制度を頂点として組み立てられた資本主義システムを，同じくその底辺（E／M）から支える位置に政府が配置された。要するに資本主義システムの組み立ての転換とともに，政府の役割も変化する。これが20世紀の「大きな政府」であった。

すると次のこともまた明らかとなる。すなわち，経営者企業の違いが国ごとの資本主義システムの違いを生むのであれば，それはさらに政府の違いによって強化される。一般化していえば，一方では経営者企業の「見える手」がE／PとE／Mの関係を組織化し，他方では大きな政府の「見える手」がP／Mの関係を組織化する。と同時に，前者の組織化を通じた経営者企業の高賃金の経済がどのように確立されるかに応じて，後者の福祉国家の政府のあり方もそ

の性格を異にする。このように，経営者企業と政府の二つの「見える手」の違いが国ごとの資本主義システムの違いを生むのであれば，現在，このような20世紀の資本主義システムが大きな転換の中にある。それが次節の市場原理の資本主義，あるいはグローバル資本主義となる。つまり，経営者企業と政府の二つの「見える手」を市場原理によって否定する，これが市場原理の資本主義システムであれば，その結果，すべての国のシステムは「岐路」に立たされることになる。

4．市場原理の資本主義

第1節の図2-3で示した資本主義システムは，競争市場の制度（M）が営利企業（E）と私有財産（P）をガバナンスするシステムとして描かれている。これが市場原理の資本主義と呼ばれ，さらにこの転換をもたらすのがグローバル市場の登場であるという意味で，グローバル資本主義と呼ばれることになる。さらに，この転換の背後で進行するのが，情報技術を中心とした第3次産業革命であるという意味で，20世紀末の第3次産業革命が，21世紀の資本主義を導くといった図式も成立する。18世紀末の第1次産業革命が19世紀の資本主義を導き，19世紀末の第2次産業革命が20世紀の資本主義を導いたのと奇妙に符合して，世紀を一区切りとした資本主義の歴史を見ることになるのである。

このように理解した上で，市場原理の資本主義あるいはグローバル資本主義の概念を，図10のように描くことができる。これを説明すると，①M／Eの関係において，グローバル市場の「大競争」が，経営者企業の「見える手」を打ち破る。それは一方においてベンチャー企業の活動を高め，他方では経営者企業の組織変革を迫る。②M／Pの関係において，「市場の評価」が私有財産を全面的に覆うことになる。個人の金融資産はいうまでもなく，個人の稼得能力は，その人的資本に対する市場の評価に依存する。さまざまな形態の資本に対する個人の投資の自由と同時に，その市場の評価を引き受けることが，個人の自己責任となる。③P／Eの関係において，市場原理は資本市場の原理とな

り，それは資本収益の最大化つまりは株価の最大化を経営者企業に迫ることになる。つまり，株価を制約条件とするのでなく，株価を行動目標にするという意味で，経営者企業は株主企業に転換する。④これまでと同様，このシステムは国外とつながっている。それは何よりも金融のグローバリズムとなって現われるという意味で，グローバル市場とグローバルキャピタルの結合として描かれている。

```
                    （私有財産）
                         P
                        ↑
              資本収益 ／ ＼ 自己責任
                    ／   ＼
        （株主企業）E ←──── M（グローバル市場）
                     大競争      ‖
                                 ‖
                              ┌────────────┐
                              │グローバルキャピタル│
                              └────────────┘
```

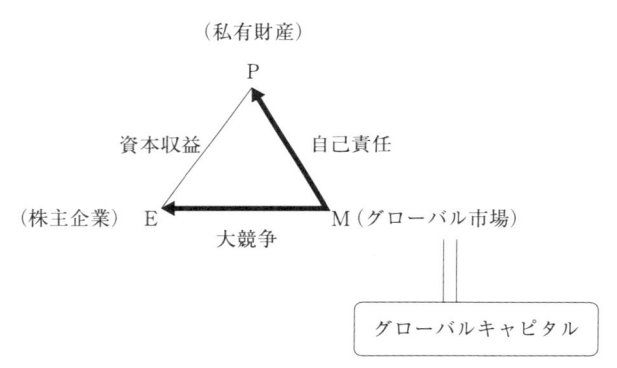

図10　市場原理資本主義

　さらに，市場原理の資本主義は，先に図9に描かれたような政府の介入を否定する。①まず，自己責任の原理は福祉国家の政府を否定する。あるいはグローバル市場とりわけ国際金融市場は，福祉国家の財政赤字を許容できないものとする。②同じく，金融のグローバル市場は，国内金融のコントロールを前提としたケインジアンの政府を無効とする。③最後に，規制撤廃の市場原理は，政府の産業政策を否定する。

　もしこのように市場原理の資本主義が成立するなら，国ごとの資本主義という観念自体が否定される。経営者企業の「見える手」と大きな政府の「見える手」の二つを否定するのが市場原理の資本主義である以上，ここからの帰結は，国ごとの資本主義ではなく，グローバル資本主義への収斂，というものとなる。

しかし，市場原理の資本主義は，果たしてその言葉通りに成立するのか。つまり，市場原理によって資本主義は十全にガバナンスされるのか。ここで課題となるのが，最初に指摘した，金融と産業，経営と労働，個人と社会の関係であり，それぞれの対立にどのように対処するかが資本主義システムの課題となる。それを20世紀の資本主義は，私有財産の制度から営利企業の制度によってガバナンスされたシステムへの転換に求めたのに対して，現在，営利企業の制度から競争市場の制度によってガバナンスされるシステムへの転換が図られている。しかし，果たしてこれによって資本主義はガバナンスされるのか。

　図3の私有財産の制度が資本主義をガバナンスするシステムは，P／Eの関係において産業よりも金融が優位するシステム，E／Mの関係において労働よりも経営が優位するシステム，P／Mの関係において社会よりも個人が優位するシステムであったといえる。と同時に，そこでは産業を支え，社会を支える役割が，所有者個人に託されていた。そして労働に関しては，職業集団の形成をもって，自助の原理の基盤とすることが図られた。この結果，政府の役割は排除され，所有者個人と労働の集団が，資本主義システムの担い手となるのであった。

　これに対して，図5の経営者企業がガバナンスする資本主義システムは，金融よりも産業が優位するシステム，経営よりも労働が優位するシステム，個人よりも社会が優位するシステムであったといえる。それがE／PとE／Mの関係においては，金融と労働をその内部に組織化した経営者企業の形成であり，そしてP／Mの関係においては，福祉国家の政府の形成であった。あるいは私有財産と営利企業と競争市場のそれぞれに介入する大きな政府の形成であった。

　確かにこのようなシステムが再度の転換を迎えている。産業に対しては金融の市場原理が唱えられ，労働に対しては経営の市場原理が唱えられ，そして個人に対しては自己責任の市場原理が唱えられる。そして政府に関しては，「小さな政府」の提唱となる。すると，このような市場原理の資本主義をもって，所有者資本主義の再興あるいは再構築とみなす立場も生まれうる。さらに，所

有者資本主義が資本主義の古典的形態であることから，現在の市場原理の資本主義をもって，資本主義の歴史的完成とみなす気分も高まることになる。社会主義の崩壊をもって自由主義と民主主義の歴史的完成を述べるフクヤマの「歴史の終わり」は支持できないとしても，こと資本主義システムに関する限り，市場原理と所有者資本主義の再構築は，資本主義の「歴史の終わり」であるかのようにみなされる。

　しかし，現在の市場原理の資本主義と，古典的な所有者資本主義の違いもまた明らかである。後者においては，所有者の個人行動が資本主義をガバナンスする。その基盤となるのが所有者の私的財産であった。それは市場原理に基づくというより，それを超えるものであった。象徴的には，このような19世紀のイギリスの資本主義がジェントルマンの資本主義と呼ばれたように，その個人財産は大土地所有と海外植民地に依存し，その個人生活は社会的身分（文化資本）に依存するものであった。

　これに対して，現在の私有財産は市場原理に全面的に依存する。個人の私的財産は地価と株価に依存し，個人の稼得能力は，人的資本としての市場の評価に依存する。この評価に自らを曝すことが個人の「自己責任（self-responsibility）」と呼ばれるのであるが，確認すべきは，それは所有者資本主義の「個人責任（individual responsibility）」とはまったく異なるということである。もちろん，後者においても，自助の原理という意味での自己責任は前提とされる。しかし，個人責任は自助の原理や自己責任を超えるものであり，すなわち自己を含めた社会の事柄に関与する責任の主体として，所有に基づく「個人責任」が想定されるのであった。これに対して，市場原理の「自己責任」は，市場での売買に関する責任，つまりは自己の所有物に関する責任だけとなる。その究極が，自己の身体に対する絶対的な自由と自己責任の主張となるのであれば，この帰結は，デュルケムのアノミーにほかならない。すなわち，社会と個人の対立という資本主義に固有の問題であり，この意味で市場原理の資本主義は，資本主義に固有の問題に再度直面し，かつそれをより深刻化させるのだといえる。

　これは，P／Eにおける金融と産業の関係，E／Mにおける経営と労働の関

係に関しても同様であり、市場原理の資本主義は、二つの間の対立から免れるわけではない。それぞれの対立は、情報技術革新と産業構造の急速な転換が生み出す問題であると同時に、より本質的には、経営者企業から株主企業への転換が、金融と産業、経営と労働の対立という資本主義に固有の問題を再度提起する。株価を制約条件として行動するのが経営者企業であるのに対して、株価を行動目標とするのが株主企業であり、この転換を急激に進めたのが、90年代以降のアメリカ企業であり、アメリカのグローバル資本主義である。しかし、果たしてこれは持続可能なシステムであるのか。

先の図7に示したアメリカの経営者企業の概念図に即していえば、経営者企業から株主企業への転換は次のような経路を辿った。①60年代から70年代の前半までのアメリカの経営者企業は、株価を制約条件として、企業規模の拡大すなわち企業成長を目標とした。②その手段が企業買収であり、かつ異質な事業を統合するコングロマリット経営であった。③しかし、その結果は経営能力の限界であり、コングロマリット企業は業績低迷に落ち込んだ。さらに、70年代のスタグフレーションはアメリカの経営者企業を競争劣位とし、これに対してドイツ企業と日本企業が競争優位として登場した。④このようなアメリカの経営者企業の低迷は、80年代に敵対的企業買収の嵐に見舞われた。それは経営するための買収ではなく、乗っ取るための買収であり、乗っ取った企業を解体し、徹底的にリストラし、転売することによって利益を獲得する、といった光景が展開された。

以上が80年代後半までのアメリカの経営者企業であれば、それは次のような経路をたどって現在の株主企業へと転換した。①80年代の敵対的企業買収は、企業の乗っ取りと転売によって巨額の利益を獲得する金融業者と、その犠牲となる労働者という対立図式をあらわにした。②ここから乗っ取りに対する社会的な反感が生まれ、敵対的企業買収を規制する立法を見ることになった。それは、M→Eのコントロールの切断を意味するものであった。③これに対して、株主とりわけ年金基金を中心とした機関投資家は、社外取締役を通じて取締役会に積極的に関与することになる。それは取締役の過半数を社外取締役とする

要求となり，この意味で，S→Bのコントロールが復活することになった。④しかし，社外取締役は企業経営そのものに関与できるわけではない。社外取締役が組織するのは，経営者（CEO）を任免する人事委員会と経営者報酬を決定する報酬委員会であり，この二つをもって経営状態を監視（モニター）することが社外取締役の役割とされた。⑤しかし，経営情報を制約された社外取締役が，モニターの役割を十全に果たせるわけではない。この困難を克服するためには，モニターの指標を株価に一元化すればよい，そして経営者を株主として行動させればよい。そのための手段が要するに，経営者に対するストックオプションの全面的な採用であった。⑥かくして，株価を行動目標とするという意味で，株主企業が成立する。それは必ずしも株主主権の成立を意味するわけではない。株価を通じて取締役と経営者が一体化したということであり，CEOの地位はむしろ強化されたとみなすことができる。図6で指摘したように，取締役（B）と経営者（E）を媒介するのがCEOであり，CEOを株主として行動させることにより，BとEの結合はさらに強化されたというべきである。

これに対して日本の経営者企業を襲うのは次のような出来事である。①メインバンクの力の喪失であり，それはM→Eのコントロールを切断する力の喪失だけではない。②メインバンクによるガバナンスは，業績不振企業の救済でもあった。しかし，メインバンクの力の喪失は，そのような救済の力の喪失を意味することになる。③このようにMB→Eのコントロールが無効とされるなら，日本の経営者企業に生まれるのは，ガバナンスの不在という状況となる。その結果として，株主代表訴訟が急浮上するという状況をもたらしている。④これに対して，メインバンクの衰退から，M→Eのコントロールが確立されるなら，それはアメリカの経営者企業のガバナンスに対応するものとなる。⑤他方，現実のコーポレートガバナンスの改革としては，執行役員制の導入が進められている。それはBとEの結合に対して，その分離を意図している。しかし，取締役の大半は社内取締役であり，かつCEOがBとEの間を媒介する点に変わりはない。この意味でもまた，日本の経営者企業は，かつてのアメリカの経営者企業のコーポレートガバナンスに接近することになる。

第6章 日本の経営者資本主義の行方　　129

　このように，コーポレートガバナンスをめぐって，日本企業とアメリカ企業は奇妙な立場の入れ替えをなしているようにも思われる。しかし，いずれにせよ，高収益と高株価において，アメリカ企業が資本主義企業のチャンピオンとみなされる。高収益が解雇の自由によって実現されるなら，確かにアメリカ企業はもっとも通俗的な意味で資本主義企業の典型とみなされてよい。しかし，株価を目的として労働を犠牲とするようなシステムが，果たして一個の社会経済システムとして持続可能（サステナブル）かどうかということが問われている。いやそれ以前に，株価の持続的上昇を行動目標とするようなシステムが，果たして持続可能かというのがアメリカの市場原理の資本主義の問題でもある。

　すでに96年に指摘された「根拠なき熱狂」を持ち出すまでもなく，現在の株価がバブルであることは明白であり，たとえ高収益が高株価をもたらしたとしても，収益の上昇をはるかに超える株価の上昇は，アメリカに流入する巨額のグローバルマネーに基づいている。それは言い換えるなら，アメリカの巨額の経常収支の赤字，すなわち貯蓄の過少と投資の過剰が生み出すグローバルマネーの流入であり，このようなシステム自体が持続可能でないことはあまりに明白である。一方での貯蓄の過少つまりは消費の過剰と，他方での情報通信に関連した投資の過剰によって，アメリカ経済はブームを続け，高収益と高株価を謳歌している。それを支えるのが金融のグローバリズムであり，アメリカに流入するグローバルマネーだということになる。この意味でアメリカはグローバル資本主義のチャンピオンとみなされる。しかし，その結果としての経常収支赤字の累積が，このようなシステム自体の持続可能性を奪い取ることは明白である。その徴候はすでに始まっているといってよい。

　ストックオプションに基づくコーポレートガバナンス，経営者を株主として行動させることによって成り立つコーポレートガバナンスは，高株価を実現するものというよりも，高株価を前提として成立するものだというべきである。確かに現在のところ，現実の株価の持続的上昇そのものがこのようなシステムを維持させている。しかし，現在のバブルが破綻すれば，株主企業の行動もま

た破綻せざるを得ない。それはシステムの持続可能性を奪うことになる。もしガバナンスの意味を，それによってシステムの持続可能性を保証することであると理解するなら，このことはガバナンスの失敗を意味している。

　むしろ，現実に進行しているのは，市場原理の強化の下での経営者資本主義の修正であるとみなすこともできる。確かにグローバル市場の「大競争」は，経営者企業の「見える手」を無効とする。しかし，同時に進行しているのは，グローバル企業の「見える手」による，グローバル市場の組織化でもある。そのためにグローバル企業同士の再編と統合が進むのであり，それが規模の経済や範囲の経済を求めてのことであれば，それは経営者企業の行動にほかならない。と同時に，株式交換を通じた再編と統合という意味で，この経営者企業の行動は株価に依存する。いずれにせよ，株価に基づくコーポレートガバナンスという意味で，経営者企業と株主企業が一体化する。この意味でもまた株価に基づくシステムが果たして持続可能であるかが問われている。

　確かなことは，経営者資本主義から市場原理の資本主義への転換により，産業に対する金融の優位，労働に対する経営の優位，社会に対する個人の優位が進むということであり，しかしそれは同時に，対処すべき新たな問題を生み出すということである。この意味で市場原理の資本主義をガバナンスすることが必要とされる。そして最大の問題は，グローバル市場とりわけ国際金融市場のガバナンスである。この10年来のグローバル資本主義の現実は，国際金融市場の攪乱あるいはグローバルキャピタルの攪乱のことであり，その金融危機はグローバルに拡散し，すべての国の資本主義システムを襲うことになる。これが市場原理の資本主義あるいはグローバル資本主義の現実であれば，果たしてそれはどのようにガバナンスできるのか。

5．市場原理資本主義はガバナンスできるのか

　市場原理の資本主義は自らをガバナンスできるのか。すなわち，市場原理そのものによって，資本主義システムはガバナンスされるのか。市場原理に基づ

いて資本主義システムをガバナンスする，これが幻想であることを如実に示すのが，金融のグローバリズムに他ならない。先に指摘したように，この10年来のグローバル資本主義の現実は，国際金融市場の攪乱あるいはグローバルキャピタルの攪乱であり，それは新興資本主義国を襲うだけではない。その破綻があるとすれば，それはグローバルキャピタルの最大の流入国であり，その不断の流入に基づくドル高と株高のシステムを作り上げたアメリカの資本主義においてであると予想することができる。

　一般化していえば，市場原理に基づくガバナンスは，自己調整市場を想定してのことである。しかし，つとにポラニーの指摘にあるように，自己調整市場からほど遠いのが，国際金融市場である。ポラニーにとって，それは19世紀からの金本位制の国際金融市場であった。ゆえに，固定相場制をもって国際金融市場をガバナンスする，というのがその後の経営者資本主義であった。これに対して，金という実体的な価値からも，ドルの固定相場という擬制的な価値からも離れて変動相場そのものに任せる，いや任せざるをえないというのが，今日の国際金融市場である。それは変動を通じて安定するというよりも，不断の攪乱を繰り返すとしか言いようがない。

　自己調整市場を想定することの非現実性は，国際金融市場だけではない。そのような市場として，ポラニーは貨幣，土地，労働の市場をあげたように，一般化していえば，それはストック市場における自己調整作用の失敗であるといえる。つまり，それは将来の期待に基づいて売買がなされる市場であり，そして期待の安定からほど遠いのが，資本市場や証券市場であることも疑いない。ケインズが見たように，将来に対する確信が失われるなら，期待は一方的に収縮し，反対に確信の状態があまりに強すぎるなら，期待は一方的に膨張する。前者において市場は極度のスランプにうち沈み，後者において市場はブームに舞い上がる。前者が現在の日本経済であるのに対して，後者が現在のアメリカ経済であることは間違いない。

　ストック市場の不安定性は，資本市場や証券市場だけではない。労働に関しては，それが人的資本の市場となる。しかし，いうまでもなく，個人にとって，

自らの人的資本投資のリスクの分散の可能性は大きく制約されている。換言すれば，このリスクを軽減する装置が賃金や雇用に関するさまざまな制度であった。それは人的資本投資からの収益を制度的に保障することにより，人的資本投資の促進に寄与したといってよい。しかし，市場原理を振りかざし，「市場の評価」をもって既存の賃金制度や雇用制度が破棄されるなら，人的資本投資のリスクは個人にすべておしかかる。たとえこれが個人の自己責任であったとしても，その責任が個人にとって過大なリスクとなることは明らかである。

ここからの帰結が人的資本投資の減退となるのかどうかは別問題としても，次のことは明らかのように思われる。つまり，「市場の評価」は，現実には企業の成果とそれに対する個人の貢献として測られるのであり，するとここからの帰結は，企業に対する個人の一層の依存，ということになる。たとえ企業内的なものであったとしても，賃金や雇用の集団的決定のための制度を確立することにより，既存のシステムにおいては企業と個人の間にある距離を設けることができた。これに対して，人的資本の価値が市場原理に従うことに応じて，皮肉なことに，個人は企業に対して依存の度合いを強めることになる。現に，最長の労働時間はアメリカであり，その一つの理由は人的資本に対する市場原理の支配にあると考えることができる。

このように，市場原理とりわけストック市場の市場原理は，それによって資本主義システムをガバナンスするものであるにはあまりに不安定であることは否定できない。別の観点からいえば，ここでの問題は，それ自体にガバナンスの基盤をもたない市場によってガバナンスされるシステムは果たして安定的であるのかということであり，これに対して所有者資本主義は，市場が生み出したのではない，あるいは市場に先行する私有財産の制度に基づいて，自らをガバナンスした。同じく経営者資本主義は，市場を制御する，あるいは市場に代替する企業組織に基づいて，自らのシステムをガバナンスするのであった。

もちろん，所有者資本主義も経営者資本主義も，その行動主体は市場によってガバナンスされる。問題は，その市場自体がどのようにガバナンスされるかであり，とりわけストック市場がどのようにガバナンスされるかにある。それ

を所有者資本主義は私有財産の制度によってガバナンスし，経営者資本主義は経営者企業の組織によってガバナンスした。これに対して市場原理の資本主義は，市場原理そのものによって市場をガバナンスすることを想定する。しかし，これは自己調整市場を想定するのでなければ成り立たない。

すると，市場原理の資本主義は，自らをガバナンスするものは存在しないということになる。もしあるとすれば，それが政府だということになる。つまり，市場原理の制度そのものを支える役割が政府に求められることになる。これまでの議論に即してもそうであり，所有者資本主義は私有財産の制度に基づいて自らのシステムをガバナンスし，その私有財産の制度を支えるのが，政府の役割であった。同じく，経営者資本主義は営利企業の制度に基づいて自らのシステムをガバナンスし，その営利企業の制度を支えるのが，政府の役割であった。ただし，所有者資本主義の政府は，営利企業と競争市場に対しては非介入の「小さな政府」であったのに対して，経営者資本主義の政府は，私有財産と競争市場に介入する「大きな政府」となるのであった。

このように考えるなら，市場原理の資本主義は，競争市場の制度そのものを支える政府を必要とするということになる。果たしてこれは「小さな政府」でありうるのか。いうまでもなく，市場原理の資本主義は，「小さな政府」の主張に終始する。そこで想定されるのは，政府の行動そのものを市場原理に従うものとすることであり，確かにこれによって市場原理の資本主義は完成する。あるいは自己調整市場を想定する限り，政府の役割は，市場原理そのものを守ることであり，これが規制撤廃の政府となる。しかし，もし自己調整的市場の成立が否定されるなら，いわば不完全な市場原理に対して，それを補完する役割が政府に求められることになる。果たしてこのような政府は「小さな政府」でありうるのか。それはむしろ「大きな政府」となるかもしれない。

このような観点から，市場原理の資本主義における政府の概念を図11のように描くことにしよう。これを説明すると，①福祉国家の政府に代わって，セーフティネットの政府が登場する（G→P）。②情報技術やバイオ技術を中心とした第3次産業革命は，政府の新たな産業政策を要請する（G→E）。③競争市場

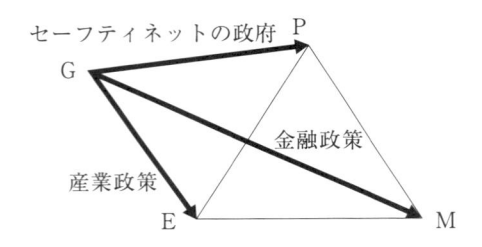

図11 市場原理資本主義の政府

（図：G―P、G―E、G―M の矢印。P―E―M の三角形。「セーフティネットの政府」「金融政策」「産業政策」のラベル）

の安定を目標としたケインジアンの政府に代わって、グローバル市場の安定を目標とする政府が必要とされる（G→M）。

図11においては、競争市場の制度を頂点として組み立てられた資本主義システムを、その底辺（P／E）において支える位置に政府が配置されている。図4の所有者資本主義における政府、図9の経営者資本主義における政府と同様、市場原理の資本主義システムは、その組み立てに応じた政府を必要とするということであり、それは「小さな政府」であるとは限らない。むしろ市場原理の資本主義に対応した「大きな政府」を要請することになるのである。

問題は、このような政府が果して妥当かという点にある。まず①のセーフティネットの政府に関しては、それは自己責任の個人に対して、その結果を選別的に救済するという行動となる。それは所有者資本主義における、所有者個人の慈善（チャリティ）に類似したものとなる。ただし、所有者資本主義においては、その役割を担うのが所有者の「個人責任」であった。しかし市場原理の資本主義においては、そのような役割を「自己責任」の個人に求めることはできない。ゆえに個人の救済は政府が引き受ける以外になく、これが要セーフティネットと言い表わされることになる。すると政府の大きさは、「セーフティ」の範囲に依存し、結局は福祉国家の政府と同種の問題が繰り返されることになる。さらにいえば、この政府は同時に個人の自己責任を主張するのであり、この意味でセーフティの供給は、結果としてパターナリズムの性格を強めることも避けられない。

次に，②の政府の産業政策は，情報技術を中心とした第3次産業革命の進行にともなって，産業基盤の形成が政府の役割であることを再度確認させるのだといえる。そして，③のグローバル市場の安定化政策は，とりわけ国際金融市場に集中する。すなわち，グローバルキャピタルの攪乱に対処するセーフティネットの構築であり，しかしこの点に関して，政府の無力がグローバル資本主義の現実でもある。そのためには各国間の政策協調を必要とする。しかし，現実に目の当たりにするのは各国間の利害の衝突であり，もし協調があるとすれば，おそらくはグローバルな危機に直面してのことである。それは協調というより，生き延びるための強要というべきであり，だからこそ，国益の衝突に抗して自国の「セーフティ」を確保する政府の行動が不可欠となる。

　いずれにせよ，市場原理の資本主義は，自らのシステムをガバナンスする課題から免れるわけではない。その課題に直面し，それをなし得ないでいるというのが市場原理の資本主義でもある。そのためには，おそらく市場原理に代わる資本主義のガバナンスが必要とされている。それは市場原理を前提として，それを補完するためのもろもろのセーフティネットを構築するだけではない。市場原理そのものをガバナンスするシステムが必要とされるのであり，結局のところ，これが資本主義の課題であることを認識する以外にない。少なくともこれまでの資本主義が，私有財産と営利企業そして政府の組織をもって市場原理をガバナンスしたのであれば，それはグローバル資本主義においても変わりはない。そのためにこそ日本型システムの改革が必要とされる。この意味でグローバル資本主義は国境をなくするわけではない。グローバリゼーションによって問われているのは，国境で仕切られたグローバル資本主義として自国の経済システムをどのように構築するかということであり，この意味ですべての国のシステムは「岐路」に立たされている。このような観点から「岐路に立つ日本的システム」の考察が必要とされている。

第7章
金融システムの行方

小林 襄治

1．金融システムの変貌

　1990年代に入って日本経済は大きく変わり，金融も非常に大きく変わった。ちょうど1年ぐらい前（1998年）の状況を想起すると，不謹慎であるが，非常に面白い時期で，次ぎに潰れるのはどこの銀行か，〇〇銀行か××銀行かといった憶測が金融界やマスコミを賑わしていた。証券界では，すでに再編は相当に進んでいたが，手数料自由化や顧客資産の分別管理の厳格化の動きの中で中小証券で生き残れるのは少なく，まだ20〜30社が破綻するのでないかと噂されていた。憶測や噂がどこまで正当かはともかく，金融システムは崩壊の危機に直面していたのである。しかし，1998年秋に金融再生法や早期健全化法が制定され，日本長期信用銀行や日本債券信用銀行など問題銀行の一部は公的管理（国有化）に移行し，1999年の春には大手銀行に10兆円近くの公的資金が注入されるなどして，崩壊の危機は一応去った。日本経済が回復しはじめたことも影響したかも知れないが，いわば死の瀬戸際にいた1998年の状況と，金融システムが強化されたかはともかく，危機を脱して雰囲気は大きく変わった。

　1989年ごろの状況と比べると，当時はバブルの最盛期にあたり，日本の金融・資本市場はその規模を誇っていた。当時の株式市場は，時価総額（株数と価格を掛けたもの）がGDPの1.5倍に達し，アメリカ市場の規模をはるかに上回る状況であった。世界の銀行のランキングを資産規模で見ると，その上位10社のうち8社くらいは日本の銀行で，上位を独占する状況であった。国際債券市場における債券発行の幹事ランキングでは日本の4大証券会社が1位から4位を独占していた。経済状態をみても1980年代のパフォーマンスは日本が欧

米よりはるかにすぐれていた。経済成長率は高く，インフレ率は低く，失業率は低く，経常収支は黒字であった。ヨーロッパでは1992年の市場統合への動きが進展していたが，失業率は高く，各国ごとに種々の問題を抱えていた。アメリカはいわゆる「双子の赤字」（財政赤字と経常収支赤字）を抱え，国内ではS&L問題が深刻化していた。S&Lとは貯蓄貸付組合という住宅金融の専門機関であるが，その多くが破綻し，数千億ドルの公的資金が注入され，それをめぐる議論が沸騰していた。その後もバンカメとかシティバンクといったアメリカ最大手の銀行の破綻が噂され，金融システムは危機的な状況であった。このような欧米の状況と対比すれば，日本の金融機関や金融市場は規模や成長力，収益力で欧米を圧倒し，まさに日本的システムが優位にあるかのように思われていた。

わずか10年の間にこのような状況がまったく逆転した。このことが「グローバリゼーションと日本─岐路に立つ日本的システム」という今日のシンポジウムのテーマに関係するようである。1980年代までは世界に謳歌してきた日本的システムが1990年代には問題を露呈し，新たな対応を迫られたのである。あるいは日本的システムは1980年代に進むべき道を間違えた，あるいは当時の状況に内在する問題を認識できず，優位と錯覚していたのである。金融以外の例をとれば，日本の自動車の生産台数は1990年ごろで約1400万台であった。現在は1000万台程度である。アメリカは逆で，80年代にはクライスラーの破綻もあり，生産台数は1000万台以下で世界一の自動車生産国の座を日本に譲っていたが，現在では千数百万台に達し，日本を大きく離して世界一である。日本の自動車会社は80年代には自己の力を過信し，海外での生産を拡大するばかりでなく，国内でも高級化・多様化を図りつつ生産能力を増やしていた。この過剰生産能力のつけに悩まされているのが日本経済の現状ではないかと思われる。金融の世界では「過剰生産能力」がいわゆる不良債権となって現れている。

金融システムとはどのような金融機関や金融市場が存在し，どの機関や市場が中心的役割を果たしているかという意味である。あらかじめ結論というか主張を述べておけば，これまでの金融システムは，銀行であれ，保険会社であ

れ，郵便局であれ金融機関は貯蓄を奨励するのみで，そのお金をどのように使うかについては，預金者等の消費者に説明する必要はなかった。金融機関への貯蓄に対して約束どおりの利息と元本の返済は保証されていたが，資金の運用は金融機関や政府（郵貯の場合）の裁量であった。消費者としても貯蓄には熱

表　1990年代における金融事件

1990～	株価・地価の下落
1991～92	金融・証券不祥事
	証券取引法の改正→損失補填禁止，証券取引監視委員会設立
	BIS自己資本比率規制（93.3月期から）とPKO（株価維持政策）
1992.9	大手銀行の不良債権開示（12兆円）
1993.2	共同債権買取機構発足
1993.4	金融制度改革法（業態別子会社方式による銀行・証券会社の相互乗り入れ）
1994.12	東京の2信用組合の破綻→東京共同銀行設立による処理
1995	円高不況・株価低迷
	大和銀行ニューヨークで巨額損失
	コスモ・木津信用組合破綻，兵庫銀行破綻
1995～96	住宅金融専門会社の処理，公的資金の注入
1996.3	健全性確保法（早期是正措置等），預金保険法改正（ペイオフの猶予措置，合併への資金援助，保険料引き上げ等）
1996.4	東京三菱銀行の発足
1996 秋	橋本首相のビッグバン提唱（フリー・フェア・グローバル）
1997	拓銀・長銀・日債銀の再建計画
1997.11	三洋・山一証券の破綻，拓銀破綻→金融システム不安・貸し渋り
1997.12	独占禁止法改正→持ち株会社解禁
1998.2	金融システム安定化法（総額30兆円），金融危機管理審査委員会による公的資金注入（大手銀行に1.8兆円）
	→大手金融機関の再編本格化：日興証券─ソロモン・スミス・バーニー， 　　　　大和証券─住友銀行，一勧・富士銀行→安田信託の再編， 　　　　東海銀行─あさひ銀行，さくら増資，中央信託─三井信託
1998.6	金融監督庁発足，大蔵省証券局・銀行局廃止
1998.10	金融再生法・早期健全化法（総額60兆円）→99.3大手15行に7.5兆円注入
	→長銀・日債銀の公的管理
1998.12	銀行による投資信託の販売
1999 夏	興銀・一勧・富士銀行の統合，さくら・住友の合併
1999.10	株式売買委託手数料の自由化

心であるが，その使途について考えようともしなかった。おそらくこれから必要となるのは自分のお金がどのように使われるのかを自分で選択するシステムでなければならない，ということである。自分の願望の主張にすぎないかもしれないが，そのような視点から90年代の金融の動きをみていくことにする（表参照）。

2．金融システム不安の経緯

　1989年末に約3万9000円に達した日経平均株価は1990年に入ると下げはじめ，92年の夏には約1万4000円まで，約3分の1の水準に下落した。地価は株価よりやや遅れて下落しはじめ，今日まで下げ止まらない状況が続いている。このような株価や地価の下落は，90年代初めには一般にあるいはジャーナリズムでは歓迎され，当時の三重野日銀総裁は「平成の鬼平」と賛美されていた。とくに91年夏には「金融・証券不祥事」が発覚し，銀行の架空預金証書を担保とする融資や不正融資，証券会社の損失補填などで金融界や証券界への批判が高まった。株価や地価の下落は日本経済の問題というよりも，異常に高騰した価格が修正される過程に過ぎず，高騰を演出ないし支援し，ぼろ儲けをしていた金融界に反省を求める材料と思われた程度にすぎなかったようである。しかし，株価の下落は国際的公約でもある93年3月期から適用が決まっていたBIS自己資本比率規制の達成を危うくしかねなかった。この自己資本比率規制の考え方は単純なもので，銀行は貸出等の過程で損失を被るリスクを抱えている存在だから，損失がでてもそれに耐えられる十分な資本金を有していなければならない，ということである。実際の計算に際しては，何を資産や資本金に算入するか等に厄介な問題があるが，国際業務を展開している日本の大手の銀行にとって，これを達成しなければ海外から撤退を迫られる恐れがあり，そこまでいかなくても信用失墜の打撃は大きいと危惧されていた。1980年代にはこの比率の達成は容易と考えていた銀行であるが，それはこの比率の計算に際して保有株式の含み益を算入していたからであった。株価下落前の状況では含み益が

8％のうち3％程度を占めていたと思われるが，株価が急落すると含み益はなくなり，この基準を達成できない銀行の続出が懸念される状況となった。このため，公的年金等の資金で株式運用の範囲を広げて株価を支える措置が取られた。これは，公式の株価政策というわけではないが，当時国会等で問題になっていた平和維持活動（PKO）をもじってプライス・キーピング・オペレーション（PKO）といわれた。これがどれだけ効果を発揮したかはともかく，何とか自己資本比率基準を達成していたが，この頃から銀行の不良債権は巨額なのでないかとの懸念が，外国のメディアなどの報道を契機に持ち上がってきた。このような懸念に対して，大手銀行の不良債権額がようやく公表されるようになり（92年9月期で12兆円），不良債権処理のために共同債権買取機構が発足した。この程度の不良債権では銀行の体力から見て問題はないというのが当局や銀行界の見解であり，共同債権買取機構もほとんど機能しなかった。他方では，かねてから懸案であった金融制度改革の議論が一応の決着をつけ，金融制度改革法が92年に成立し，業態別子会社方式ということで，大手銀行はほとんどが証券子会社や信託銀行子会社を，大手証券会社は信託銀行子会社を設立し，業務の拡大をはかっていた。株価の下落で自己資本比率基準の達成が危ぶまれるとか，不良債権がかなりの規模に達する懸念にかかわらず，銀行等は横並びで業務の拡大をはかり，当局もそれを認可していたのである。おそらく景気回復等で問題はすぐに解決すると見て，不良債権の査定は甘く，銀行の株式保有にともなうリスクを過少評価し，問題を先送りしていたのである。

1992年以降には不況が深刻化し，政府の景気対策が本格化してくるが，94年末には東京の二つの信用組合が破綻した。これは規模の小さいものであったが，95年に入ると円高の一段の進展（4月には1ドル80円を超す）もあって，株価は再び1万4000円台となり，夏にはコスモ信用組合，木津信用組合，兵庫銀行の破綻と資産規模1兆円程度かそれ以上の規模の金融機関の破綻が続いた。これらの破綻処理は東京共同銀行（後に整理回収銀行に改組）の設立などのようにいわゆる「奉加帳方式」といわれる業界団体ないし民間金融機関や日銀，預金保険機構の資金提供で処理された。それでも円高が一段落し，景気が

回復しはじめてきたことを背景としてか，95年後半からは最大の不良債権を抱えると思われた住宅金融専門会社（住専）の処理が画策された。住専向け融資は銀行等が抱える最大の不良債権と見なされ，これを処理すれば不良債権処理は山を超すと当局や銀行界は考えていたようである。しかし，この負担処理をめぐって母体行責任論や貸手責任論が対立し，容易には決着せず，結局は公的資金が一部導入されることになった。住専自体は清算され，救済されたわけでないが，預金者の救済ならともかく，住専の処理に公的資金を導入する理由は分かり難いし，とくに農協系金融機関の貸手責任は不問のまま，政治的に処理された。このため，世論から多大な批判をあびてその後公的資金の導入はタブーとなった。

　住専処理の紛糾は預金者保護や金融機関の破綻防止体制の整備の必要性の認識を高め，預金保険法の改正や金融機関の更生手続き特例法による預金保険機構からの資金支援の拡大，ペイオフの猶予措置や保険料の引き上げ，いわゆる健全性確保法による信用組合の監査体制整備，早期是正措置の導入などがはかられた。批判はあったが住専は処理され，このような破綻防止や預金者保護体制の充実が図られたとの認識からか，橋本首相は1996年秋に「フリー，フェア，グローバル」をキーワードとする日本版ビッグバンを提唱し，金融システムの改革をはかろうとした。新規参入や新商品の導入の促進，銀行と証券といった業際障壁の縮小，フェアに競争が展開される透明で公正な市場の確立，世界に通用するルール・慣行の確立をはかるというものである。景気は順調に回復しつつあるこの時期が財政改革（赤字縮小）の進展をも展望して金融改革の推進の絶好の時期と考えたのであろう。

　日本版ビッグ・バンの提唱を受けて，不良債権処理の動きなどが強まっていくが，97年前半には，「危ない」と噂されている銀行の再編ないし再建の動きが強まった。たとえば拓銀と道銀の合併計画とか，長銀の外資との提携等の動きである。しかし，順調に回復していたかに見えた景気は，4月の税制改革（消費税率引き上げや所得税減税の廃止等）等の影響に，アジア通貨危機の影響が加わり不況色を強めた。このような状況で，秋には準大手証券会社の三洋

証券が破綻し、次いで山一証券、拓銀の破綻と続き、いわば全面的な金融システム不安となっていった。金融システム不安といっても一般にはピンと来ない部分が多いようだが、銀行が破綻し、その影響が連鎖的に他の銀行にも波及すれば、多くの預金者・借り手が影響を受け、取引や決済に多大な影響を与え、経済は大混乱に陥るのは間違いない。銀行の貸し渋りが問題になったが、個々の銀行としては自分を守るために貸し出しを減らし、現金など流動性準備を増やして預金流出に備え、また早期是正措置をにらんで自己資本比率の維持・向上をはからざるを得ない状況であった。

　このような不安・危機に対して、政府は98年2月に金融システム安定化法を成立させ、約30兆円を用意して「金融危機管理審査委員会」を通じて大手銀行等に公的資金を注入することになったが、銀行が受け入れを渋ったこともあって注入額は少なく、ほとんど機能しなかった。後述のように97年秋以降に金融・証券界の再編が進むが、金融システム不安は解消されず、98年秋には安定化法を廃止して、金融再生法、早期健全化法、預金保険法の改正等が行われ（60兆円を準備）た。その後、長銀や日債銀は公的管理（国有化）に入り、99年春にかなりの規模の公的資金が大手銀行に注入され、大手銀行の破綻の恐れは遠のいた。この意味で金融システム不安は一応は解消された。しかし、これまでの過程は、安定化法がすぐに廃止されて再生法等が必要とされたように、政策対応のまずさを露呈したにとどまらず、これまでの金融システムが消費者等のための十分な「セーフティ・ネット」を持たないことであった。しかし、「護送船団」方式の下で当局がすべての金融機関を「保護」（破綻の防止）することは不可能になった。同時に、破綻処理の過程で明らかになったことは、公表されてきた不良債権の額が破綻後に急増している例から明らかなように、債権の査定が監督当局を含めて甘く、銀行の実態について消費者等に十分な情報が提供されていないことであった。あるいは、問題の処理は次から次に先送りされ、抜本的解決ははかられなかったことである。したがって、いぜんとして公表不良債権は過少でないかとの懸念は消えず、この意味で金融システム不安の再発への懸念がくすぶっている。

3. 金融界の再編

　山一，拓銀といった大手金融機関の破綻がショックとなって金融界の再編は進んだ。個々の金融機関としては当局の「保護」に依存できない以上，またその能力に限りがあることも明らかになった状況では，「自力」で生き残りをはからざるをえない。実態はともかく，危ないとか弱いとか噂される機関から提携や合併の話が進行していった。たとえば，日興証券の外資との提携，大和証券と住友銀行の提携である。中央信託と三井信託の提携も発表された。そして今年の夏には，興銀，一勧，富士の統合，さくら・住友の合併が発表され，大手銀行はほぼ4～5グループに集約される見通しとなった。これらの再編はさらなる再編や，地方銀行や中小金融機関，保険会社等の再編まで考えるとどのように展開するかはまだ不明な部分が多いわけであるが，ともあれ，一定の方向性は明らかになってきたようである。大規模化については後にコメントするが，この再編の過程では，まず大和証券と住友銀行の例にみられるように，これまでのような銀行と証券の分離という原則が無意味になったことが確認できる。もっとも資本提携があっても銀行や証券会社が行える業務に制約があり，銀行業務と証券業務の区別がなくなったわけではないが，さまざまな金融グループを形成して，たとえば金融持ち株会社を利用して多様な金融サービスの提供が可能になったことである。次に，興銀，一勧，富士の統合は長期信用銀行と普通銀行の統合という点で，伝統的な銀行における長短分離の原則の終焉につながる点で注目される。第三に，さくらと住友の合併はいわゆる財閥グループ同士の合併という点で興味深い。日本では戦前いらい財閥グループが経済の中心を占め，その中核に銀行が存在した。戦後でも財閥あるいは企業集団グループが経済の中心に存在し，その中核に銀行が存在した。この議論がどこまで妥当するかは検討の余地があるが，三井と住友が一緒になるというのは，すでに財閥などというものは虚構の存在になっていたことの反映かもしれないが，一つの時代の終焉の象徴とみることができる。もっとも，これは逆にみれ

ば新たな「財閥」グループの形成に発展するかもしれない。

4. 金融システムの行方

　このような金融界の再編は，いまのところ大手銀行を軸とした再編ということだが，これまでの金融システムをどのように変えるのであろうか。これまでのシステムを復習することから始めよう。それは分業主義とか専門金融機関主義といわれたものであった。銀行と証券，銀行と信託，銀行と保険を分離する。銀行でも短期と長期を分離する。法律的区分ではないが，地方銀行と都市銀行が区別される。そして基本的に地方では昭和初期の金融恐慌後に取られた一県一行主義が維持された。さらに，大銀行が大企業と取引し，中小企業は中小企業の専門金融機関が担当することにして，相互銀行，信用金庫，信用組合が形成され，農業分野では農協にその役割が与えられた。国際業務では，外国為替専門銀行ということで東京銀行が特別な役割を果たした。加えて，郵便局があり，郵便局で集められた貯蓄は資金運用部に集められ，そこから国債の購入と政府系金融機関に政治的に配分されて，政策目的に使われた。しかもご丁寧に各省庁がそれぞれ所管する○○金融公庫が存在する状況であった。このシステムは高度成長を支えたという意味では十分に機能し，威力を発揮した。高度成長時代は金融機関にとってもハッピーな時代であった。各機関は上述のような区分で自分の縄張りを確定され，新規参入はないので，全体が大きくなるなかで自分の成長をはかることが容易であった。自由主義とか競争が重視される資本主義社会で新規参入が認められないという実に社会主義的なシステムであった。他方では，金融機関は破綻することを許されなかったわけで，実際には幾つかの破綻例があるが，いずれも小規模なもので，地域の大手機関が吸収して処理できた。店舗，商品，価格（金利）等が規制され，活動領域が決められていたから，銀行等の経営は「楽」であった。活動領域の制約は拡大の制約となるが，むしろ相互に補完的に機能することで協調関係を維持するメリットがあった。単純化であるが，経済成長を反映して資金需要は強い中では，銀行

等は借手を選別し，預金の吸収にさえ努力すれば良かった。

　このようなシステムは70年代後半から揺らぎ始めた。国際化と国債の大量発行を契機に，マネーフローは変化し，金融の自由化が進展したからである。国際化については今日は省略する。金利の自由化が国債市場の拡大の影響もあって進展してくると，競争によって預金金利の引き上げ，貸出金利の低下となって銀行の利鞘は縮小した。大企業では銀行借入よりも証券発行による資金調達の重要性が高まり，いわゆる銀行離れが始まった。このようななかで大手銀行は貸出を増やすべく，これまでは相手にしなかった中小企業や個人相手の取引にも力をいれるようになった。すると従来の縄張りに強力なライバルが現れることになる地方銀行や中小企業金融機関も対抗的に自己の強化をはかることになる。このような貸出競争の激化を背景に土地神話等にも支えられ，地価の高騰によるバブルが生まれたといえる。他方，通信技術やコンピュータの発展によって，銀行の設備投資が巨額化するという問題もあるが，金融技術の発展や社会的ニーズの変化によって伝統的な金融商品の区別が曖昧になってきた。短期の債券と定期預金は投資家ないし預金者にとって全く代替的な商品である。証券会社のMMFと銀行の普通預金は，制度的・法的区別があるとしても，機能的にはまったく代替可能な商品となりうる。保険の領域では疾病保険など，生保の領域か損保の領域か区別不可能な商品となる。変額保険のような投資信託なのか保険なのかわからない中間的商品も生まれてきた。1980年代には消費者金融業者をはじめ，各種の銀行でない，あるいは預金を受け入れない融資専門の金融機関，いわゆるノンバンクが急速に成長した。このような状況で専門金融機関制度の見直しの議論が高まり，90年代初めの金融制度改革となった。ここでは業態別子会社方式ということで，たとえば銀行は証券子会社を設立して証券業務に参入する，証券会社は銀行子会社を設立して銀行業務に参入する，生命保険会社は子会社を設立して損保業務を展開することが認められ，ほとんどの大手機関は子会社方式で異業種に参入した。ただし，参入に際しては種々の条件が課され（銀行の証券子会社は当分の間は株式業務は扱えない等），改革は不徹底であり，漸進主義であった。

第7章　金融システムの行方　147

　このような金融制度改革にかかわらず，90年代の動きは先にみたように不良債権処理に追われていた。91年の金融・証券不祥事から始まり，不良債権の公表と共同債権買取機構の設立，94〜95年の信用組合等の破綻，96年の金融三法による「セーフティ・ネット」の構築，97〜98年の金融システム不安と安定化法，再生法，早期健全化法等の動きと大規模な再編である。98年には金融監督庁が発足し，大蔵省から金融機関の監督権限が分離した。財政・金融の分離，大蔵省の権限の縮小という視点もあるが，これまで業者や市場の育成・保護を目的とした行政から，金融機関の健全性や市場の公平・透明性を監視する役割への変化と前向きに考えておきたい。しかし，それでも金融機関の不良債権処理は終わらず，苦しんでいるのが現状である。金融システム不安は公的資金の注入で解消されたと述べたが，これは破綻の懸念は薄らいだという意味にすぎない。
　ビッグ・バン以降の改革の成果をいかに評価するかはまだ時期尚早であるが，証券界についてみるとプレーヤーの再編の動きは急速である。免許制から登録制への移行は事実上の新規参入の容認を意味するが，これまでに数十社が新規参入（含む合併）を果たした。1968年の免許制以降に，外国証券会社を別にして新規参入がなかった状況は一変した。大手証券や準大手や中堅・中小証券の合併や再編も急ピッチで進み，新しい名前の証券会社が続出している。以前からの動きであるが，投資信託の運用を行う委託会社の数は，80年代末までは証券会社系の約10社強に限られていたが，現在では，銀行，保険，外資等を含めて60社ほどに増えている。1998年の12月からは銀行等が投資信託の販売を行うようになり，販売チャネルは多様化し，競争は激化した。1999年の10月からは手数料が自由化され，まだその効果はハッキリしないが，従来に比べて手数料は数分の一程度に下げている業者が少なくない。インターネットを利用した株式取引が手数料自由化と結びついて，急速に拡大しつつある。どこまで普及するかは断定できないし，新たな問題が生じるかもしれないが，業界の秩序を変え，顧客サービスのあり方を大きく変えることは間違いない。銀行では大手行の統合や合併だけが目立つが，いずれ新規参入等で変化が加速される可能

合併や統合にともなう銀行の巨大化は、行風の異なる銀行の統合が上手くいくのかという経営問題はおくとすれば、確かに経費削減等の効果で収益力を高め、銀行を強化することになる可能性がある。しかし、たとえば、興銀・一勧・富士のグループは資産規模140兆円を超す世界最大の銀行になるが、一機関がこれだけ巨額の資金を支配できることは恐ろしくもある。それだけ社会的責任が重いともいえるが、それだけの資金を上手く運用できるのかと危惧が生れる。そして、巨大化した銀行がいかなるサービスを提供してくれるのかはまだ見えてこないことが最大の問題である。このサービスの提供のために本当に巨大規模を必要とするものなのかもわからない。確かに巨大化することで、容易には潰れないし、潰せないという意味で安定はするかもしれない。しかし、これは銀行は預金や借手を「人質」にできるから、潰れないということにすぎない。

5. 消費者が選択できる金融システム

巨大銀行に期待できないとすれば、何に期待したら良いのか。筆者が考えるこれまでの金融システムのいま一つの問題が、貯蓄がいかに使われているかが見えないシステムであったということである。証券市場を通じる資金の流れは、言い換えれば直接金融の世界では発行市場を通じて特定の企業に資金が向かう点で、資金の使途は明確である。投資家は利益を上げることしか考えていないとしても、また実際には流通市場での売買では投資家同士の資金のやり取りとなるが、自己の資金が何に向かうかは明らかである。また、実際に十分に機能しているとはいえないが、株主として企業に注文をつける道が開かれている。投資信託でも投資対象の範囲（日本株か外国株、業種別、株式と債券）や運用方法（アクティブ運用、パッシブ運用等）を明確にし、どのようなものに投資するかは明らかにされ、この範囲で資金の使途は明確であり、好みのファンドを選択できる。ところが、日本の金融システムで中核を占める銀行や保険

では資金運用の実態は明らかでなく，それを預金者等がチェックできる仕組みはない。預金者あるいはより一般化して消費者の側からみれば，これまでは専ら限られた範囲の手段しかない貯蓄を奨励され，その貯蓄の運用はすべて金融機関にまかせきりであった。結果（元利金の返済）については「護送船団」の下で金融機関が保護されている限り，心配する必要はなかった。これは，余計な心配をしないですむ良いシステムと評価することができるかもしれないが，無責任なシステムでもある。この問題は金融機関のガバナンスの問題につながるが，株主の問題は別にして，預金者等も債権者であり，資金の使途に関与する方法が考えられてもおかしくない。金融機関の情報開示が進めば，資金の使途が明らかになり，それに応じて預金者等は金融機関を選択できるようになる。あるいは，銀行等が資金使途を明らかにして預金を集めるようになる。

　欧米における最近の動きの一つにエコファンドとかエコバンクといわれるものがある。同名のファンドが日本でも販売されているが，ここで問題にするのは特定のファンドの話でなく，その背後の考え方である。それは社会的投資とか社会的責任投資，あるいはモラル・インベストメント，倫理的投資などといわれるものである。この発端はアメリカのキリスト教徒で煙草や酒を否定する宗派の行動であった。彼らは銀行等に預けた自分のお金が酒造メーカーや煙草メーカーに融資されることを避けようとして，そのような融資や投資をしないところを選択した。あるいは預金等に際してそのような条件を付けた。さらに，南アフリカのアパルトヘイトに反対する運動が，南アフリカと取引している企業の株式を保有するファンドへの投資を拒否する運動を展開した。さらに，環境保護運動を進めているグループは，様々な基準で企業をスクリーニングして，いわば環境を大切にしている，あるいは環境に優しい企業にだけ投資する，あるいは環境を汚染する企業への投資を拒否する運動を展開するようになった。この選別に際してはいかなる基準で行うか等で難しい問題があるが，日本ではヴァルディーズ研究会の名称で研究しているグループが存在する。単純化すれば，自己の資金を投資するにあたって，社会的な目的を考慮してそれに相応しい投資を行うということである。視点は全く異なるが，最近 PFI（プ

ライベート・ファイナンシング・イニシアティブ）ということが民間活力の活用などということで話題となる機会が増えている。伝統的に，公共事業を行うに際して日本では税金を使うか，金融機関からの借入や公債の発行による資金を使ってきた。財源難からPFIが利用されようとしているにすぎないかもしれないが，PFIの背後にある考えを突き詰めれば，国民等に訴えて資金の集まる事業は展開されるが，そうでないものは行えなくなるはずである。この意味では，国民が公共事業を選択することが可能になる。まったく別な話であるが，ベンチャー・ビジネスとベンチャー・キャピタルが問題になることが増えている。証券取引所等によるそのために新たな市場開設の動きが強まっている。経済の活性化等のためにベンチャー・ビジネス支援等が強調されるが，このための資金の供与となると，多様なベンチャー・キャピタルの存在が不可欠となる。ベンチャー・ビジネスとは私の定義によれば，何をやっているかがよくわからない事業であり，せいぜいある目的のために新しい事業を行おうとしている企業のことである。そういう中から成功して新しい企業が生まれ，成長する可能性があるが，このような事業に資金を提供することは，その成功の確率からみて非常に難しい。銀行等のように他人の元本保証の資金（預金）をそれに投資することはリスクが大きすぎる。したがって，リスクの負担できる多数の投資家層とベンチャー・キャピタルを運営できる優れた経営者の存在が不可欠となる。

　社会的投資，PFI，ベンチャー・キャピタルのいずれにせよ，投資先が明確であるという点では共通である。この点では証券市場も同様である。とはいえ全ての人が証券市場を利用できるわけではないし，銀行，保険といった伝統的商品がすぐに消えるわけでもない。話は飛躍するが，ビッグ・バンの本国イギリスでは1986年に大改革が行われたが，10年以上が経過した現在では当時の想定された状況と全く異なった状況となっている。金融の世界の変化のスピードが激しいのであるが，この内容には立ち入らない。しかし，ひとつだけ指摘しておけば，イギリスでは1986年に初めて日本の証券取引法に相当する金融サービス法が制定され，その下で監督機関として証券投資委員会SIBが生まれた。

現在この金融サービス法は全面改定され，金融サービス・市場法として国会で審議中である。とはいえイギリスでは法律の制定以前から新法に合わせた改革が行われ，SIB は FSA（金融サービス機構）という機関に変わり，全ての銀行，保険，証券等の金融サービスが一元的に監督される体制となった。日本の金融監督庁も一元的管理をめざしているようだが，その点はともかく，今度のイギリスの新しい法律では，法律の目的を市場に対する信頼，消費者の理解の促進，消費者の保護，金融犯罪の減少の4つにおいている。消費者の金融サービスに対する理解の促進が法律の目的の一つであり，いいかえれば監督機関が金融サービスについて国民に教育・啓蒙活動を展開することが義務となっている。金融取引に際しては買い手の自己責任が強調され，同時に売り手側の説明責任も重くなっている。これらの点は当然であるが，買い手となる消費者の金融や金融商品に対する知識・理解のレベルで買い手に負わせられる責任の範囲は異なってくる。監督当局が金融知識の普及・啓蒙に当たるイギリスの仕組みはこの意味で興味深いものである。

　金融システムとか金融商品というと，複雑で大変難しい話のような印象を与え，実際にも契約書等では何が書いてあるのか一般には理解できないものが大半である。とはいえ，これからの金融システムにあっては，利用者がお金（貯蓄）の使い道を考え，その資金がいかに使われているのかを理解し，「監視」できるシステムでなければならないであろう。そのためには，利用者の知識や理解の向上とともに，金融機関が個性を発揮して貸出・投資の哲学・実態を明らかにする情報を提供し，様々な選択を可能にしなければならない。

　　［以上は，1999年11月の「専修大学社会科学研究所創立50周年記念公開シンポジウム」における筆者の報告をまとめたものである。］

第8章
社会保障制度改革の方向性

金子 勝

1．年金制度「改革」の混乱

「グローバリゼーション」に関連させながら，今進められている年金改革や介護保険等の問題を検討してみよう。

今日の社会保障制度の行き詰まりと改革の方法を考えるうえで，グローバリゼーションの動きが非常に大きなファクターとなっている。なによりもバブル破綻後に雇用状況が悪化している中で，グローバリゼーションを背景にした国際会計基準（とりわけキャッシュフロー計算書）の導入に伴って，短期有期契約雇用と呼ばれる非正規雇用の拡大傾向が続いている。オランダやイギリス，アジアでは韓国でも同じような動きがある。総じて貿易依存度の高い小さな国が労使慣行を壊してそうしたやり方を，突き進んでいる。韓国の失業率は回復傾向にあるが，その増えている雇用の多くがいわゆる非正規雇用という事態になっている。これから述べるように，日本も非常に類似した状況になってきている。そういう状況が進展してゆけば，現行の社会保障制度の持続可能性はなくなるだろう。

2．偽りの選択肢

現在，年金改革案について，2つの選択肢があるかのように論じられている。

1つは，言うまでもなく政府の「改革」案である。現在の年金制度はいわゆる，修正積み立て方式と言う変則的事態になっている。基礎年金を税で，二階

建ていわゆる報酬比例部分を積立でやっているという建前だが，現役世代の保険料を年金給付に回す「賦課方式」になっている。1986年度から基礎年金が導入されたのも国民年金の救済が目的で，事実上他の年金から国民年金に組み入れ，かつ税で補塡するというきわめて変則的な事態を生んだ。その後も，依然として積み立て方式の理念に固執しながら，保険料の引上げと年金給付の給付水準の切下げと給付年齢の引上げをずるずると行ってきた。とくに人口推計の誤りが表面化するたびに，そういう事態が繰り返されてきた。

　1999年末に提出された年金改革案も，基本的にこの路線に則ったものである。2025年までに厚生年金の報酬比例部分を含めて60－64歳までの「特別支給」制度を段階的に廃止して，支給開始年齢を65歳まで引き上げる一方で，国民年金保険料も月額2万3000円程度に引き上げる。加えて，給付水準を現行制度のまま伸びた場合と比べて5％切り下げる一方で，2019年の保険料水準を平均月収の26％程度まで引き上げていくという「福祉の削減」方向を追求している。

　それだけではない。現状の国民年金は，学生も含まれているので実質上，滞納者および未納者を合わせるとおよそ3分の1に達している。国民年金は徐々に空洞化が進んでいると言ってよいだろう。政府提案の方向では，おそらく現状の年金制度の信頼は取り戻せないであろう。

　第2の案は，財界及び経済戦略会議等の主張である。いわゆる消費税を財源とする基礎年金部分の「税」方式への切替えと，報酬比例部分（二階建て部分）を確定拠出型にするか，民営化するという案である。こうした案も，年金制度の信頼性を取り戻すことはできないだろう。

　そもそも，消費税をなぜ年金の目的税にするかという議論が十分なされていない。また1998年4月の消費税率引上げが消費不況のきっかけとなったことから，時々の経済情勢では消費税の引上げというのは適切ではないと判断されることもある。さらに大平内閣以来，細川内閣の「国民福祉税」構想に至るまで消費税導入あるいは税率引上げは常に政権の足を引っ張って来た。

　もし，政治的・経済的配慮で消費税を引き上げられないという事になれば，

一般財源から補填するという形となるが，これもまた第一の方式と同じように安定的な財源確保と呼ぶことはできない。もちろん報酬比例部分を民営化すると，二重払いという問題が発生するだけでなく，金融市場が非常に不安定化している状況の下では，むしろ年金制度に対する信頼性をゆるがしこそすれ，安定化させることはないだろう。

現在，401K という確定拠出型の企業年金への転換を進めようとしているが，厚生省は非常に奇妙な事に401K と第一の案とを抱き合わせにして押し進めようとしてきた。こうした「改革」も，雇用リストラを加速させ，公的年金制度の信頼性を損なうだけだろう。

パッチワーク的改革の結果，社会保障制度は根底から混乱し始めている。例えば，健康保険制度は実質的に世帯主義をとっている。ところが介護保険は個人主義，つまり主婦も払う形になっている。他方，年金制度は，国民年金も含めて主婦の基礎年金受給権の論理的な位置づけが非常に不明確なまま世帯主義でおこなっている。そのうえで401K を主婦に適用するということは，個人主義で年金を新しく接合していくことになってしまう。事実上，厚生省みずからが国民年金の空洞化をますます進めていくことになるだろう。

しかも，主婦に支給される401K はジェンダー視点から見て，公平かというとそうではない。年収130万円以下の人について80万円までの控除が与えられるが，これは夫の所得控除として付く。つまり，401K を主婦に適用する場合，夫に保険料を払ってもらって夫の所持控除の一部となる。このように世帯主義か個人主義かという問題ひとつをとっても，どういう家族を想定し，将来どういう社会的な扶養のあり方と，家族のあり方あるいは個人の生き方を前提とするのか，現状の社会保障制度はほとんど何のイメージもない。いわゆるパッチワーク，継ぎ接ぎだらけの「改革」に陥っており，事実上，社会保険制度改革は理念と体系性を失っているのである。

3．国際会計基準と社会的セーフティーネット

　グローバリゼーションに関連して言えば，実は国際会計基準（IAS）の導入が年金制度に深刻な問題を投げかけている。会計ビックバンに伴って，2001年の3月末の決算期に年金債務の財務諸表への情報開示事務が生じる。今までの会計原則でいくと，その年々に年金なり退職金に払った拠出部分だけが損金あるいは費用として計上される。2001年3月以降は，こうした基準が変更される。すなわち，抱えている従業員の将来までに及ぶ年金支払額を明示し，なおかつ企業年金基金の運用益を含めた利益を両方計上してその差を現在価値に換算し，会計上明示しなければならなくなってくる。ところが，団塊の世代が退職を控えており，年金債務はこれから膨らむ一方である。つまり終身雇用制度を前提にして年功賃金をとっていると，今の団塊の世代が加齢してくるほど，将来に払わなければいけない企業年金の債務は大きく膨らむ。

　他方で，バブル破綻以降，年金基金の運用益は非常に低下しているので，この赤字が一気に2001年で噴出してくることになる。財界はこういう事態を避けるために，アメリカの401K型の確定拠出型，運用益次第で事後的に年金給付が決まる確定拠出型の401Kという企業年金を導入しようとしている。なぜなら，絶えずどれだけ従業員を抱えていても401Kの企業年金というのは，事後的に運用益にしたがって給付することから，いつでも運用益と給付が見合っているわけで，年金債務を開示しても，いつもプラスマイナスゼロの状態にすることができるからだ。

　こうした問題の背景には，バブル末期に行われた年金基金の自主運用という動きがある。年金の自主運用を行って3％以上運用益を上げたら，その分を自分の年金基金の給付に反映することができるようになった。ところが，バブル崩壊以降，これが法定積立率以下に落ち込んでいるために，この部分も論理的には赤字として計上せざるをえなくなってゆくと考えられる。企業は，積立不足を埋めるために巨額の支出を強いられ，そのために雇用リストラを進めると

いう転倒した事態も起きている。こうした年金の「自由化」政策の失敗を，政府は現物拠出という「会計粉飾」でとりつくろうとしている。現物拠出とは，その企業が保有する株式を厚生年金基金の拠出と見なす措置である。

　修正積立方式を前提にした政府の「改革」では早晩破綻する危険性を抱えている。これまで，経済成長率を3％，法定積立率5.5％と想定しつつ，将来にわたる年金の試算が行われてきた。少なくともそういう数字には，まったく現実性がなくなっている。いくつかの年金基金は破綻し，中小企業を中心に厚生年金から脱出したり，未加入が増えてきている。

　こうした事態を受けて，財界では公的年金の二階建て部分を確定拠出型にするか民営化したいという要求が非常に強まっている。現在，この問題は政府と財界が互いに妥協で済ませているけれども，妥協で済まない事態になるのではないか。そういう意味では，グローバリズムが，我が国の社会的セーフティーネットの根幹にある，年金制度を大きく揺るがす危険性を持っているのである。

　さらに「会計ビッグバン」つまり国際会計基準の導入は，雇用リストラを促進する側面をもっている。とりわけ，2000年3月に導入された連結キャッシュフロー計算書のインパクトが大きい。すでに2000年9月末の中間決算において三菱重工のような大企業を筆頭に，連結キャッシュフロー計算書に基づいて会計処理を始めている。この間，日産の2万1000人，三菱自動車の1万人，さくら住友の1万人を筆頭に，発表されたすべてのリストラを合計すると50万人近くになるといわれている。おそらく下請け企業を含めれば，この数倍に及ぶだろう。たいへんなリストラ計画がここ数年以内に行われようとしている。

　キャッシュフロー計算書は，簡略化すると税引き後営業収益＋減価償却－設備投資－運転資本増加額で構成されている。この現金収支を毎年毎期黒字にしておく必要が出てくる。税引き後の営業利益を引き上げるのに一番簡単なのは，雇用の弾力化である。

　他方，現金収支を黒字化させるために法人税減税も強い要求として出てくることになると思われる。リストラか，法人税減税か，という不毛な選択肢にな

りかねない。さらに，短期的に収益が上げられないと設備投資もしばらく抑制気味にならざるをえない。これは宮本氏のご報告（第6章）にも関係するが，こういうアメリカ型のいわゆる短期収益追求型経営方式を追求していくと，非常に現金収支が悪化すれば，安易な雇用リストラが継続する可能性が十分考えうる。

もちろん，日本の経営者にはストックオクション制度があるわけではないから，アメリカのように恒常的なダウンサイジング（雇用リストラ）が起こるかどうか分からない。しかし，そういった圧力が絶えず加わることは疑いがない。実際，労働者派遣法や労働基準法の「改正」が相次いで行われ，短期雇用や非正規雇用にシフトしていくという動きがますます強まってきている。

こうした動向を受けて，労働市場はすでに分断化の様相を呈している。この分断化の傾向がしばらく続くと考えるならば，現行の年金制度のみならず，雇用保険，健康保険，介護保険を含めてすべての社会保障制度は成り立たなくなり，極めて厳しい試練に立たされてゆくだろう。

分断化は，3つの領域で生じている。1つは中高年の労働市場である。経済戦略会議は能力開発の必要性を力説しているけれども，例えば，1年間，英会話学校とコンピューター学校に行ったからといって，雇われるほど現実は甘くない。考えてみればわかるように，ある種の資格制度やキャリアを評価する制度が雇用のルールとして組み込まれていないかぎり，こうした能力開発は十分に機能しない。労働市場のワークルールをどうするかという問題を抜きにして，こういう断片的なセーフティーネットを設けようとしても意味はないだろう。経済戦略会議もセーフティーネットを言い始めたけれども，十分に意味を理解していない。

次に，重要なのが女性の労働市場である。女性の新規大学卒業者のかなりの部分が派遣労働に吸収されるようになった。派遣労働者の数は1997年時点で約90万人に及ぶ。特定の設計業務などでは，そうした動きは男性にもおよび始めている。こういう状況が一層進むならば，男女雇用機会均等法というのはますます空洞化するに違いない。

3番目は，就職を希望する新規高校卒業者の就職難である。とくに高校卒業者の就職内定率は年々低下してきている。1999年，東京の都立高校では就職希望する卒業生の半分がフリーターという衝撃的な報道もなされている。彼らは親の貯金に頼り，アルバイトをして生活している。大卒に関してもほぼ同じ傾向が出てきている。大学院進学者や公務員試験を受けたりする人も含むことから，就職未定者の数字をそのまま受け取れないが，1999年末で28万人に上っている。無業者（いわゆるフリーター）は2000年で150万人を越えている。
　こうした状況が10年続けば，若干の移動はあったとしても200万から300万の人たちが常にそういう労働市場に滞留することになる。
　やや大げさかもしれないが，こういった人たちはほとんど年金も払わない（払えない）し，健康保険も，雇用保険も支払わない状態になる。もちろん中高年層でリストラにあう人たちも払えなくなってくる。
　こうした状況を考慮すると，2025年の姿というのは，日本にとってきわめてグルーミーな状態になる。なぜならば，今の若年層は40歳近くになってフリーターや派遣を続けられない。その親たちは，今40代の後半から50代なので，25年立つと介護の対象になる人たちが続出してくる可能性がある。近い将来，現行の社会保障制度はもたなくなるだろう。

4．拠出税方式に基づく年金改革を

　その意味で，現在，体系的な社会保障政策の必要性に迫られている。改革の方向性としては次の点が重要である。
　1つは，雇用者および被雇用者自身にモラルハザードが起きないような制度改革をしなければならない。例えば，雇用保険に関しては，一人一保険証の制度を作らなければならない。短期雇用者にも雇用保険の支払いを義務づけると同時に，企業側には短期雇用者を雇った場合には，より多くの拠出金を負担させる。そうした長期雇用よりは短期雇用にペナルティーを与える処置が必要である。

2番目に，年金制度についても，個人のライフスタイルの選択に対して非中立的な現行制度を改革する必要がある。筆者は401Kの必要性はないと考えるが，代わって公的年金の中で自己決定が高められるような制度改革が必要だろう。

3番目には，今後，高齢化と財政赤字が進む状況の中で，社会保障財政が長期にサスティナビリティーを保つことのできる提案しなければいけないと考える。以上の点をふまえて，具体的な改革案について述べてみよう。

第1は，拠出税方式である。年金保険料をそのまま社会保障税に転換する必要がある。それによって，何が変わるのか。年金の制度分立問題という積年の問題を解決に向かうことが出来るということである。

現行の公的年金制度は，共済年金，厚生年金，国民年金，障害者年金を含めて約8から9の年金制度に分立している。とりわけ国民年金は定額保険料で，給付水準がきわめて低く，不利に扱われているので，自営業者，農業者に対しても平等に同じ年金に加入してもらう必要がある。これによってすべての人が単一の年金に加入することになる。そうなると自営業から農業に変わろうが，サラリーマンから自営業に変わろうが，ある企業からある企業に変わろうが，すべての人にとって，公的年金制度は職業移動に対して中立になる。

では，いわゆる九・六・四（クロヨン）問題によって，一見するとサラリーマンだけが不利になるのではないかと思われるかもしれない。しかし，たとえ自営業者や農業者が節税や脱税によって社会保障税を，6割あるいは4割しか納めなくても，出口のところで，つまり年金給付の次元で給付額が減るというペナルティーが与えられることになる。つまり拠出税方式だと，むしろ九・六・四問題についても改善できるというメリットが生ずる。

第2は，ヨーロッパのいくつかの国で採用されている経済成長スライド方式の導入である。この方式では，支払った社会保障税の総額を年金の支払いのベースにする。つぎに，支給年齢は，60歳以上で自由に選択できるが，平均余命から年金の支給開始年齢を引いた年数で割って1年あたりの支給額を出す。

そして，これを現役世代の一人あたりの所得上昇率にリンクさせる。つまり，成長率がアップすれば年金給付も増える，成長率が低下すれば年金給付も低下する，物価上昇があって現役世代が苦しめば老後の世代も一緒に苦しむ。喜びも痛みも分かち合う，いわゆる世代間連帯の社会化を一層進めていく提案である。

第3に，こうした所得比例年金による公的年金の一元化に伴って，低所得層や主婦に対してミニマム年金を設定する必要が生じる。このミニマム年金については，一般財源を投入する必要がある。これは本来的に所得再配分的要素を有しているので，今の所得税を総合課税化して，累進部分をこれに充てるべきである。もちろん消費税の投入もありうるが，あくまでも補完的なものにとどめるべきである。

第4は，女性の年金問題を解決するために二分二乗法を適用する必要がある。二分二乗法というのは，夫の年金と妻の年金を一旦足してから，二分して双方同じ年金額を受け取るという制度である。これによって，現行の女性の年金権問題をある程度解決することができる。現状では，主婦は年金保険料を全く支払っていないのに，基礎年金の受給権が発生するという矛盾を抱えている。すなわち，その主婦と関係ない単身者や働いている女性も彼女たちの年金を支払っているという，論理的にはおかしい事態になっている。

二分二乗法にすれば，夫の年金について半分を受給する権利を得ることができるので，家事従事者のアンペイドワーク（いわゆる不払い労働）も正当に評価することができる。さらに，いわゆる女性のM字型雇用のもとでの保険料掛け捨て問題も，たとえ短期間だけ納めた年金掛け金でも受給額に反映させることが可能となるだろう。

二号保険者の掛け捨て問題も解消される。離婚による不利な扱いに関しても，婚姻期間に応じて，夫の年金の半分をもらう権利を与えることで対応しうる。

移行期には，積立金を取り崩しながら高齢化のピーク時を乗り切り，将来的には税による完全な賦課方式になっていくという点が重要である。新年金と旧

年金は徐々に比率を入れ替えながら移行してゆく。つまり移行時に最初に新年金を受け取る者は，新年金から40分の1，旧年金から40分の39，次の世代は新年金から40分の2，旧年金から40分の38というように漸次的に移行していくという案が最も妥当だと思われる。

おそらく世界中で積立方式を維持しようとしている国は，日本を除いてはないだろう。現在，アメリカは社会保障税方式をとりながら若干積立てているけれども，これは団塊の世代を念頭に置いたもので，これが過ぎれば元の社会保障税方式に戻る。世界中で，日本だけが2025年に厚生年金と国民年金だけで400兆円も貯めこもうとしているのである。他の多くの国では，積立てている年金基金は給付額のごく数か月分程度であり，大胆な抜本的改革つまり思い切った拠出税方式への転換が必要である。

5．介護保険制度の早期見直しを

介護保険に関しても，現在のようにパッチワーク的改革を続けてゆけば，早晩破綻するだろう。まず何よりも，市町村単位の保険制度ということにそもそも無理があるという点を指摘しておかなければならない。

1938年に正式にできた市町村単位の国民健康保険制度は，いわゆる農村共同体を念頭に置いたもので，健全な兵士を農村から送り出すための制度であった。保険はそもそもリスクをシェアする制度で，シェアする団体が大きければ大きいほど機能が高くなる。市町村レベルで高齢化比率が3割も4割もあるようなところで保険を運営すること自体に無理がある。

こうした問題を「解決」するために，合併特例債や地方交付税を使って市町村合併を進めていくというようなやり方が，望ましいかどうか疑わしい。おそらく民間頼みの状況のまま施設不足で介護保険はスタートしたけれども，過疎地帯を中心にしておそらく民間参入がなされないので，介護保険制度を維持することは難しいだろう。市場に任せて，住めない所からはどんどん都市へ出てくれれば良い，こういう素朴な議論をする経済学者がよくいるが，農山村の実

態を全く踏まえていない。

　今後，日本は2005－2007年から人口が急激な減少に転じると言われている。WTO体制に従って，新農業基本法の下で中山間部の農山村に所得保証をしていっても，おそらく中山間部の農村を維持することは難しいだろう。日本の農業，とくに水田の場合には，水利を管理しなければいけないので，山間部から人口が流出してしまうと，村の存続自体が危うくなるからである。

　同様に，不良債権問題に関連して農協の合併がどんどん進んでいるが，どこまで持たせることができるのか。日本の食は，極めて危ない状態にある。その意味で，改革の方向性としては次の2つの方法しかない。

　1つは，日本の介護保険制度はドイツを学んだのであるから，ドイツのように健康保険も含めて全国で保険を一元化しつつ地方税を充実するという方向か，もう1つは，北欧とくにスウェーデンのように地方所得税を機軸にした税方式に転換するか，どちらかしかない。

　介護保険制度の導入には，健康保険財政の赤字問題が絡んでいる。とりわけ市町村単位の国民健康保険制度の赤字がひどく，これまでサラリーマンや公務員が加入する組合健保や共済組合から補填してきたが，もはや限界に達している。これは老人医療費問題と関わっており，老人保健制度や退職者医療制度がそれに当たる。しかし組合健保も急速に財政を悪化させて補填が限界に達する一方，国民健康保険財政の赤字がもたなくなっている。そこで新たに市町村単位の介護保険制度をつくり，病院を療養型病床群や老人保健施設に転換して，介護保険で支え，さらに新たに1割負担も保険料も徴収して，老人病院を維持するというのが実態だろう。これは，医師界の利益であって国民の利益ではない。

　老人医療の領域はさまざまな問題を抱えている。終末期の延命医療。多くの老人病院で行われている縛り付け医療。縛り付け医療をごまかすための薬漬け医療。こうした問題を解消するには，予防医療やリハビリテーションがきわめて重要な意味を持つ。残念ながら，予防医療は保険制度にはなじまない。保険は事後的に発生するリスクに対して給付を支払う制度だからだ。地方税の充実

が不可能である。

　他方で，特別養護老人ホーム，デイケアセンター，リハビリ施設などを含めた施設不足を早急に解消していかなければならない。そのためには，地方自治体が独自に小さな公共事業が出来るような分権化が必要である。それぞれの地域のニーズにあった形で，特養をはじめとするバリアフリーの施設を建設できるような分権化が必要である。

　さらにマンパワー不足と資格の濫造の問題もある。ケアマネジャーは，針灸あんま，薬剤師誰でも資格を取得できる。経験もなく十分なケアプランを立てることは不可能だろう。職業訓練は整備されておらず，何よりも賃金水準・労働水準が低い。

　なおかつケアプランを立てるケアマネジャーの民間委託も問題点が多い。例えば，ある障害者用ベッドメーカーが，ケアマネジャーを育成して自分のベッドを売り込むということが行われるうるし，老人病院がクライアントを抱え込むためにケアマネジャーの育成をしていると疑われても仕方がない。これでは，要介護認定の客観性を保つことはできず，当然ながら公正な行政を行いえない。さらに使用料の1割負担，あるいは保険料の負担も低所得者層を直撃する。介護認定に際しては家族の事情はほとんど反映されず，5年の経過処置で入っている人達がやがて押し出されてくることが予想される。

　介護の社会化という理念を取り戻すには現行の市町村単位の保険制度では無理だと考えられる。前述したように，保険は基本的に発生したリスクを事後的にカバーするもので，予防医療にはなじまない。将来目指すべきは，地方税を基盤にして一般的な財源補助で補いながら，介護体制を整えていくのが最も望ましい。その意味では，地方交付税制度を建て直すのが先決である。経過的には，介護目的税なり包括調整金を作り，中長期的にこれを地方税と地方交付税に統合してゆくのである。百歩譲ったとしても，介護保険はミニマムに絞って全国保険にして，あと大部分は地方税で地域が自立的に取り組めるようにする必要があるだろう。そのためには現行の所得税の基礎税率部分を，地方の住民税に移し替える改革が必要である。それと同額の補助金をカットしていくよう

な，税源移譲を含んだ本格的な地方分権が求められている。

6．政府体系の組み換え

　最後に，3つの福祉政府体系について述べて，終わりにしたい。福祉の拡充は必ずしも「大きな政府」を必要とするわけではなく，いわば福祉を拡充する「小さな政府」を実現するため，今の政府体系を3つの政府体系へと変革してゆく必要性を主張してきた。多くを触れることが出来ないのが残念だが，すでに日本の国と地方を合わせた借金は645兆円，GDPの1.3倍に達している。来年の予算も膨張気味であることを考えるならば，すでに財政赤字は，イタリア化していると言ってよいだろう。国際会計基準や金融ビックバンなどの「グローバルスタンダード」を追求していく限り，絶えず公共事業や住宅投資で支えざるを得ず，さらに財政赤字は増えてゆかざるをえないだろう。

　こういう状況の下では，中央政府は利払いをする債務管理機能と個人や地域に対するミニマム保障機能を中心とする以外にないだろう。そのうえで中央政府から，年金や健康保険を社会保障基金政府として独立させ，被保険者や年金基金の代表を参加させる。こうした社会保障基金の分権化が必要であると同時に，生活圏にかかわるリスク，つまり介護・教育・育児などについては，税源を移譲された地方政府を作る。こうした3つの福祉政府体系に再編してゆくことが必要である。

　医療保険に関しても，一元化した上で被保険者代表と医師代表が，少なくとも情報公開して話し合うという場が設けられるべきである。一元化した健康保険制度の下で，その傘下にある一つ一つの保険基金が，医師と病院を指定することができる権限を与えてゆく。つまり医師側の供給抑制をしない限り，今の保険財政を立て直すことは出来ない。消費者主権の立場に立つ主流経済学は，保険料を引上げて診療を抑制させるという需要側をチェックする論理しかない。これらは既得権益に全く手を触れない不充分な議論になっている。

　少なくとも医師と被保険者側双方が，対等な交渉者・契約者として交渉する

という枠組が構築されるべきである。こうした議論は極端な話ではなくて，フランスやドイツなどのヨーロッパ諸国でも行われていることで，当事者主義の考え方だと言ってよい。

　こうした分権化改革を前提にしたうえで，ミニマム年金と公的扶助など，様々な福祉給付水準を中央政府が体系的に整えながらミニマムを保障していくという改革も必要である。もはや「大きな政府」か「小さな政府」かという冷戦型二分法は有効性を失っている。あえて「小さな政府」を定義すれば，それは財政規模の多寡ではなく，個人の生の選択に介入せず，その選択を最大限保障する制度やルールを整えてゆく政府であろう。そこで前提とされているのは，コストとベネフィットで自己決定をするような矮小な人間観ではない。職業や居住地域や結婚やそういうライフスタイルを，自分たちの手で選ぶというような，本来的な意味の自己決定を取り戻すことが求められている。護送船団方式はもちろんのこと市場原理主義でもそれを実現することはできない。その実現のためには，自己決定権と社会的共同性の緊張関係ないし相補関係を不断に問い直してゆくしかない。自立と持続可能性の根拠を埋め込んだ制度やルールを共有することによって，人々の自己決定権を広げてゆく――そのような制度改革が求められている。

[参考文献]
拙著『セーフティーネットの政治経済学』ちくま新書，1999年
拙著『日本再生論』NHKブックス，2000年
神野直彦・金子勝編『「福祉政府」への提言』岩波書店，1999年
神野直彦・金子勝編『財政崩壊を食い止める』岩波書店，2000年

第9章
「政府の失敗」から「失敗しない政府」へ
―― 市場 vs 政府の二項対立図式を超えて ――

野口 旭

1. 変転する「日本的システム」への評価

　バブル崩壊後の日本経済は，歴史的にも例をみないほどの長期にわたる停滞を経験した。その中で，「日本的システム」に対する評価は，まさしく地に落ちたといってよい。

　その日本的な経済・経営システムとは何か。それは，政府と民間との関係については，いわゆる「護送船団方式」という言葉に象徴される「官僚主導・行政主導型」のシステムである。そして企業制度としては，「日本的経営」という言葉に集約される，長期雇用と年功序列を基軸とした経営システムである。この点に関しては，おそらく論者の間でそれほど大きな相違はないであろう。

　かつて日米貿易摩擦が華やかなりし頃は，アメリカのメディアに登場しては日本の脅威を訴えるリビジョニスト（修正主義者）の多くは，日本経済の「強さ」の根源を，まさしくこの日本的経済・経営システムの中に見出していた。実際この当時は，「トヨティズム」という言葉に代表される日本的経営管理システムや，官民協調の象徴のように考えられていた日本の産業政策などについての関心は，アメリカの有識者の間でも，親日派，反日派を問わずきわめて強かった。

　日本国内でも，日本的システムに対する評価は，バブルの進展に歩調を合わせるかのように舞い上がった。一世を風靡したエズラ・ヴォーゲルの『ジャパン・アズ・ナンバーワン』（TBSブリタニカ）が出版されたのは，1979年である。多くの日本人は当初，その表題に自尊心をくすぐられながらも，そのよ

な言われ方にはまったく半信半疑であった。というのは，当時（70年代末）ですら日本の社会科学に支配的な影響力を及ぼしていた講座派的思考様式の中では，「日本的なるもの」は，欧米に対する「遅れ」や「歪み」以外のものではあり得なかったからである。

しかし，こうした思考の伝統がぼろ雑巾のようにうち捨てられ，逆にヴォーゲル的議論の二番煎じのような日本礼賛論が国内で氾濫するようになるのには，そう時間はかからなかった。それは，80年代を通じてますます勢いを増し，バブルの頂点の1990年には『資本主義を超えた日本』（榊原英資著，東洋経済新報社）なる表題の書さえ現れた。まさに，「もはや欧米に学ぶものなし」の時代だったのである。

しかし，バブル崩壊後の日本経済の長期停滞は，この日本的システムに対する評価を再び一変させた。というのは，多くの人々は，日本経済の低迷の原因は，まさしくこの日本的システムそのものの中にあるのではないかと考え始めたからである。この「日本的システムは欧米へのキャッチアップには強さを発揮したが，新しい時代への適応に失敗したために，現在ではむしろ足かせとなっている」という考え方は，典型的には野口悠紀雄『1940年体制』（1995年，東洋経済新報社）によって提示されている。それは，その後に勢いを増す構造改革主義の基本的モチーフとなった。

問題は，このような認識に基づいて，停滞する日本経済の活性化を目的としたさまざまな構造改革（市場開放，規制緩和，行政改革等々）が，90年代を通じて実現されていったにもかかわらず，日本経済は復活どころかますます混迷の度合いを深めていったことである。それは具体的には，橋本龍太郎内閣時の「金融ビッグバン」と「財政構造改革」という二つの構造改革的政策の経済的帰結として現れた。それらは結果的に，財政デフレによる総需要低下と，金融護送船団の崩壊による金融システム不安をもたらした。そして，この両者が増幅しあって，日本経済を戦後最悪とも言えるほどの景気悪化へと導いた。1998年には，日本の実質GDP成長率は大幅なマイナスを記録した。「デフレ・スパイラルの危機」や「日本発の世界恐慌」という言葉が盛んに喧伝されたの

は，まさにこの頃である。

　こうした状況の中で，人々の意識は再び変転する。すなわち今度は，上のような市場志向的な構造改革こそが，かくも大きな経済危機を日本経済にもたらした元凶ではないのかという見方が強まってくるのである。構造改革主義に対しては，この頃から「市場原理主義」という新しいレッテル（＝蔑称）が与えられることになった。そして，「市場原理主義に基づく構造改革とは，グローバル・スタンダードという名のアメリカン・スタンダードへの屈服にすぎない」といったような主張が論壇などで盛んに流布されるようになる。こうした「反グローバリズム」の潮流は，90年代後半に「一人勝ち」と呼ばれるほどの繁栄を謳歌し，そのことゆえにグローバリズムの発信源と見なされたアメリカへの反感とも相まって，現在も一向に衰える気配をみせてはいない。

2．不毛な二項対立的構図

　今回のシンポジウムの共通テーマは，「グローバリゼーションと日本——岐路に立つ日本的システム」である。このテーマの背後にある企画側の意図とは，おそらく以下のようなものであろう——現在の日本の政治経済システムは，グローバリゼーションの進行の中で変容を迫られている。それは日本にとって本当に望ましいことなのか，あるいはそうではないのか——。

　確かに，上述のような問題状況を踏まえてみれば，この問いが現在の日本にとってきわめて切実な意味を持っていることは間違いない。しかし，筆者はまず最初に，その問いがはらむ問題点に注意を向けておきたい。それは，このような形で問題を立てた場合，論議の性格はどうしても「グローバリゼーションの受容か，あるいは日本的システムの擁護か」という二項対立的図式の中に押し込められがちになるという点である。そのような制約は，論争の実り多い進展に対する障害となる。

　ところで，本稿での筆者の役割は，この共通テーマのもとで報告された3人の論者の論考（宮本光晴「日本の経営者資本主義の行方」，小林襄治「金融シ

ステムの行方」，金子勝「社会保障制度改革の方向性」）に論評を加えることである。筆者の見るところ，この三つの論考のそれぞれは，現在まさに進行しつつある「グローバリゼーションのもとでの日本的システムの変容」の主要な側面について論じており，それに本質的な考察を加えている。

　宮本氏は，今後成立するであろうグローバルな資本主義を，「市場原理資本主義」と名付けている。宮本論文は，これまで日本的経済・経営システムの構造を，企業と市場と所有権を頂点とする三角形によって特徴付けられる類型モデルを用いて解き明かしつつ，氏の言うこの市場原理資本主義の性格についての有益な洞察を与えている。

　戦後の日本的経済システムの根幹の一つは，金融システムにおける「護送船団方式」であった。90年代の日本経済の混乱の源が，その「金融護送船団方式」の崩壊（あるいは不十分な崩壊）にあったことは言うまでもない。小林襄治論文は，その経緯について目配りのきいた概観を与えた上で，日本の金融システムの今後を展望している。

　今後の日本の経済社会が直面する最大の懸案の一つは，社会保障制度の維持可能性である。それは，現状のままでは破綻が確実であり，その意味で否応なしに変容を迫られることになる。金子論文は，日本の社会保障制度のあり方について，問題の所在を明確化した上で，政府周辺で提起されている方向性とは異なる独自の改革案を提示している。

　この三つの論考のどれもが，「グローバリゼーションか日本的システムか」といったような不毛な二項対立とは縁遠いところにあり，具体的な問題に真摯にアプローチするというスタイルのものであったことは，討論者である筆者にとっては幸いなことであった。というのは，筆者は常々，われわれ自身の社会をどう評価し，それをどう変えていくべきかということを考えるときに，こうしたタイプの図式的発想ほど有害なものはないと考えてきたからである。

　もちろんこう述べたからといって，それは筆者が個々の主張や提案において各論者と考えを同じくすることを意味しない。後述のように，グローバル市場なるものの意味あい一つをとっても，例えば筆者と宮本氏との間には大きな認

識の相違がある。しかしそれは，ありがちな「市場主義 vs 反市場主義」といったような対立ではなかったことは重要である。——市場は現代社会において，かけがえのない機能を果たしている。それにもかかわらず，市場には大きな欠陥がある——このことに関しては，おそらく筆者と宮本氏の間で認識の相違はまったくない。

3．政府はなぜ必要か

　宮本論文の究極的な問題提起とは，「市場原理資本主義は自らをガバナンスできるのか」というところにある。この「市場原理資本主義」とは，グローバル市場（宮本モデルのM）を起点とする資本主義のことである。まずは，これが自律的あるいは安定的なシステムとして成立可能なのか否かが考察される。

　宮本論文はその問いに対して，もちろん否定的な回答を与えている。その理由は，国際金融市場におけるグローバルキャピタルの攪乱が示すように，市場の自己調整機能などというのはそもそも幻想にすぎないからである。したがって，市場原理資本主義はそれ自身のみでは決して自律的たり得ない。

　そうであるとすれば，その市場原理資本主義をガバナンスするものは何なのか。それは，「政府」以外にはあり得ない。したがって，市場原理資本主義には，セーフティネットを構築し，情報技術社会のための基盤を整備し，さらには国際金融市場を安定化させるための「大きな政府」が必要不可欠となる——これが，宮本論文の結論である。

　上で言及したように，グローバル市場や国際金融市場においてグローバルキャピタルが果たしてきた役割等々については，筆者は宮本氏の見方にかなりの異論がある。しかし，市場原理はそれのみでは自律的たり得ず，必ず政府の補完を必要とするという点については，筆者は宮本氏と見解をまったく等しくしている。

　それでは，市場経済はなぜ政府を必要とするのだろうか。ここではまず，そ

れについての筆者自身の考えを，宮本氏のモデルに即して説明しておく。

政府はまず，市場それ自体（宮本モデルのM）に介入しなければならない。それは，宮本氏も強調しているように，市場とりわけ金融市場は，しばしばきわめて不安定だからである。

市場が必ずしも教科書が想定するようなスムーズな調整機能を果たさないのは，「市場の失敗」が生じるからである。それは，金融市場においては特に顕著である。金融市場における資金貸借とは，現在と不確実な将来を通じて結ばれる契約であり，その意味でさまざまなリスクが不可避である。しかし，そのリスクの実状に関しては，貸し手と借り手の間にはしばしば「情報の非対称性」が存在する。それは，金融市場特有のパニック現象のまさに温床である。だからこそ金融市場に関しては，歴史的にも各種の規制やセーフティネット（「最後の貸し手」としての中央銀行や預金保険制度等々）が張り巡らされてきたのである。

市場の失敗の例は，他にも数多く存在する。独占や寡占の形成による競争の阻害は，最も古典的である。環境問題や都市問題は，外部性の存在により生じる市場の失敗である。政府はそれに対して，各種の規制を設けることによって，あるいはさまざまな介入的調整を行うことによって，市場の機能が歪められないようにしなければならない。

さらに言えば，非自発的失業を伴うような経済の循環的変動，すなわち景気変動それ自体も，生産要素や財貨サービスの価格が硬直的であるために生じる市場の失敗である。マクロ安定化政策（すなわち反循環的な財政・金融政策）によって景気の平準化＝雇用の安定化に努めるのが政府の重要な役割であるということは，少なくともケインズ以降は常識的な考え方となっている。

政府は次に，私有財産（宮本モデルのP）に介入しなければならない。というのは，市場経済は時には，倫理的に許容しがたい所得分配の不平等を生み出すからである。それを合法的な形で是正する強制力を持つ主体は，政府以外にはない。それが，税制を通じた政府の所得再分配政策である。

ただし，所得分配の不平等それ自体は，必ずしも市場の失敗ではないことに

注意しなければならない。むしろ，個々の労働能力の生産への貢献度（すなわち労働の限界生産性）が異なる限り，報酬がそれに応じて異なるのは，市場の効率性の観点からは当然ともいえる。したがって，所得分配の不平等がどの程度許容されるのか，あるいはどの程度の所得分配の平等が望ましいのかは，あくまでもその社会の価値判断の問題である。つまり，所得分配の不平等は，市場の失敗ではないとはいえ，市場では解決できないという意味での「市場の限界」と考えられる。

政府はさらに，産業ないし企業（宮本モデルのE）に介入しなければならない。ただし，ここでの政府介入とは，いわゆる「産業政策」的な介入を意味するわけではない。むしろ重要なのは，産業基盤も含めた「公共財の供給」という意味での介入である。

日本経済の成長性が欧米諸国を凌駕しているように見えた80年代には，産業に対する日本の政府の独特なかかわり方が世界の関心を集めていた。それが，通産省の「産業政策」である。実際には，80年代にはすでに，通産省は旧来的な産業政策のやり方をほとんど放棄していた。それにもかかわらず，これが世界的な関心の的になったのは，1982年に出版されたチャーマース・ジョンソンの *MITI and the Japanese Miracle: The Growth of Industrial Policy 1925-75*（邦訳『通産省と日本の奇跡』TBSブリタニカ）の強い影響力のためである。そこで提示された考え方のいくつかは，「日本の奇跡」の秘密を解き明かすものとして幅広く受け入れられた。

確かに通産省は，少なくとも60年代までは，特定の産業（典型的には重化学工業）の選別的優遇政策を実行していた。それが産業政策である。しかし，こうした政策のすべてが，必ずしもその本来の意図通りの効果を発揮したわけではない。実際，この通産省の産業政策に対しては，経済学者の一部は当時からきわめて厳しい批判を展開していた[1]。彼らは，そのような特定産業の選別的優遇政策は経済学的な根拠がきわめて薄弱であり，利益よりもむしろ弊害をもたらすと考えていたからである。要するに，「日本の経済的奇跡は通産省の産業政策の成功によるもの」という，海外のみならず国内においてさえ根強い見方

は，多分に神話に近いのである。

　もちろん，たとえかつての通産省的な「産業政策」の意義が否定されたとしても，産業に対する政府介入の意義それ自体が否定されるわけではない。例えば，「産業基盤整備」は，現在においてさえ政府の重要な役割の一つである。産業基盤の多くは，「公共財」としての性格を強く持っているため，市場にまかせてしまうとフリーライダーが発生して過小供給が生じる。つまり，公共財の供給を単に私的企業にゆだねた場合には，市場の失敗が生じる可能性がある。したがって，政府が国民から税金を徴収し，産業インフラを含めた公共財を供給することは，経済学的にはきわめて理にかなっているのである。

　宮本氏はその論考の結論部分において，情報技術を中心とした第3次産業革命の進行は，「産業基盤の形成が政府の役割であることを再度確認させるのだ」と述べている。筆者は，このような意味での政府の役割を，宮本氏のように「産業政策」と名付けることには異論がある。しかし，この宮本氏の認識それ自体にはまったく異論はない。

　おそらく今後の社会にとって最も重要な「産業基盤」とは，知識や情報それ自体である。そして，実はこの知識や情報こそ，無限に複製可能であるという点で，非競合性と非排除性という公共財の性質を最も強く備えた資源なのである。したがって，この知識や情報へのアクセスの拡大に関しては，政府（ないしは非市場的セクター）はこれまで以上に大きな役割を果たす必要があるといえる。

4．90年代の国際金融市場の混乱はなぜ生じたか

　以上のように，経済社会がある程度まで安定的な形で持続可能であるためには，市場が政府によって補完される必要がある。この点については，おそらく筆者と宮本氏の認識はまったく同じである。筆者と宮本氏との間の最大の相違は，現実に生じているさまざまな現象の解釈にある。宮本氏は明らかに，90年代に日本や世界を襲った経済混乱は，まさしく市場原理資本主義の持つ本来的

第9章 「政府の失敗」から「失敗しない政府」へ　175

な不安定性の現れにほかならないと考えている。しかし筆者は，それらの経済混乱の大部分は，グローバル市場の欠陥それ自体によるというよりも，政府による不適切な対応によって引き起こされたものであると考えている。つまり，市場の失敗なのではなく，「政府の失敗」なのである。

　宮本氏は90年代の状況を，「この10年来のグローバル資本主義の現実は，国際金融市場の攪乱あるいはグローバルキャピタルの攪乱のことであり，その金融危機はグローバルに拡散し，すべての国の資本主義システムを襲うことになる」と捉えている。宮本氏によれば，「これが市場原理の資本主義あるいはグローバル資本主義の現実」である。

　宮本氏のこの描写は，90年代に世界的に頻発した通貨危機を念頭においたものであると思われる。確かに，90年代の通貨危機は，新興工業国政府がそれまで受け入れてきた政策戦略体系の矛盾を，完膚無きまでに露呈させた。しかしそれは，「グローバル資本主義の危機」を喧伝する論者たちが盛んに論じているような，「新古典派経済学的な推論の誤り」を示すものではまったくなかった。むしろその逆であり，この通貨危機とは，新興工業国政府が受け入れてきた経験主義的政策体系が，経済学の基本的な論理を無視していたことから生じていたのである。

　ここで，「経済学の論理を無視していた」といっても，それは，「アジア危機は市場経済がアジア的縁故主義によって歪められたために生じた」などといった，クローニー・キャピタリズム（縁故資本主義）論の信奉者が言うようなことを念頭においているのではない。アメリカのジャーナリズムは，しばしば「新興市場の通貨危機は，その国の金融市場が不透明であるがゆえに生じた」などと論じているが，経済学的根拠のない単なる思い込みにすぎない。90年代の通貨危機は，いかにも金融システムに問題がありそうな新興国だけではなく，最も先進的な金融市場を持つイギリスをも襲っているのである（1992年9月の欧州通貨危機）。

　筆者が問題と考えているのは，アジア各国政府が「市場化を十分に受け入れなかったこと」ではなく，「経済学的に誤った市場化戦略を受け入れてしまっ

た」ことである。その誤った市場化戦略とは，俗に「ワシントン・コンセンサス」と呼ばれているものである。それは，「発展途上国は，変動相場制ではなく，ドルペッグのような固定相場制を採用した上で，資本移動を自由化させることが望ましい。固定相場制の場合には為替リスクが存在しないから，海外からの資本流入が促進されて，国内投資が拡大する。それによって，資本の不足に悩みがちな発展途上国の経済成長はより速まる」といった考え方である。

　このワシントン・コンセンサスについては，それを新古典派経済学理論から導き出された政策的処方箋であると理解する向きが多い。しかし，そのような理解は，「資本自由化すなわち新古典派」という短絡的発想に基づく単なる誤解である。ワシントン・コンセンサスは，せいぜいのところ俗流の新古典派的処方箋にすぎない。というのはそれは，ごく初歩的な国際マクロ経済学の教科書でさえ説明されている，通貨レジーム選択に関する基本原理を無視しているからである。その基本原理とは，「一国は為替の安定と自律した金融政策と自由な資本移動の三つを同時には達成できない」というものである。この関係は，しばしば不整合な三角形（irreconcilable trinity）と呼ばれる。

　この不整合な三角形から，ただちに「為替を固定化すると同時に資本移動を自由化することは，自律的な金融政策の放棄を意味する」ということが言える。つまり，ワシントン・コンセンサスを受け入れるということは，まさしく国内経済状況に適した金融政策の遂行が不可能になるということである。

　なぜそうなのかを知るためには，「固定相場制と自由な資本移動のもとで金融政策を裁量的に動かすとどうなるのか」を考えてみればよい。例えば，その状況のもとで金融緩和政策を実行したとしよう。金融緩和の結果，国内利子率が国際利子率よりも相対的に低下すれば，資本の流入は減少し，流出は増大する。その結果，為替市場には，常に自国通貨を引き下げる力が働く。その場合に自国通貨の固定レートを維持するためには，絶えず政策当局が為替市場に介入して自国通貨を買い支えなければならない。しかし，外貨準備の量は有限だから，それは長期的には維持可能ではない。したがって結局は，金融緩和を放棄して元の引き締めスタンスに戻すしかない。あるいはそうでなければ，「資

第9章 「政府の失敗」から「失敗しない政府」へ　177

本移動を規制して自国通貨の減価圧力を人為的に減少させるか，自国通貨の買い支えを放棄して変動相場制に移行するか」のどちらかを選択するしかないのである。

　実は，この三角形がまさに不整合であることをまざまざと明らかにしたのが，1997年のアジア通貨危機であり，1992年の欧州通貨危機だったのである。最も基本的かつ重要なのは，このような通貨危機は，すべて固定相場制を採用している国でのみ生じていたという事実である。すなわち，アジア各国はドルペッグ制を，EU諸国は欧州通貨制度（EMS）という域内固定制を採用していた。したがって，それらの国々が自由な資本移動を維持しつつ適切な金融政策を実行しようとする限り，やがて大きな困難に直面することは明白だったのである。

　結局，通貨危機に見舞われたアジア各国は，香港とマレーシアを例外として，すべて変動相場制に移行することになった。EUのいくつかの国は，欧州通貨危機によってEMSからの離脱（＝変動制への移行）を余儀なくされた。しかしEU全体としては，通貨危機の究極的な防止策である，単一通貨ユーロの創出による通貨統合を選択した。つまり，「三角形の不整合」は解消されたのである。これは，グローバルな資金移動がいかに拡大したとしても，90年代に頻発したような通貨危機は今後は起こり得ないということを意味する。ただし，固定相場制を未だ維持している香港，マレーシア，アルゼンチンなどのいくつかの国は，その数少ない例外である[4]。

　アジアについて言えば，通貨危機の大きな原因が，ワシントン・コンセンサスの影響下で90年代前半に押し進められた資本移動の自由化にあったことは確かである。しかし，問題は資本移動の自由化そのものではなく，固定相場制を維持したままでそれを行ったというところにあったのである。今から思えば，そのことがはらむ危険性が看過され続けたのは，非常に不思議である。資本移動が自由化されるのならば，多くの先進国と同様に，為替相場の変動は是が非でも許容されねばならなかった。アジア通貨危機は，この「固定相場制のもとでの資本移動自由化」という誤ったレジーム選択，すなわち「政府の失敗」さ

えなければ，決して生じなかったのである。

5．日本の金融システム不安はなぜ生じたか

アジア通貨危機が生じた1997年は，日本経済が未曾有の経済危機に突入しようとしていた時期でもあった。その頂点は，97年11月に発生した金融機関の連続倒産（三洋証券，北海道拓殖銀行，山一証券，徳陽シティ銀行）であり，その結果としての金融システム不安であった。その状況は，小林襄治論文で概観されている通りである。

日本国内ではこのころから，マスメディアなどで「ヘッジ・ファンドによる日本売り」などが取りざたされ，「グローバリズムに席巻されるアジア」などといった言い方が広まった。小塩隆士『市場の声』（中公新書，1999年）によれば，実際にはこの時には，外国人投資家の日本株の売り越しなどは生じていなかったという。それにもかかわらず，国内では，魔女狩りじみた被害妄想が拡大していったのである。そしてその論調は，石原慎太郎『宣戦布告「NO」と言える日本経済』（光文社，1998年）や吉川元忠『マネー敗戦』（文春新書，1998年）に代表される「アメリカ陰謀論」の大ブームへと発展していく。

実際のところは，日本の経済危機がアメリカの陰謀なるものとは無関係であることはいうまでもない。多少微妙な点があるとすれば，それは危機の最中に進行しつつあった「金融ビッグバン」であろう。確かにその背景の一つには，長年にわたるアメリカの外圧があった。とはいえ，金融の護送船団方式が当時すでに持続不可能になっていたことを考えれば，金融システムの制度改革はいずれにせよ不可避であった。よく言われる「グローバル・スタンダードという名のアメリカン・スタンダードへの屈服」といったような批判は，内なる腐朽から目を背けるものでしかないのである。

問題は，外圧云々というよりも，この金融システム改革が，本来行われるべき時期に行われていなかったというところにある。アメリカやイギリス等の事例を念頭に考えても，日本でも遅くとも80年代中には金融ビッグバンが実行さ

れてしかるべきであった。その頃なら，日本の金融機関も十分に体力があり，制度変更の痛みにも耐えられただろうからである。

しかし結果としては，日本の金融制度改革は，不良債権処理と同時並行という，最悪のタイミングでの実行を余儀なくされた。それは，バブル後の資産デフレに苦しむ日本経済のデフレ的傾向をより一層強めるように作用した。政策責任者の一人であった西村吉正・大蔵省元銀行局長が振り返るように（『金融行政の敗因』文春新書，1999年，はじめに），それらはすべて課題の「先送り」の結果であった。つまり，結局はこれも「政府の失敗」だったのである。

小林襄治論文が整理しているように，日本の金融システムの基本は，銀行と証券，銀行と信託，銀行と保険という形で業務を細かく区分する分業主義あるいは専門金融機関主義であった。そこでは，業務区分ごとにそれぞれの縄張りが明確に規定され，新規参入は厳しく制限されていたから，経営効率を改善するというインセンティブはほとんど働かなかった。小林氏の表現によれば，「自由主義とか競争が重視される資本主義社会で新規参入が認められないというのは実に社会主義的なシステム」だったのである。新規参入が認められない限り，金融機関は容易に独占レントを取得できるから，経営は当然「楽」になる。その意味では，日本の金融護送船団方式は，単に非効率なシステムというだけでなく，既得権益を制度的に保証する不公正なシステムでもあった。それらがすべて，「金融システムの安定性維持」や「信用秩序の維持」の美名のもとに護られてきたのである。そこには，システムの維持の問題を個々の金融機関の保護に短絡させる巧妙なすりかえがあった。

つまり，金融護送船団方式を安楽死させる必要があったのは，80年代にはもはや明白だったのである。しかし，バブルという偽りの繁栄によって，それは先送りされた。そもそも，バブル期の過剰融資それ自体が，「護送船団方式の枠組みの中での金融自由化」という不徹底な制度変更によって生み出されたモラルハザード的現象であった。護送船団が健在である限り破綻の可能性は考えなくてもよいのだから，金融自由化が進めばリスキーな融資が増大するのは当然である。その点からも，金融ビッグバンはやはり80年代に行われる必要が

あった。それを行わなかったツケを一気に支払わせられたのが，「日本の失われた10年」すなわち90年代だったのである。

6．日本はなぜ90年代を失ったのか

　以上に概観したような金融環境の不健全性は，日本が90年代を失った原因のうちの重要な一つである。しかしそれは，せいぜいその一つであるにすぎない。というのは，日本経済が90年代に停滞した最大の理由は，基本的にはデフレ・ギャップが解消されなかったためだからである。金融システム上のもろもろの問題は，デフレをもたらした要因の一つではあるが，必ずしもその主因ではない。

　96年前後の一時的回復期を除き，日本の失業率は90年代を通じて一貫して上昇し続け，インフレ率は下落し続けた。そして，日本の経済成長率はその潜在成長率よりもはるかに低い水準に甘んじ続けた。これらはすべて，日本経済にデフレ・ギャップというマクロ的不均衡が存在したことを示している。

　ケインズ以来の伝統的考え方によれば，政府・政策当局は，このように経済にデフレ・ギャップが存在する時には，マクロ安定化政策，すなわち財政拡張，金融緩和，あるいはその両方を実行して，そのギャップを解消させるように努めなければならない。しかし現実には，日本経済のデフレ・ギャップは90年代を通じて居座り続けたのである。このことは，日本の90年代のマクロ経済政策が不十分あるいは不適切であったことを示唆している。問題は，そのどこが不十分，不適切だったかである。

　まずは，財政政策についてである。日本は，バブル崩壊後の不況過程において，ほぼ一貫して財政拡張政策を続けてきた。その結果として，600兆円とか700兆円と言われる膨大な政府債務を抱えるにいたった。それにもかかわらず，日本経済は未だに自律的な景気回復にはいたっていない。このように，財政赤字拡大にもかかわらず一向に景気回復のきざしが見られないことに，多くの国民は不安と焦燥を感じている。そしてマスメディアは，「財政破綻」を喧

伝して人々の危機感を煽っている。

　確かに現在，日本の財政はかつてなく悪化している。それは，日本経済が97年後半から，「デフレ・スパイラルの危機」と呼ばれるほどの厳しい経済危機に陥ったことが原因である。景気が悪化すればするほど，税収は減少し，財政赤字は増大する。日本の財政が極度に悪化したのは1998年以降のことであるが，それは，日本の景気後退がそれだけ厳しかったことを示している。そして，その景気後退の発端は，すでに悪化していた財政を立て直すべく実行された，橋本龍太郎内閣の財政再建政策であった。

　96年から明確になりつつあった景気回復を背景として，橋本内閣は97年度に財政赤字削減に着手し始めた。具体的には，97年度予算において，9兆円の国民負担増（消費税増税5兆円，特別減税停止2兆円，医療保険改革による負担増2兆円）と3兆円の公共投資削減が計画され，実行された。その結果，中央政府と地方政府を合計した政府収支は，96年度の33兆3700億円の赤字から，97年度の29兆9200億円の赤字へと，3兆4500億円ほど改善した。

　しかし，その代償は大きかった。結局その財政引き締めは，景気後退を決定的に後押しする結果となった。そして，財政赤字はそれ以前にも増して膨張した。つまり，橋本内閣の財政再建政策は，結果としては財政再建どころか空前の財政悪化をもたらしたのである。それは，財政再建の功を焦るあまり景況を見誤るという，明らかな政策ミスであった。

　橋本内閣の財政政策での失政は，96年からの景気回復を頓挫させ，現在にまでいたる不況の発端となったという点では，きわめて重大である。しかし，「なぜ90年代全体を通じてデフレと失業が永続したのか」という問題に対しては，実は財政政策よりも金融政策の方が政策責任ははるかに大きい。

　端的に言えば，バブル期以降の日本経済の混乱の最大の原因は，マクロ経済を安定化させるのではなくむしろ不安定化させることに寄与した，きわめて稚拙な金融政策運営である。

　日本の失われた10年の前提条件が，80年代末のバブルであったことは言うまでもない。日本経済は，そのバブルの後遺症ともいえる不良債権の重みに，未

だに足を引きずられている。そして，そのバブルは何が生み出したのかと言えば，それは85年のプラザ合意を契機とする「円高恐怖症」を背景として行われた超金融緩和政策であった。

　この金融緩和の背景には，プラザ合意やルーブル合意といった「国際政策協調」の枠組みがあったことはよく知られている。そのことは，吉川元忠『マネー敗戦』のような「バブル＝アメリカ陰謀説」にもっともらしい拠り所を提供している。もちろん，この陰謀といったような考えは，実証性のない被害妄想的な思いつきにすぎない。とはいえ，この国際政策協調の制約が，日本の金融政策運営を大きく歪めたことそれ自体は，疑いようのない事実である。

　この時期の日本の金融政策の最大の問題点は，円高を過度に意識するあまり，常に緩和的スタンスに傾きがちだったというところにある。特に，87年2月から89年5月まで2年以上にわたって続けられた，公定歩合2.5%という「史上最低金利」政策は，すでに兆候を見せていた資産インフレの火に油を注ぐ結果になった。この時にはすでにマネーサプライは急膨張していたから，金融緩和が行き過ぎていたことは明白であった。この点については，当時の日銀首脳の多くが，政策ミスであったことを明示的に認めている[5]。

　しかし，90年代が失われた原因を考える場合には，このバブル以前よりもむしろそれ以降の金融政策の方が問題になる。結論的に言えば，日本の90年代の金融政策は，「バブル恐怖症」に支配されたために，常に引き締めスタンスに傾きがちとなり，結果として日本経済をデフレの泥沼に突き落とすことになった。つまり，日銀は80年代とまったく同じ過ちを，今度は逆の形で犯していたことになる。まさに失敗の上に失敗を重ねていたわけであり，ポール・クルーグマンの言い方を借りれば（『日本経済新聞』1997年2月4日），日銀は「車で人を轢いてしまった失敗を取り戻すためにバックしてもう一度轢く」ようなことをしていたのである。

　その最初の躓きの石は，90年代はじめに実行された，「バブル潰し」を目的とした急激な金融引き締め政策にあった。当時の三重野康・日銀総裁が「平成の鬼平」などともてはやされたのは，この頃である。しかし，このように金融

政策を資産価格引き下げに割り当てる試みがいかに危険であるのかが判明するのには，それほど時間はかからなかった。マネーサプライはジェットコースターのように急落し，恐るべき資産デフレが始まった。それは，その後の長きにわたる「バランスシート不況」の始まりを告げるものであった。

　しかし，日銀の「バブル恐怖症」はきわめて重症であった。おそらく日銀は，バブル後の不況の中でさえ，景気後退よりもむしろバブルの再発を恐れていたのである。例えば，日銀は驚くべきことに，不況の最中の94年に短期金利の引き上げを実行していた。それは，94年末から95年にかけて進展する「超円高」の契機となった。この円高に直面した日銀は，やむなく短期金利と公定歩合の大幅な引き下げ（ほぼゼロ近くまで）を実行した。しかし，すでにインフレ率がマイナスになるという「デフレの罠」にはまり込んでいた日本経済にとっては，それはもはや手遅れであった。結局その後の日本経済は，デフレが進行し続ける中で，この「ゼロ金利近傍の世界」から脱却する目途もたたないまま，不毛の90年代を終えることになるのである。

7．素朴市場主義の幻想

　以上のような日本経済の問題状況を振り返ってみるときに改めて痛感するのは，いかに政府が致命的な過ちを犯し続けてきたかである。上述のように，90年代の金融の世界的混乱の多くは，各国政府の誤ったレジーム選択という「政府の失敗」の帰結であった。それとまったく同様に，日本の失われた90年代も，金融システム改革の遅れと誤ったマクロ経済政策という「政府の失敗」の産物だったのである。筆者の認識はその点においては，90年代の混乱をグローバル資本主義それ自体の不安定性の現れとする宮本氏の見解とは基本的に異なる。

　筆者の見解は他方で，日本の停滞の主因を「日本的システムの適応不全」に求めるような構造改革論者の見解とも異なっている。私見によれば，「官僚主導」という言葉によって特徴付けられるシステムが大きな弊害を持つことは事

実としても，それは90年代になってから突然にそうなったわけではない。ある意味では，その弊害は現在よりも過去の方がはるかに甚だしかった。それは単に，マクロ経済の高成長に覆われて，人々の目には映っていなかっただけなのである。

それに対して，90年代に生じたことは，まったくその逆であった。人々は今度は，マクロ政策の明白な失敗によって生じたマクロ的な停滞を，時代遅れになった日本的システムという「構造問題」から生じたものと見誤ってしまったのである。

構造改革主義については，問題がもう一つある。それは，日本のマスコミの一部には，確かに「市場原理主義」と揶揄されてもしかたがないような，官僚さえ虐めればよい，政府さえ貶めればよいといったような，粗野な市場主義が散見されるという点である。また，構造改革論者の中には，日本を自虐的に侮蔑しつつ，アメリカ経済の「競争至上主義」こそがその繁栄の源であるかのように称揚する向きも多い。宮本氏の市場原理資本主義批判，そして金子勝論文の結論部分で提示されている金子氏の市場原理主義批判が，そのような形の粗野な市場賛美を批判しようとするものであるのならば，筆者はそれには異論はまったくない。

おそらく，「アメリカ経済の90年代の繁栄の主因は競争至上主義のアメリカ的システムにある」という近年の通説は，「日本の停滞の主因は日本的システムにある」というのとまったく同じ種類の誤解である。私見によれば，90年代のアメリカ経済にインフレなき高成長をもたらした最大の要因は，アメリカ的システムでも，IT革命でもなく，マクロ政策の適切なポリシーミックスである。すなわち，財政引き締めの中で実行された絶妙な金融政策運営である。その最大の功労者が，米連邦準備理事会（FRB）議長アラン・グリーンスパンであることは言うまでもない。

素朴市場主義の最大の問題は，われわれはいくらでも政府を批判することはできるが，政府を消し去るわけにはいかないということを忘却している点である。

確かに，市場というシステムは，考えれば考えるほど巧妙なものである。その「美しさ」に魅了された多くの経済学者が，半ば狂信的に市場を賛美し，逆に政府を蛇蝎のように忌み嫌うのは，理由のないことではない。幸い日本にはその影響はほとんどないが，アメリカの「シカゴ学派」は，その典型である。

残念ながら，シカゴ学派の経済学者たちがいくら市場の効能を説き続けたとしても，現実の世界の中にある「市場の失敗」はなくなりはしない。むしろ，「情報」という本質的に公共財的な性格を持つ財が大きな役割を占めるであろう今後の社会においては，市場の失敗が生じる領域はますます拡大することが予想される。というのは，そこでは「ネットワーク外部性」に基づくデファクト・スタンダードの形成，すなわち独占の形成が不可避だからである。米マイクロソフト社のパソコンOS独占に対するアメリカ政府（連邦司法省ならびに19の州政府）の闘争は，その現実をまざまざと示している。

上述のように，日本の金融護送船団方式は，疑いもなく非効率であると同時に不公正なシステムであった。それが長らく維持され続けてきたのは，金融業界は規制による競争排除により，そして監督官庁すなわち大蔵省は規制という権限の保持により，共に権益をたっぷりと享受することができたからである。それは，官民一体となっての「国民からの搾取」であった。その意味で護送船団方式は，単に経済学的のみならず倫理的にも正当化できないシステムだったと言える。

ただし銘記すべきなのは，たとえこれが護送船団方式の本質であったとしても，それは必ずしも金融市場における政府規制の必要性を全否定する論拠にはならないという点である。というのは，既述のように，そこでは「情報の非対称性」に基づく市場の失敗がきわめて普遍的だからである。ある意味でそれは，金融市場の本質的属性とさえ言える。自由な金融市場の権化のように考えられているアメリカにおいてさえ，金融市場は常に証券取引委員会（SEC）によって厳しく監視されている。このことは，金融市場固有の不安定性が侮りがたいものであることを如実にを示している。

同じことは，マクロ経済政策についても言える。1970年代に世界各国は，ほ

ぼ共通してスタグフレーション（不況とインフレーションの共存）というマクロ経済上の病理現象を経験した。それは明らかに，ケインズ的な裁量的財政金融政策の乱用によるものであった。要するに，「政府の失敗」であった。このことは，かねてから「裁量的マクロ経済政策の無効性・有害性」を主張し，ケインズ主義を執拗に攻撃し続けてきたシカゴ学派の学問的名声を大いに高めた。そして，そこから派生した「古典派マクロ経済学」は，ジャーナル論文によってのみ評価されるハード・アカデミズムの世界から，ケインズ的な思考様式を完全に一掃することに成功した。

しかし，90年代の日米経済を見比べて明らかになるのは，具体的にはインフレ率や失業率や経済成長率によって表されるマクロ経済の成果は，究極的にはマクロ経済政策の巧拙に依存する以外にはないという厳然たる事実である。つまり，古典派マクロ経済学者の頭の中にあるモデルとは異なり，現実のマクロ経済には，賢いケインズ主義か，拙いケインズ主義かのどちらかしかあり得ないということになる。アメリカ経済のなりゆきが，グリーンスパンの手さばき一つという「究極の裁量主義」に委ねられてきたという現実は，その何よりの証拠である。

8．「失敗しない政府」に必要なこと

結局，いかに政府が失敗しても，「市場の失敗」が存在する限り政府をなくするわけにはいかないのである。したがってわれわれが真に考慮すべき問題とは，いかに「失敗しない政府」をつくるのかということである。

結論的に言えば，筆者は，そのためには少なくとも次の二つの原則が満たされなければならないと考える。第一は，政府による行政上の規制は，基本的に非明示的規制＝裁量型規制ではなく明示的規制＝ルール型規制であるべきだという点である。第二は，政府による政治的＝裁量的介入は，情報公開等によりその責任の所在がすべて明確化されるべきだという点である。

筆者がこの二つの原則を重視するのは，日本の「官僚主導型」システムの弊

害は，まさにそれらが欠如していたために生じたと考えられるからである。そこでは，官僚がしばしば「政治的」かつ「裁量的」な介入を行っていた。にもかかわらず，その責任の所在は常に不明確化されていた。本質的な意志決定を行っているのは官僚であったにもかかわらず，審議会など，その事実を曖昧化させるような多くの「隠れ蓑」が存在していた。したがって，そこでの政策決定が国民全体に不利益をもたらしたとしても，責任の所在を確定することはきわめて困難であった。つまりそれは，いくら失敗してもその責任が問われないという意味で，丸山眞男の言う「無責任の体系」そのものであった。これでは，「政府の失敗」が絶えず繰り返されるのは当然だったのである。

筆者はここで，政策的意志決定を政治家のみに委ねさせようというような，「政治主導型システム」への移行を唱道しているわけでは必ずしもない。というのは，本質的に素人でしかあり得ない政治家ではなく，テクノクラートが意志決定すべき領域も数多く存在するからである。政府から独立した中央銀行が行う金融政策は，その最も典型的な例である。

重要なのは，政治家であれテクノクラートであれ，国民の利害にかかわるような政策決定を行った場合には，必ずその責任の所在が明確化されねばならないということである。それによってのみ，これまであまりにも広汎に見られた「権限は持つが責任は負わず」という「政策決定のモラルハザード」を防ぐことができる。

「失敗しない政府」をつくるには，その心構えも重要である。それは，徹底した「政府性悪説」に立つということである。政府とはせいぜいのところ，われわれの社会にとっての必要悪にすぎない。その取り計らいに少しも幻想を抱いてはならないのである。

人々はしばしば，市場というシステムはきわめて「不公正」であり，政府あるいは政治は，それを是正する「公正」な仕組みであると考えている。しかし，現実はその逆であることがあまりにも多い。

確かに市場経済は，結果として大きな所得分配の不平等をもたらす。しかし，市場とは本質的に，法律上認められた商行為に関する明示的ルールのみに

よって律せられた，きわめて公正なシステムである。そして，その市場の機能は，「市場の失敗」が生じない限り，人々の経済的利害の調整を神のごとく適切に遂行する。どのように巧妙な政府の人為的調整をもってしても，それと同様な成果は期待できないことは，計画経済や統制経済のあまたの失敗によって例証されている。

それに対して，市場ではなく政府が経済において大きな位置を占めている社会は，不公正に満ちあふれていることが常である。それは，かつての社会主義国や発展途上国の状況を想起すれば明らかであろう。

政府が政治的な権限によって市場の働きを制約すれば，必ずその社会の中に，その恩恵にあずかれる一部の層と，あずかれない大多数の層を生み出す。そして，その恩恵は既得権益と化し，それをめぐる利害集団間の政治的策謀を日常化させる。もちろん，政治権力と無関係な大多数の人々は，その利害集団にとっての搾取の対象になるのみである。それは，あらゆる倫理的基準から見て不公正である。

金子勝氏はその論考の中で，日本の医師会の持つ既得権益に対して，激しい攻撃を加えている。それは，きわめて正当な批判である。なぜなら，医師会という利害集団に国民全体が搾取されていることは，あまりにも明白だからである。

他方で筆者が不満に思うのは，そのような不公正が，政府の本質それ自体に根ざすものであることが看過されている——少なくともこの金子論文では指摘されていない——点である。おそらく同じことは，金子氏の他の攻撃対象である「ゼネコン」や「銀行」についても言える。というのは，それらにまつわる不公正も，政府とのかかわり抜きにはあり得ないからである。

医療という領域は，多くの国において，さまざまな政府規制の対象になっている。それは，人々の「生命」や「健康」は，純粋な市場取引の対象とするにはあまりにも「重い」からであろう。その規制には，少なくとも倫理的な根拠がある。

しかし，医療を規制するその意図がいかに倫理にかなったものであったとし

ても，結果が同様に倫理的なものになるとは限らない。むしろ，その逆であることが多い。というのは，既得権益を擁護する隠れ蓑として，「倫理」ほど好都合なものは存在しないからである。まさしく，「地獄への道は善意で敷き詰められている」のである。

　筆者の見るところ，「市場原理主義」を批判する人々は，こうした政府の持つ本質的な不公正さに対して，しばしばあまりにも無自覚である。「市場」は，自らをもって自らを律するシステムである。「政府」は，われわれが常に注意深く監視することによってのみ，かろうじて腐敗を免れるシステムなのである。

＊）本稿は，専修大学社会科学研究所グループ研究 B「グローバリズムと日本経済」(2000年度，研究代表・野口旭）の研究成果の一部である。

1）当時の「若手近代経済学者」による通産省批判が頂点に達したのは，60年代後半に展開された二つの論争，すなわち資本自由化論争と八幡・富士両製鉄の合併の是非をめぐる論争においてである。これらについては，野口旭「対外自由化と「産業構造政策」」(池尾愛子編『日本の経済学と経済学者——戦後の研究環境と政策形成』日本経済評論社，1999年）を参照のこと。

2）この「グローバル資本主義の危機を喧伝する論者」とは，例えばジョージ・ソロス *The Crisis of Global Capitalism*, 1998（邦訳『グローバル資本主義の危機』日本経済新聞社），榊原英資『市場原理主義の終焉』(PHP 研究所，1999年)，原洋之介『グローバリズムの終宴』(NTT 出版，1999年）等を念頭においている。

3）例えば，原洋之介『アジア型経済システム』(中公新書，2000年）のⅢにおけるワシントン・コンセンサス批判は，明らかにそのように理解した上でのものである。

4）原洋之介『アジア型経済システム』(117ページ）が典型的であるように，グローバル資本主義の危機を喧伝する論者の多くは，変動相場制を論難し，固定相場制を称揚する傾向がある。固定相場制こそまさにグローバルな通貨危機の前提条件であることを考えれば，まことに不可解なことと言わねばならない。

5）例えば，澄田智・元日銀総裁のインタビュー（『検証バブル　犯意なき過ち』日本経済新聞社編，2000年，83-86ページ）を参照のこと。また，三重野康『利を見て義を思う』（中央公論新社，1999年）の「バブルと金融政策」，鈴木淑夫『日本の金融政策』(岩波新書，1993年）のⅡも参照。

6）この裁量型規制とルール型規制という区分については，鶴田俊正『規制緩和』(ちくま

新書，1997年）を参照のこと。
7）1998年4月の新日銀法によって，金融政策への政府の関与が厳しく限定され，日銀が政策運営の独立性を明確に確保したことは，この点で画期的な意義を持っている。その意義とは，独立性それ自体にあるのではまったくない。そうではなくて，この独立性によって，政策責任の所在が明確化されたというところにある。

第10章
日本の経済システムの何が問われているのか
──概括と展望Ⅱ──

野口 真

1. インターナショナルからグローバルへ

　グローバリゼーションという言葉が欧米で頻繁に使われるようになったのは，おそらくは1990年代に入ってからのことであろう。冷戦の終結とインターネットの普及が，この言葉の氾濫に拍車をかけたのはいうまでもないが，それがいったい何を意味するのかは，その言葉の使い手によって，必ずしも明確にされてきたわけではない。しかし，「グローバル」という言葉には，従来使われてきた「インターナショナル」や「トランスナショナル」では十分には表せない新たな圧力が全世界に加わりつつあるという時代感覚が，暗黙のうちに投影されているように思われる。経済の分野に限れば，これまで，国と国との経済関係をインターナショナルと形容し，諸国をまたぐ活動をトランスナショナルと表現することに，おおかたの理解の一致があったようにみえるが，いまでは，国境で隔てられた異質な国民的システムの関係や，それらをまたぐ活動の活発化を超えて，世界をむしろ一様化させようとするパワーが，これまで以上に強く働いているという認識が広く共有されつつあると思われる。
　経済史家のなかには，貿易額や資本流出入額の対 GNP 比，移民の規模などを尺度にとると，グローバリゼーションの進展度は，1世紀前の世紀転換期のほうが現代よりもかなり高かったという事実に注目し，グローバリゼーションを妄想とみなす者もいる。だが，世界の金融市場の統合が進み，資本が鞘取りをねらって瞬時に世界を駆け巡る時代，また，企業が地球規模のネットワークをとおして，全世界に立地した工場をあたかも同一空間にある工場のように扱

い始めた時代，そのような時代の特質を数量的な尺度だけでとらえることは難しい。地球規模のネットワークが発展するなかで，企業の内と外とを分かつ境界は不断に動揺し，また国民的システムを隔ててきた国境の壁には，それを突き崩す力が絶えず加わるようになった。その結果，80年代には企業内，国境内の閉じられたシステムにおいて強みを発揮してきた日本的システムに対しても，グローバルな市場ネットワークへ向けて扉を開くよう強い圧力が働いている。日本的システムの機能不全が90年代に入ってにわかに取りざたされるようになったが，その理由はひとつでないにしても，資本の張り巡らすグローバル・ネットワークの衝撃とそれへの不適合の問題がそこに深く影を落としていることは疑いない。その衝撃波の源には，市場へと開かれたシステムのもとで生産要因を動員するのに長じたアングロ・アメリカン型資本主義の攻勢がある。とりわけ，途上国を含む世界全域で強力に推進されてきた資本市場優位の金融システムへの転換は，企業ガバナンスのあり方にまで変革をせまる圧力を生みだし，そのことによって金融分野にとどまらない広範囲におよぶ動揺や軋轢を各国の政治経済システムにもたらしている。

　日本的システムを取り巻く，このように新しい時代状況のなかで，いかなる課題がわが国に突きつけられており，また，それに対してどう答えていくべきなのであろうか。専修大学社会科学研究所が21世紀を迎えるにあたって，こうした大きなテーマを掲げ公開シンポジウムを企画することは，戦後日本社会の構造転換の過程を追跡調査し続けてきた研究所50年の歩みを記念しその将来の研究課題を展望するのに相応しいだけでなく，時代の争点に一石を投じようとするきわめて時宜にかなった試みでもあると思われた。そのような目論見のもとに開催されたのが，1999年11月23日開催の記念シンポジウム「グローバリゼーションと日本――岐路に立つ日本的システム」である。

　経済の分野からは3つの報告が用意された。日本の経済システム全域に及ぶグローバル化の衝撃を大きな歴史的視野から位置づけ，それが経済の統治のあり方に投げかける意味を総括的に考える報告をひとつ，金融ビッグバンのなかで揺れ動くわが国の金融システムが抱える課題にせまる報告をひとつ，最後に

グローバリゼーションのなかで年金，福祉に関わる諸制度が直面する問題を論じる報告をひとつ，それらによって，岐路に立つわが国の経済システムをめぐる争点の重要な一端が示され，改革について熱い議論が巻き起こる機縁になればと考えられた。

2．経営者資本主義の行方

「日本の経営者資本主義の行方」と題された宮本光晴報告は，グローバル化した資本主義のガバナンスの問題をとりあげ，果たしてそれが，セーフティネットなしに，あるいは政府のコントロールなしに可能かのかどうかについて，疑問を投げかけた。宮本報告によれば，これまで資本主義は，私有財産，営利企業，競争市場の3つのサブシステムから構成された経済システムとして成立し，その歴史的変容と国ごとの多様性は，この3つの組み合わせ方法の違いによって理解できるとする。

19世紀の資本主義は，私的所有に基づく個人責任と小さな政府のもとに，企業が私有財産と自由市場のなかに埋め込まれるようなシステムをつくりあげた。企業は私有財産の所有者による支配によって統治され，見えざる手をとおして自由市場がもたらす調整作用のもとに服した。これに対して，20世紀の資本主義においては，私的所有と企業，企業と市場，市場と私的所有とを，それぞれ互いに結びつける関係に大きな変化が生じた。企業の経営者支配が進み，市場はチャンドラーがいみじくも指摘したように，寡占企業間の見える手の操作にしたがい，また，私的所有者としての個々の消費者は，たとえば依存効果をとおして大量消費の運動のなかに呑み込まれた。私有財産，企業，市場の関係を支える政府の役割もまた大きく変容した。政府は福祉政策，産業政策，市場規制をとおして，私有財産，営利企業，競争市場にかなり積極的に介入するようになった。こうした経営者支配の経済システムは，企業統治を私有財産と見えざる手の単純な支配から解き放つことによって，アメリカ型，日本型，ドイツ型等々の多様な類型の資本主義の成立を可能にしたのだと，宮本報告は説

く。

　では，この世紀転換期に，国ごとの経済システムの違いを超えて企業と消費者を呑み込む勢いをみせるグローバル市場の発展は，果たして企業統治の問題，政府による市場統御の問題をまったく消失させてしまうことになるのであろうか。いま重く問われているこの問題をめぐっては，2つの立場がありうると，宮本氏は言う。ひとつは，個人の自己責任を基本に据えて，淘汰される弱者の救済のためにセーフティネットを張るという立場，経済戦略会議の立場であり，もうひとつはグローバリゼーションの圧力に対応しつつも福祉国家の遺産を一面で受け継いでゆく立場，トニー・ブレアの説く第三の道である。だが個人の自己責任に委ねるだけでグローバル資本主義が安定するとは到底いえない。グローバル資本の跳梁がもたらす金融システム破綻の危機を予防し，あるいはそれを取り繕うためにセーフティネットがパッチワーク的に幾重にも張られることにならざるをえないし，金融政策においては各国政府間の緊密な協調関係が求められることにもなる。しかも，情報通信分野をはじめとする技術革新の波に乗るには，新しい産業革命に対応した産業インフラの整備という役割を担うという点において産業政策はなお不可欠であり，その面での政府の役割が低下することもないだろうと，宮本氏は予測するのである。

3．日本型金融システムの変容

　第2報告，小林襄治氏の「金融システムの行方」は，バブル崩壊以後においてわが国の金融システムがたどってきた破綻と再編のプロセスを跡づけたうえで，これからの金融システムに求められているのは，金融商品の消費者にとって透明で，かつ金融監督への消費者の参加を可能にするようなシステムのあり方であると説く。

金融不安

　バブルに踊った80年代の日本と，バブル破綻後の日本とでは，その経済パ

フォーマンスが劇的に変化したということは，この10年ほどのあいだ経済的苦境を経験してきた国民の多くが肌で感じ取ってきたことであるにちがいない。小林報告によれば，日本的システムがわが世を謳歌した80年代には，日本企業の資本価値は国内外の市場で高い評価を受け，海外での日本の投資活動も活発化し，世界中を日本の資本が駆けめぐった。バブルの最盛期だった80年代末には日本の株式の時価総額はそのGNPの1.5倍の水準まで上昇し，国際債券市場では上位10社のうち3から4社は日系の業者が占めた。これに対してアメリカでは，貯蓄貸付組合（S&L）の破綻問題が尾を引き，シティコープやバンカメリカのような大銀行の経営不安さえ取りざたされた時期さえあった。ところが，成功したとみられた日本的システムは，この10年間にその問題点を次々とあらわにしてきた。自動車業界は，過大な期待から売れる見込みのない車をバブル期に量産した結果，とてつもない過剰能力を抱え込むに至った。金融部門はバブル破綻後の経済不況が長期化するなかで，深刻なシステム不安に陥った。絶頂期の3分の1ほどまでの株価の下落は，銀行の自己資本に組み入れられていた株式の含み益を消失させた。また同様に大幅な地価下落は，土地開発，住宅建設絡みで生じた巨額の貸し出し債権を不良債権と化した。

　自己資本比率の維持の困難や不良債権の累積に対処しようとして，政府は当初，株価維持政策の実施や大手銀行の不良債権の開示を進め，また，金融制度改革法にみられるように銀行と証券の相互乗り入れの導入によって，金融システム転換へ向けて動き出した。しかし90年代前半には，金融不安を生む累積不良債権の抜本的処理と新しい金融制度へ向けた改革の努力は，むしろ先送りされる傾向にあった。ところが94年末に東京の2つの信用組合が経営破綻に陥ったのに始まり，95年にはコスモ，木津の両信組，次いで兵庫銀行の経営破綻が続き，さらには住宅金融専門会社（住専）の不良債権問題が深刻化するにおよんで，政府は金融システム不安への対処に本腰を入れて取り組まざるをえなくなる。95～96年に景気回復の兆しが見えだしたことも手伝って，政府は公的資金導入によって住専の不良債権の整理に踏み切り，併せて金融機関の経営健全性確保をはかるための法案と預金保険法の改正とを含む金融関連三法案の成立

によって金融部門のセーフティネットの整備をおこない，制度改革へ向けた動きをいっとき加速させた。橋本政権のもとで進められたそうした動きが96年秋には，「フリー，フェア，グローバル」を旗印とする金融ビッグバンの構想へとつながることになった。証券，銀行，保険の垣根をできるだけ取り払い，競争を促進し，透明かつ公正で全世界に通用する市場をつくろうとするこの計画は，しかしながら，その構想に沿って歩みだしたときに，かえって金融システムの大きな動揺に足をすくわれることになってしまった。

97年は，大手の金融機関，証券会社の経営危機あるいは経営破綻が相次いで生じた年であった。その前半には北海道拓殖銀行，長期信用銀行，日本債券信用銀行の経営危機が明るみに出され，さらに後半には，三洋証券，山一証券が破綻し，拓銀も結局再建の道を歩めなかった。その結果，わが国の金融システムの不安は未曾有に高まり，貸し渋りが横行し経済は萎縮した。政府は98年2月に金融システム安定化法（改正預金保険法および金融機能安定化緊急措置法）を定め，危機に備えて30兆円を準備したが，それでも不安と貸し渋りはおさまらず，さらにこの年の10月に金融再生法，早期健全化法を成立させ，60兆円の投入を決めた。これにより，99年には8兆円近くの公的資金が大手15行に注入され，なんとか安定化に向かう兆しが見え始めたというところに，いまきている。

このように金融危機が懸念されるなかで，他方では集中，合併などをとおした大手金融機関の再編成の動きが活発化してきた。外国の証券会社との提携（日興証券），証券と銀行あるいは普通銀行と長期信用銀行というような業種間の提携ないし合併（日本興業銀行と第一勧業銀行），旧財閥の境界を越えた再編（第一勧業銀行と富士銀行，さくら銀行と住友銀行），そうした動きが，金融不安のもとでの生き残りを賭けた競争をとおして強まりつつある。それは，戦後の高度成長を支えてきたシステム，分業主義とか専門金融機関主義とか言われてきたシステムを大きく変容させる動きであると，小林報告は捉える。

金融システムの未来

　小林報告によれば，分業主義と呼ばれる日本的な金融システムは，銀行と証券，銀行と保険，銀行と信託銀行とが法制的に分離されるとともに，大企業は大銀行に，中小企業は相互銀行あるいは信用金庫や信用組合に，農業は農協にというように，信用業務の縄張りが決められていた。新規参入を果たした銀行は戦後にはほとんどなく，潰れる弱小銀行は大手の金融機関に吸収されるというかたちで処理された。自由主義と言われながら，それは実に「社会主義的」であった。皆が大きくなれる高度成長の時代には，確かにそのような縄張りは，とくに荒らされることなく保たれた。しかし，70年代後半あたりから状況は大きく変わってくる。国債の大量発行がきっかけとなって証券市場が発達し，金利の自由化，金融商品の自由化が進んだ。金融の国際化も進み，海外から低利の資金を調達することが容易になった。こうなると，企業は銀行からの借り入れには大きく依存せずに，直接に証券市場から資金を取り入れるようになる。銀行側からみると，証券市場の発展は，従来のような銀行業務と証券業務との分業を前提とするかぎり，その資金運用先の先細りを意味するものであり，融資先を求める銀行間の貸し出し競争がますます強まる傾向は避けられない。また他方では，証券にシフトする資金を預金口座に引き留めるために預金金利を引き上げる圧力が強く銀行に加わる。こうして銀行は経営基盤の脆弱化の危険にさらされながら，新しい借り手を求める貸し出し競争に駆り立てられる。この結果，中小の金融機関をも巻き込んで不動産担保融資をめぐる銀行間の競争が激化し，それがとてつもない地価バブルを生むきっかけとなった。情報通信技術の発展もまた，従来の金融商品の区別を曖昧にする新しい金融商品の導入を容易にし，預金，MMF，生保，損保とは，もはや短期，長期の差とか，流動性の差とかでは明確に区別できない金融商品となった。

　垣根によって業務が仕切られてきた日本の金融システムが，このように証券市場の発展，情報通信技術の発展によって，大きく揺らぎ始めると，新しい環境に対応した金融制度をどうつくりあげるのかをめぐって，改革論議も活発化してきた。93年4月には銀行による証券子会社の設立を認める法律の盛り込ま

れた金融制度改革関連法が施行され，これによって銀行，証券，信託業務の相互参入が実現した。その後，既述した金融ビッグバンの構想が打ち出され，97年6月には金融監督庁の設置が決まった。いろいろと問題点も指摘されてはいるが，ともかくも，従来の「護送船団方式」，つまり経営危機に陥った弱小銀行を潰さずに救済していくというこれまでの方式に代わって，自己資本比率規制を重視し，金融機関の健全性，金融市場の公平性，透明性を監視していく制度づくりへ向けて日本の金融システムも大きく動き出したと，小林報告はみている。証券業も，免許制から登録制への移行，手数料の自由化によって，大きく変貌しつつある。証券会社の新設が相次ぎ，証券のインターネット取引も活発化し，80年代には投資信託委託会社に限られていた投資信託の販売に，現在では多くの銀行，保険会社，外国の銀行・証券会社が参入してきた。銀行と証券にまたがる大型の再編，合併も進んでいる。

　小林報告によれば問題は，そうした新しい金融システムづくりの動きのなかで，銀行，年金，保険などに資金の運用を委ねている人たちが，その運用のあり方をチェックできるシステムがいまのところ，ほとんど存在しないという点にある。たとえば銀行は，預金者を「人質」にとって営業しているようなもので，したがって簡単にはつぶせない。そのために公的資金の導入が求められることにもなるわけだが，そうであれば，預金者も一債権者として，銀行の資金運用の監視に関与するという方法も考えられてよいと，小林氏は説く。欧米では「エコファンド」とか「エコバンク」のことが話題になっている。環境対策に努力している企業を選んで，その銘柄を買おう，そのような企業に融資しようという社会的投資，倫理的投資の考え方がそこにはみられる。それと類似した見方が，お金を預ける側にもあってよい。自分の金が何のためにどう使われるのかについて，預ける側は無関心ではいられない。したがってその情報は透明でなければならない。そのような考え方は，狭く銀行預金のチェックにのみ限定されず，たとえば，民間資金を活用した公共事業，PFI（Private Finance Initiative）のようなかたちで活かすこともできる。大量の国債を発行して赤字を累積させ，無駄な公共投資をやるくらいならば，「エコファンド」的な回

路で，公共事業に対する民間の監視を強めた方がよいというわけである。銀行にしても，預ける側の地域に密着した使途に資金を投じていくような個性をもち，いわば信用組合，信用金庫の原点にもどるというような方向も考えられてよい。要するに，金融機関のサービスの多様な消費者（貯蓄者，預金者，投資家）に透明な金融商品の販売，消費者が委ねた資金運用への消費者自身の関与，金融監督への消費者の参加とそれに見合うコストの負担，そうしたことが満たされるような金融システムづくりが望まれると，小林報告は結んだ。

4．社会保障制度改革の方向性

最後の金子勝氏の報告は，わが国の社会保障制度改革，とりわけ年金の改革が直面している問題をグローバリゼーションのなかでの雇用不安，労働市場の分断化の進展と絡ませて論じながら，その制度改革の方向を探ろうとするものであった。

金子報告によれば，高齢化の急速な進行と，バブル破綻以後の雇用事情の悪化とが，社会保障制度の行き詰まりに深く関わる要因なのであるが，それと併せて，グローバリゼーションが進むなかで全世界的に非正規雇用あるいは短期有期契約雇用の拡大傾向が生じていることが，社会保障制度の将来にも暗い影を落としているという。

現在，社会保障制度改革案として2つの提案がなされている。ひとつは政府あるいは厚生省の提案である。厚生省は，2025年までに報酬比例部分を含めて年金支給年齢を65歳に引き上げ，さらに国民年金保険料を月額23,000円程度に引き上げ，給付水準を現行制度で今後進んでゆく場合に比べて5％低い水準まで切り下げることを考えているといわれる。しかし，国民年金の実質滞納者および未納者は現在およそ3人に1人の割合になっており，国民年金の空洞化が徐々に進んでいる。支給年齢の引き上げ，保険料の引き上げ，給付水準の引き下げは，国民年金の空洞化をますます助長するものでしかなく，こうした方法で年金に対する国民の信頼が得られるとは思われない，と金子氏は批判する。

もうひとつは，財界および経済戦略会議などから出されている提案である。基礎年金部分を消費税の財源でまかなう「税」方式に切り替えて，比例報酬部分（二階建て部分）は確定拠出型年金へ転換する，もしくは民営化するという案が，それである。しかし金子氏によれば，この提案もまた年金制度に対する信頼をむしろ揺るがすものでしかない。基礎年金部分をまかなうには消費税の大幅な引き上げが避けられず，それには国民からの大きな政治的反発が予想されるだけではなく，消費不況に陥らせるきっかけにもなりかねない。また報酬比例部分を，たとえば確定拠出型年金のようなかたちで民営化すれば，金融市場が不安定な今日の状況においては，年金制度に対する不安をかえって高めることにもなりかねない。

　確定拠出型年金については，厚生省は，年金支給年齢の引き上げを含む提案と抱き合わせで401Kを推進しようとしているが，これはジェンダーの視点からみた問題点を含んでいるだけではなく，国際会計基準（IAS）の導入と微妙に絡んだ問題をもはらんでいると金子氏はみる。ジェンダーの視点からの問題とは，個人主義に基づく401Kを，世帯主義に基づいて国民年金の受給者となる主婦にも拡張する結果，夫にその掛け金を払ってもらって80万円までの年金控除を夫に付けるというような，女性の自立という観点からみて理念上きわめて混乱した事態が生ずるということである。他方では，2001年3月期に予定されている，企業年金へのIASの導入にともなって，企業は将来支払う年金額を現在価値で評価し直して，年金負債と年金資産とをバランスシートに開示しなければならなくなるという問題が生じている。これから団塊の世代の退職を控えて年金負債の急増が見込まれるのに対して，年金基金の運用益はバブル破綻以後著しく低下し，このままだと2001年3月期には，確定給付型年金制度をもつわが国では，年金会計の巨額の赤字が計上される懸念がある。このため財界は，年金資金の運用リスクを被雇用者が負担することになる確定拠出型年金，401Kの導入に熱心になっている。だが，国際金融市場での競争力に劣るわが国で，金融市場での運用に老後の運命を託すというのは，きわめて危険な選択である。また，連結キャッシュフロー計算書の作成が99年4月1日以後始

まる事業年度から義務づけられることになったが，キャッシュフロー重視の経営が広まると，企業は短期的利益の追求に走る結果，法人税減税の要求が強まり，いたずらな雇用リストラがはびこり，短期契約による非正規雇用へシフトしていく傾向も強まると，金子氏は予測する。実際に，中高年労働者の失業，派遣労働市場に吸収される女性労働，高卒者さらには大卒者のフリーター化というようなかたちで，労働の分断化がこの間に著しく進行しており，それらはグローバリゼーションの進展にともない短期利益重視の企業経営が定着してきたことと密接に関わるとみられる。

　中高年の失業者や非正規雇用が増え続ければ，これらの人たちは年金，健康保険，雇用保険を支払えないか，支払わないわけであるから，現行の社会保障制度はその根幹が揺らぎ，やがては破綻する。そこで金子氏は，体系的，抜本的な社会保障制度改革の必要性を力説する。自らの提案について金子氏は，護送船団方式を守ることによるのではなく，また市場原理主義に依拠するのでもない，共同の営みにおいて自分たちの手で自分たちの制度を選びとるという意味での自己決定の理念に立脚しているのだとする。その提案は，年金改革や保険制度の改革にとどまらず，中央政府，地方政府，社会保障基金政府から成る福祉政府体系による分権化構想までをも含む。

　金子案に基づく年金改革は，年金保険料を税に転換し短期被雇用者にも納税させる拠出税方式の採用，支払われた社会保障税の増額を年金支払のベースにする経済成長スライド方式の提唱，低所得者や主婦に対して所得再分配効果をもつミニマム年金の設定，夫と妻とが双方の年金を足して2で割り夫婦に同じ受給権を保障する2分2乗法の適用，この4つを柱としており，積立方式の旧年金から拠出税方式の新年金への移行は長い時間をかけて漸次おこなうべきだとする。さらに，早晩破綻が懸念される介護保険を，維持可能な制度に整備していくには，地方税をその財政的基盤とするのが望ましいが，そのためには，所得税の基礎税率部分を地方の住民税に移しかえるというような，地方への税源移譲をともなう地方分権の促進が求められるという。このように地域で介護を支えるというような地方分権化の要請に応えていくには，地方政府の役割が

重要であるだけでなく，医療保険の一元化，1人1保険証の確立，ミニマム年金や公的扶助の体系的整備などを進める社会保障基金政府の独立した存在もまた求められるとされる。金子提案では，地方分権化を促進するための，政府のそうした大改編は大きな政府にはつながらず，むしろ小さな政府の実現と結びつく性格のものだとみられており，その方向に，護送船団方式にも市場原理主義にもよらない第三の独自な途の期待が込められている。

5．市場と制度の多様なる結合を求めて

　以上の3つの報告に対して，野口旭氏からコメントが加えられた。報告に多くの時間をとられた結果，残念ながら野口氏には十分な討論を展開する時間的余裕が与えられなかったのであるが，そのなかで，日本的システムが90年代に陥った困難について報告者とはやや異なった見方が提示されたのが印象に残った。

　混迷の度を極めたかにみえる日本的経済システムが今日抱えている問題の中心が，市場システムとして不完備であることにあるのか，それとも市場のグローバル化がもたらす不安定性や軋轢の側に根本的な問題が潜んでいるのか，それは日本経済を論じる議論のなかでしばしば大きな争点となってきた。今回のシンポジウムにおいても，報告者による明示的な論及がない場合であっても，そうした争点をある程度想定するか，もしくはある程度意識した議論がなされていたようにも解釈できる。野口氏のコメントの言葉を借りれば，日本の経済システムの混迷は政府の失敗によるのか，それとも市場の失敗によるのかという問題にどのように答えるのか，それが，わが国経済の直面する課題の性格をとらえるためのひとつの出発点になるように思われる。野口氏は，経済システムにおいて政府の果たす役割があることは十分に認めながらも，90年代において市場がグローバル化するなかで日本的システムが不適合に陥ったのは，基本的には政府の失敗によるとみる点で，3人の報告よりも，さらに大きく踏み込んだ解釈を示した。シンポジウム当日にはその解釈を，日本経済の足跡に

沿って具体的に裏打ちする時間的余裕は，野口氏には与えられなかったので，ここではこれ以上，氏のコメントには論及できない。この巻のなかには，シンポジウムで示された解釈をさらに敷衍する野口氏の論考が収められているので，コメントの詳しい内容についてはそちらの参照を願うことにする。ここでは氏のコメントを手がかりにして，当日司会を担当した者の立場から，若干の感想を込めた総括を加えることで，シンポジウムでの討論のまとめとしたい。

　シンポジウムではグローバリゼーションがメイン・テーマになってはいたが，宮本報告がこれを真正面から論じているのに対して，小林，金子両氏の報告は，金融，福祉・年金をそれぞれ具体的テーマとして日本の経済システムを論じたために，当然のことではあるが，グローバル化との接点があるところでのみ，この問題に，明示的あるいは陰伏的に言及したにとどまった。しかし，宮本報告によって描かれた市場と資本主義のグローバル化が進む世界のなかに，小林，金子両氏の報告で論じられた日本の金融，福祉・年金システムを置きなおして考えてみると，資本市場が日本と世界との接点においてわが国のシステムの行方を左右しかねない位置を占めるという理解では，3つの報告ともほぼ共通しているのに気づく。小林報告では「専門金融機関主義」と名付けられた，縄張りに仕切られた日本的金融システムが，変容と再編を余儀なくされてきたのは，企業の銀行離れを加速させた証券市場の発展，それも地球的規模での発展によるところが大きい。金子報告は会計標準におけるグローバル・スタンダードの押しつけが，わが国企業のリストラを助長する要因になる点に注目してはいたが，同時にまた，年金の運用リスクを被雇用者に負担させることになる401Kの導入によって年金制度が不安定なグローバル金融市場の動揺にさらされる危険性にも警告を鳴らしていた。金子提案にある拠出税方式は，まさしくそれとは対極的な方向を目指す年金制度改革として提起されているのである。

　資本市場あるいは広く金融市場のグローバル化が，今日のグローバリゼーションの歴史的特質のすべてではないにしても，そのきわめて重要な要素であることは，だれもが認める。3人の報告で興味深いのは，そのようなグローバ

ル化のもとでなお，多様な制度の可能性が模索されているように見受けられたということである。金融市場のように，一見すると商品市場としてもっとも完備されているかのようにみえる市場においてさえ，そのグローバル化は市場の一様化をもたらすとは必ずしもいえない。グローバル化とはいっても，それはむしろ多様な地域的金融市場の連接の強化を意味する面もある。確かに，資本市場のグローバル化は，コーポレート・コントロールの市場を発展させ，この市場での企業買収の脅威がコーポレート・ガバナンスに強く反映するような仕組み——アングロ・アメリカン型といってもよい資本市場優位の企業統治のシステムを，全世界に押しつける圧力を生み出している。とりわけ保険・年金資金を資本市場で運用するファンド・マネージャーの利害が企業統治に反映されやすくなっており，グローバル市場と地域的市場との連接の強化は，地球的規模でのファンド・マネージャーの跳梁を許してきた面もある。実際にそうした動きを加速させる歴史的条件もないわけではない。少子高齢化・成長鈍化の中心部の資本主義には巨額年金基金の存在があり，この基金を，若年労働力が豊富で成長の潜在的可能性は高いが資本不足の続く途上国において，高収益で運用したいという期待がファンド・マネージャーのあいだで強まったとしても不思議ではない。国連大学世界開発経済研究所が編んだ *Foreign Portfolio Investment in Emerging Equity Markets*（1990）にみられるように，研究者のあいだにもそうした期待が反映され，途上国の資本市場形成，ポートフォリオ投資の流入促進が，90年代に積極的に進められてきたのは事実である。

　しかしながら，グローバル金融市場それ自体が多様かつ不均質な地域的金融市場の連接にすぎないとすれば，連接のあり方もまた多様でありうるということにはならないか。地域内あるいは国内市場をグローバル市場とどのようにリンクし，それを地域あるいは国内経済システムのなかにどう織り込むのかについては，アングロ・アメリカン型以外の選択肢もありうるのではないのか。こうした疑問が頭をもたげてくるのは自然であろう。グローバル化がもっと進んだ金融市場においてさえこの状態であるから，一般の財・サービス市場，労働力を含む生産要素の市場のすべてにおいて一元的な地球的市場が成立するなど

とはとても考えられない。そのことは,「市場」が本来的にもつ,多様な制度との結合の可能性という原理的問題に私たちを導く。経済学者は主として効率性を達成するという市場の働きに焦点を当てて研究を積み重ねてきたが,これからは市場がどのような制度的仕組みと折り合うことで,その安定や公正を達成できるのかという視点からの探究も求められてこよう。

　以上のように考えるならば,わが国がグローバルゼーションのなかで直面しているシステム不適合性の問題は,市場の失敗か政府の失敗かという次元を超えた問題を含んでいることがわかる。グローバリゼーションの流れに適応できないわが国の政府に問題があるのか,それとも市場のグローバル化が及ぼす不安定性や軋轢に問題があるのか,そうした切り口から論じるのも,ひとつの観点ではあるが,グローバル市場と折り合うわが国の経済システムの独自なあり方とは何かを考えることもまた必要であるはずだ。小林,金子両氏の報告は,それぞれの立場から,地域の住民や国民が金融システムの監視や福祉・年金システムに関与できる経済システムの可能性について論及していた。また宮本報告ではグローバリゼーションのもとでなお求められる政府の役割についての指摘がなされた。それらは,グローバル化しつつある世界とわが国経済とを折り合わせる仕組みの多様な可能性を示唆しているようにみえる。記念事業として企画された今回のシンポジウムは,そうした問題提起を放つことで,当初の意図どおりに,時代の争点に一石を投じることができたのではないかと感じている。

第Ⅲ編

グローバリゼーションの歴史的位相

第11章
世界資本主義と市民社会の歴史理論
―― 技術原蓄・土地原蓄・地主国家資本主義 ――

内田 弘

はじめに　市民社会概念へのグローバルな関心

　戦中日本の社会科学研究で発見された市民社会概念は戦後の民主改革をささえる思想的基礎として重要な意義をもってきた。それは，日本国憲法，民法，労働法，軍閥解体，財閥解体，農地改革，教育改革などで構成される戦後体制を根拠づける思想となり，現存社会主義への批判的視座をあたえてきた。
　ところが，最近，そのような研究史とは別のところで，市民社会という言葉がアクチュアリティをもって用いられるようになっている。その動向は日本の内外を問わない。従来の労働運動がカバーしてこなかった領域で，すなわち消費者運動，環境保護運動，協同組合運動，人権擁護運動，戦後補償運動などで，新しい市民社会を形成する運動がしだいに勢いをましている。しかも，それぞれの個別課題を超える意識と展望をもつようになってきた。個別課題に取り組めば取り組んでいくほど，それを超えた諸問題がみえてくる。諸問題を関連づけて考え行動すると，個別問題の解決は社会システムの転換なしには不可能であることが分かってくる。個別問題を生みだすものは狭く小さい領域ではなくて背後に控えている社会的諸価値のシステムにある。個別問題群は社会的諸価値のシステムそのものの転換を要求してきている。このような社会的実践的な経験を総括し創造すべき社会像を表現する言葉として，人々は「市民社会」を用いるようになっている。市民運動の担い手たちは自分たちが目指しているのは「市民社会の形成」なのだと自覚している。彼らは市民社会という言葉を，戦中戦後の日本の研究史における市民社会概念を受容して用いているのではな

い。彼らの運動のめざす方向や彼らの運動の経験をまとめあげる言葉として使っているのである。しかも，彼らの間で，市民社会とはなにか，その定義をめぐる実践的にして学問的な論争が展開されている。市民社会という言葉は彼らの運動の経験を総括し前進させる概念として活用されている。

市民社会という言葉でもって新しい社会を構築しようとする動向は日本の内部に限られない。市民社会概念はグローバルな言葉になっている。世界でも市民（civil），あるいは市民社会（civil society）という言葉は頻繁に用いられている。市民社会という言葉はむろんのこと，市民事業，市民投資，市民銀行などの言葉でもって，資本主義ではカバーできない問題の領域に取り組む活動や組織が多様に生まれている。資本主義を超える領域が少しずつではあるが徐々に創造されている。資本主義を補完するシステムや，資本主義に代替する新しい市民社会を構想し創出しようとする運動がさまざまな国と地域で発生している。しかも，各国地域における市民社会の形成をめざす運動をネットワークに連結する動きがでてきた。

その代表的なものとして「市民参加をめざす世界同盟キヴィクス（CIVICUS: world alliance for citizen participation）」がある。その報告書『市民：グローバル市民社会を強化する』（CIVICUS 1994）が示しているように，『キヴィクス』は，世界各地の第三セクターの豊富で多様な活動の背後と深部にある普遍的な潮流をとらえようとする組織的な報告書である。これは，アジア太平洋，アラブ世界，北アメリカ，東西ヨーロッパという地域における第三セクターの現状をそれぞれの地域が報告したものである。「グローバル市民社会が出現している。この出現によってグローバルな経済メカニズムと政治的構造を民主化する機会が生まれている。この事態がキヴィクスの活動の基本にある。キヴィクスは，特に市民社会を振興することに的をしぼって世界規模の枠組みを構築する最初の重要な試みであり果敢な新しい構想である」（ibid.: ix）と活動目標を説明している。

日本の研究史における市民社会概念は上記のような内外の市民社会をキーワードとする運動の経験から吸収すべき要素をみいだし，市民社会概念を再定

義しなければならない。そのために，本稿は世界資本主義の歴史における市民社会の再編成の諸経験を歴史理論的に分析する概念装置を仮説として提示するものである。

Ⅰ．市民社会概念の三領域と三段階

(1) 市民社会概念の三つの領域

　市民社会は，人間諸個人が生活過程で遭遇する諸問題を解決するなかで形成されくる「社会的力量」である。市民社会は「公共社会」・「政治社会」・「市場社会」の三つの領域をもち，その三つの領域が相互に作用しあう動態的諸関係の総体である。市民社会は歴史とともに古いが，われわれが主題とするのはいわゆる近代以降の市民社会である。市民社会は資本主義的生産様式の成立，発展，制御の過程で成長してくる人間諸個人の社会的力量である。資本主義は世界資本主義として実現し展開してきた。いわゆる国民国家は世界資本主義の剰余搾取が可能性の大きい地域を包摂＝統合するために構築された枠組みである。国民国家の外部も剰余搾取の射程に入る。だからこそ，それをもとめて国際階級同盟が結ばれ資本が輸出＝輸入される。資本主義に歴史があるように，その歴史に対応して市民社会にも歴史がある。

　世界各地で多義的に用いられている市民社会という用語を整理したI. M.ヤングによれば（Young: 158-159），人間諸個人の社会的行動はその社会的行為の結合様式によって，「公認された権力」による国家，すなわち「政治的アソシエーション（political association）」，「貨幣」による経済，すなわち「私的アソシエーション（private association）」，「コミュニケーション相互行為」による市民社会，すなわち「市民的アソシエーション（civic association）」にそれぞれ区分される。国家は経営技術装置でもって強制・調整・公共サービスによって裏づけられている，法にもとづく規制と執行をおこなう。経済では，私企業がほとんどの財とサービスを市場を通じて供給する。ここで想定される経済は資本制経済である。市民社会は国家や経済から相対的に自立した私的なア

ソシエーションであり，社会的正義を振興し自己発展するという。

本稿では，ヤングが人間諸個人の諸関係を一般的にさしていう「アソシエーション」を「市民社会（civil society）」といい，その市民社会を「公共社会（public society）」，「政治社会（political society）」，「市場社会（market society）」の三つの領域に区分する。三つの領域は相対的に自立しているが，一つの領域における経験は他の領域に生きるときに直接にあるいは間接に一定の作用をおよぼす。市場社会は資本主義的生産様式によって本格的に成立する。ほとんどの財やサービスが価格をもつ商品に転化するだけでなく，社会的精神的諸価値も価格をもつようになる（たとえば慰謝料）。人類は貨幣を越える，ほとんどの人間が共有できる価値尺度をまだもっていない。市場社会の資本主義的発展に公共社会と政治社会は対応し変容し，さらには資本主義的市場社会を制御するように成長していく。

資本主義的市場社会の発展と制御のルールと手法は市場社会の内部からだけ出てくるのではない。むしろ市場社会の動向を観察し規制する諸主体は，公共社会における市民・地域団体・労働組合・学校・研究機関・マスメディアなどである。公共社会のこのような諸主体が市場社会・政治社会の内部の人間と呼応してその外部から市場社会・政治社会の発展を促す。政治社会は公共社会の問題提起を受けてそれを法制化し行政を通じて市場社会を制御する。市場社会の内部の良心的な者は外部からの批判によって励まされ市場社会の内部から修正するようになる。長期的な視座からみれば，市場社会における自生的な変化に見えるものも，公共社会からの批判と要求を受容して生成してくる。公共社会は一枚岩ではなく多元的社会である。対話・討論などのコミュニケーションを通じて合意され，市場社会や政治社会を動かしていく。広義の市民社会のダイナミックな変化は公共社会・政治社会・市場社会の三つの領域の相互作用にもとづいている。

市場社会は人間の物質的生活のための諸条件を供給するだけでなく，精神的生活をおこなうための物質的諸条件も供給する。人間のさまざまな生活諸過程は経済的プログラムに翻訳され媒介されて実現する。その意味で市場社会はそ

のほかの公共社会，政治社会にくらべて基礎的（material）であり，公共社会，政治社会の物質的（material）な諸条件を生産する。三つの領域からなる市民社会の根本的変化は市場社会の変化をもって本格的・根本的に始まる。公共社会における運動が先駆的・起動的であるにしても，その運動が市場社会に及んで市場社会を変化させるとき，市民社会全体は三つの領域で決定的に変化する。資本主義は市場社会を肥大化し政治社会・公共社会を経済的利害で潤色しそれらを縮減する傾向を極度にすすめる。同時に，市民社会の市場化傾向の対極に，市場社会の道徳的・政治的制御と公共社会・政治社会の復活の徴候がみられる。事態は複合的に進行している。

　公共社会としての市民社会は最初は思想史上，理念として想定されるものであった。カントは「理論と実践に関する俗言」（1793年）で，プラトンの『共和国』にならって，法則に従う人々が同時に立法的であるという理念にもとづいた「可想的共和国」を，いいかえれば，自由・平等・独立を基本によって樹立される市民社会を永遠の規範として描いている。可想的共和国，いいかえれば市民社会は純粋な理性概念によってのみ考えられるという。自然は人間に可想的共和国をできるだけこの地上に実現することを義務として命じている。すなわち，自然は人類に「世界市民的社会（eine weltbürgerliche Gesellschaft：Kosmopolitismus）」をめざすようにさだめている。「可想的共和国」を基準につくられる市民社会をカントは「現象的共和国」という（西田1999）。カントは，アダム・スミスの『道徳感情論』を参考文献として世界市民社会論（『世界市民的見地における普遍史のための理念』1784年）を展開し「理論と実践に関する俗言」でスウィフト，サン・ピエール，ルソーなどを引用して，市民社会論をすぐれて経験論的に規定している。内田義彦のいう「歴史貫通的な市民社会」，丸山真男のいう「精神の永久革命」など，戦後民主主義の基礎的思想である「理念としての市民社会」は思想史的にはカントに遡ることができる。カントにならって，理念としての市民社会概念を厳密化するだけでなく，生きた豊富な社会的諸経験を市民社会概念に取り入れそれを再定義しなければならない。市民社会を形成しようとしている最近の動向はその再定義を強く求めて

いる。

(2) 市民社会の三つの発展段階

　市民社会は資本主義の発展に応じて異なる段階的役割を担い，その成員を拡大し，その使命を再定義し拡張していく。

　第1に，「資本主義の発生基盤」としての市民社会である。いったい近代資本主義の起源はどこにもとめられるだろうか。この問いをめぐる論争がかつての資本主義起源論争，あるいは封建的生産様式から資本主義的生産様式への移行論争である。マルクスは1840年前後のエピクロス研究で，自己を再生産する自立したシステムはシステムを構成する要素（stoikheion）が最初に発生したときに起源があることをつかんだ。アフリカの一匹の雌のチンパンジーがヒトの女になったとき人類が生成したように，システムの構成要素の最初の生成がシステムの起源をなす。一定の社会の物質的生活を組織し持続させるシステムを生産様式とすれば，資本主義的生産様式は商品をストイケイオン（構成要素）とし商品の生産と流通を普及する生産様式である。その生産様式は相異なる実在物の間に差異（剰余）を発生させる関係行為（Verhalten）を基本形態としている。資本主義的生産様式には万物に価格をつけ商品化しようとする衝動がある。

　イギリスのばあい13世紀に封建制が完成するとともに崩壊してゆく。領主は保有地の細分化による農民層の分解，賦役の増加にたいする農民の反抗などや，自分の消費生活の充実のために，市場税で農民を搾取しようとする。そのため特許を獲得して農村市場を開く。市場での商品交換が農村の潜在的生産諸力を刺激し顕在化する。農村市場の間の交換関係や，都市市場と農村市場の間の交換関係が広がる。港湾都市市場を通じて農村の生産物は遠隔地にも供給される。農民は近隣との共存圏（Gemeinwesen）だけでなく遠隔地に広がる共存圏にも存立していた（米川，p.149）。この商品経済を培養器にして農民が貨幣地代でもって封建的領主から自立し自由な半農半工の商品生産の主体になるとき，商品形態を構成要素（stoikheion）とする資本主義的生産様式が起動し

はじめる。現代世界資本主義を歴史的起源に遡及すれば，それは16世紀初頭前後のイングランドの独立自営農民の商品生産である。都市市場の商業（前期的か近代的かを問わず）が農村に商品経済を普及し封建的土地所有を解体し農奴を自由な小土地所有者に転化するとみる視座は，歴史理論史的にはスミスからマルクスに継承される。しかし，自由な小生産者たちの黄金時代は極度に短い。彼らはすぐさまプロレタリア化していく。修道院解散議会（1529年）を画期とするイギリス宗教改革を利用して登場した少数の富裕な新興地主（gentry）がイングランドの土地の大半を所有し，商業資本家と一体化し，地方行政，軍隊，大学，聖職のポストを掌握する（ペロック：87, 95）。この大土地所有者を中心とする革命が17世紀イギリスの第1市民革命である。そのピューリタン革命が始まる直前，「1630-40年までに［出現した］経済の新しい現実は大土地所有者の強力な寡頭制であった」（同：86）。大土地所有者たちは王権を空洞化し，経済・立法・行政・大学・宗教などイギリスの主要な権力を掌握した。ここにイギリスのジェントルマン資本主義，あるいは（後述する）地主王政資本主義の起源がある。

第2に，「資本主義確立の基盤」としての市民社会である。労働者階級は資本主義の本源的蓄積過程で資本主義の生産諸力の不可欠な要素となることによって実質的な交渉権を獲得する。彼らはなお持続する自分たちの劣悪な生存状態の改善を要求する。彼らは同伴者たちと連帯し，資本主義的市民社会（政治社会）への加入を要求し闘いとる。彼らはすでに市民として相互承認しあう者たちが構成する公共社会に進撃する。イギリスのばあいの最高賃金法撤廃（1812-13年），団結禁止法撤廃（1824年），第1次選挙法改正成立（1832年），イギリス帝国内奴隷制撤廃（1833年），スピーナムランド法撤廃（1834年），につづく10（労働）時間法の制定（1847年）について，マルクスはつぎのようにいう。「標準労働日の創造は，資本家階級と労働者階級とのあいだの，長期にわたる多かれ少なかれ隠蔽されている市民戦争（Bürgerkrieg）の産物である」（MEW23：316）。もはや，一週間を日単位で労働日と非労働日に区分するのではなく，一日を時間単位で労働時間と非労働時間に区分するようにな

る。マルクスは労働時間をめぐるイギリスの歴史を，労働時間を強制的に延長しようとする14世紀から18世紀中葉までの時期と，それ以後の労働時間を短縮しようとする時期に区分する。前者の時期は自由な小生産者が生成した途端，不自由な賃金労働者に没落し，そのようなものとして存続した時期である。それに反逆して，不自由な直接生産者が自由な主体に自立する後者の時期は18世紀後半以降の産業革命始動期に開かれる。

　産業革命はたんなる技術革新が始まる時期ではない。技術革新の資本主義的利用，すなわち労働の機械装置への代替（失業）と，それに促される，労働時間の（相対的延長だけでなく）絶対的延長にたいする闘争をつうじて労働者が自由な主体として成長してくる過程である。16世紀初頭に生成した途端，消滅した小規模経営の直接生産者の自由が，絶対王政の流血立法の撤廃を通じて，大工業に組織された集団としての直接生産者の自由として復活してくる。産業資本家層は彼らに安価な食糧・工業用原料と潤沢な資金を供給する近代的資本家的地主層と国内同盟をむすび，資本主義的技術革新の始動期である産業革命を経て相対的剰余価値＝蓄積体制を確立する。そのとき，労働者階級を同市民として受け入れる。こうして，産業資本家，近代的地主，賃金労働者の三者の間に「対抗と同盟」（内田義彦）の関係が成立する。その意味での市民社会（公共社会）の確立は資本主義の確立に先んじるのではなく，それと同時である。経済的にみれば，貨幣概念が現実化するとき，労働力商品の等価交換が実現するとき，資本主義的生産様式が確立するとき，この三つの時期は同時である。賃金労働者はまず不自由な直接生産者として市場社会に包摂され，ついで公共社会に登場し自分の不当な扱いを訴え，政治社会への参加権を取得する。このような，「市場社会→公共社会→政治社会」という社会的承認を獲得する道筋は，今日の他の主体，たとえば女性や外国人労働者の場合も同じである。

　労働者の同市民としての自由の実現は「第2次市民革命」とよぶにふさわしい歴史的画期をなしている。市民革命は一回性の出来事ではない。資本主義的生産様式の発生と確立ともに市民社会を再定義し再編する出来事である。さらにポスト資本主義への移行形態を創出するときに発生する出来事である（のち

に(6)で後述する第3次市民革命)。いわゆる第三世界では，いまこのような「三重の市民革命」が重層をなして進行しつつある。戦後の発展途上国をみればあきらかなように，資本主義は内発的に成立するというより，ますます外生的政策的に成立するようになっている。もはや国民国家が資本主義の成立のための「政策原蓄」(望月1982)の唯一の主体ではない。国際的連携によって資本主義的生産様式は政策的に構築されている(高橋1998)。資本主義的生産様式はますます「世界資本主義」として，グローバル・システムとして構築され運動している。イギリス第1次市民革命は世界資本主義の剰余収奪可能性を争奪しあう重商主義諸国間植民地戦争と強い関連をもっていた。ジョン・ロックは『市民政府論』で北米は文明を普及するための新天地であり，文明的優位にたつヨーロッパ人はそこに入植する権利を天賦されていると主張した。ダニエル・デフォーはイギリスの資本家が軍隊に守られて南米に奴隷制砂糖プランテーションを構築するように力説した。イギリス市民社会の形成はイギリス帝国主義の展開と表裏の関係にあったのである。第2次市民革命では，フランス革命に対抗するイギリス産業革命のなかから賃金労働者が市民社会の新しい成員として登場した。このように，市民革命は多面的にグローバルなひろがりをもって展開する。

　第3に，「資本主義の制御装置」としての市民社会である。人間諸個人の個別的に自由な行為は相互に織り合わされて，「意図せざる結果」をもたらす。個別的行為者の定立するさまざまな目的因は社会関係で合成＝捨象され，それらの行為は社会的次元では作用因に転化し，誰もが定立しない社会的結果が発生する。このことを自覚することに社会科学は成立する。このような自覚はアダム・スミスの『道徳感情論』(1759年)と『国富論』(1776年)に始まる。しかし，アマーティア・センはいう。「理性にもとづく進歩という考え方に対する懐疑論としての理由」として指摘される「〈意図しない結果〉の支配，意図した理詰めの進歩の可能性に対する懐疑」を検討する。識字能力を与える政策，疫病の撲滅など，「しっかりした動機のある政策に導かれた社会・経済改革の成功例はたくさんある。……実行しながら学ぶことは理性的改革者の大き

な同盟者である」(セン2000：291-292)。もはやスミスの「意図しない結果」論を確認して自足することはやめなければならない。

　資本主義を制御しようとする社会的なこころみは，マルクスの同時代からはじまる。近代史の分水嶺は1848年革命にある。フランス大革命の原理「自由，平等，所有」は，1848年革命の「1848年11月4日フランス共和国憲法」で，「自由，平等，友愛」に書きかえられた。その憲法では「フランス共和国は，自由，平等，および友愛を原理とし，家族・労働・所有権・公序を根底とする」と唱われている。労働権は所有権とならぶ根底となった。これが今日の「社会的経済（economie sociale）」の思想的原流であろう。マルクスは1840年代にアソシエーション論の流行のなかで，アソシエーションといってもいろいろあり，そのなかで共産主義者同盟＝「党」こそ，あるべきアソシエーションの形態であると判断したが，1848年革命の失敗のあと，実践上の長い沈黙をまもり，1860年代にはいってアソシエーションのあるべき形態を「生産協同組合」にもとめた。アソシエーションは同業者組織（協会），協同組合など，さまざまな形態を生成する。19世紀の英仏の賃金労働者は労働時間の短縮を要求し，自由時間をたんにレジャーに使うだけでなく，さまざまな協同組合の組織化に活用するようになる。それは利潤を目標とする「所有の経済学」に対する「労働の経済学」の勝利である。マルクスがこういうとき（1864年），1848年革命で「所有」に対置された「労働」がまさに「所有」の源泉であることを論証する自分の経済学批判（領有法則転回論）を思い浮かべている。

　しかし，資本主義システムも自己制御装置を構築しはじめている。「1848年以後，現代政治技術は完全に変化した。議会制度が拡大し，組合組織と党の体制が拡大し，公的および私的官僚制も拡大した」。「1848年のあと，失敗のもととなった諸々の方法に対する批判を行ったのは穏健派だけであり，また事実，穏健派の運動自体は革新されたのである」（グラムシ，p. 167，186）。1850年代以降は穏健派の自己革新力と資本家階級の体制内変革とが対抗し対流するようになった。これが歴史を動かす主流となった。資本家階級は1848年革命から資本主義には「体制内改良」が不可欠であり，また資本主義は制御可能なシステ

ムであることを学び制御を開始した。そのため，1850年代以後の資本主義はその支配様式を変容してきた。「イギリス社会科学振興協会（1857-86年）」は，財界，政界，学界を動員してイギリス資本主義の矛盾を直視し解決策をさがし宣伝し知的道徳的ヘゲモニーをにぎろうとする国民運動である。その社会改良運動の一環として，1850年代からのイギリスの社会政策と社会統計（学）が発達してくる。イギリス資本主義はグローバルなブルジョア的世界の造物主である。イギリス資本主義のヘゲモニーブロック（財界・政界・学界）は彼らの世界支配の力量を誇示するために，一大スペクタクル，「ロンドン万博」（1851年）を展開した。マルクスは開催1年前にこのイベントについて，イギリス資本主義の支配層はヨーロッパ大陸の革命騒ぎを横目に沈着に1850年代以降の世界資本主義戦略を構築していたと指摘している（内田2000c）。

　さきにみたセンは開発途上国のケースを念頭においているが，発達した資本主義は多元的に制御されている。今日，政府だけが資本主義の制御装置なのではない。政府のマクロ的制御ではカバーできない問題が発生し，地域的・ミクロ的な制御装置が必要になっている。ことは制御のコスト・パフォーマンスに限定されない。市民が様々なレベルの問題を発見し提言する主体となっている。資本主義には，市場・政府を制御する「公共社会・政治社会としての市民社会」が不可欠である。社会的諸関係は社会空間に実現し定在する。資本の諸関係がオフィス・工場などの資本空間に具体化しているのに対抗して，市民のネットワーク（諸関係）は市民社会空間となって実現する（平田1993：330f）。人間の社会諸関係は，物理的距離の遠近にかかわらず，その実在的空間と不可分である。さまざまな市民社会諸関係は空間的実在物である。しかし市民社会空間はそこでのヘゲモニー闘争によって変動する関係態である。

Ⅱ．開発独裁体制と市民社会

(3) 技術原蓄・土地原蓄・地主国家資本主義

　イギリスを典型としてみると，近代市民社会の成立と資本主義社会の成立と

は19世紀中葉の産業革命の終了と同時に実現する。資本主義経済は技術革新的な（innovative）システムであり相対的剰余価値の生産体制の確立を以て成立するから，「本原的蓄積（原蓄）」（望月1982の表記法による）の過程には「技術原蓄」や，産業革命（技術原蓄）に資金を供給する資本主義的農業の始動のための「土地原蓄」がふくまれる。望月清司（望月1982）は『資本論』原蓄章に，労働力原蓄，資金原蓄，始動原蓄，加速原蓄，追加原蓄，暴力原蓄，静かなる原蓄，民間原蓄，国家原蓄，体系原蓄，散発原蓄，世界原蓄，国内原蓄の13の原蓄概念があるという。歴史理論的にみると，開発途上国の経済開発は資本主義的生産様式を構築する原蓄である。開発途上国は原蓄のために「安価な土地」と「安価な労働力」をファンドにして先進国から「資金」と「技術」を導入している。現代原蓄にはこの四つが不可欠な「原蓄要素」である。望月清司はそのうち「資金原蓄」と「労働力原蓄」という原蓄の基本的な要素を指摘するが，「技術原蓄」と「土地原蓄」をカテゴリーとして分析していない。では，『資本論』原蓄（第24）章には「技術原蓄」や「土地原蓄」は記述されていないのだろうか。

　第24章の第5節「工場への農業革命の反作用。産業資本のための国内市場の形成」には，「大工業がはじめて，機械によって資本主義的農業の恒常的な基礎をあたえ，農村民の巨大な大多数を徹底的に収奪し，家内的・農村的工業……の根を引き抜いて，それと農業との分離を完成する」（MEW23：776-777）と記述されている。資本主義的生産様式の確立には「科学の意識的な技術的応用，土地の計画的利用」（ibid.：790）が含まれるのである。技術の農業への普及は価格競争によって農村家内工業を破壊し農村から労働力を流出させ，労働生産物（生産手段・消費手段）は資本の生産物（商品）となる。こうして万物が商品となる基礎，したがって資本主義の基礎が確立する。なるほど封建的生産様式の基礎は土地所有にあり，資本主義的生産様式は封建的土地所有を解体した。しかしその解体によって，おおよそ土地所有なるものがなくなるのではない。資本主義的生産様式の構成要素（stoikheion）である商品形態の浸透によって，土地も商品となり土地所有も近代的な所有となる。農業は資

本主義的経営の対象となる。人間と自然の物質代謝過程は，資本主義では資本が商品形態をつうじて，労働力（人間）および土地（自然）の開発＝搾取として実現する。そのさい産業資本は原料・食糧の供給を資本家的地主に依存する。「技術原蓄」と「土地原蓄」は，近代技術の農業への応用と，農業による産業資本への原料・食糧の供給との資本主義的農工分業の基礎を構成したのである。マルクスは現代原蓄の重要な要素，「技術原蓄」と「土地原蓄」を指摘している。ここに，「ジェントルマン資本主義論」の実質的根拠がある。現代原蓄は，イギリス資本主義が原蓄諸要素を調達するさいに依存した世界システムをさらに拡大＝再編成して，実施しているのである。

　ジェントルマンは寄生地主ではない。資本家的地主であり，産業革命の技術的成果を活用して農業革命を推進する。安価な工業用原料・食糧を供給して賃金（労働力の再生産費）の低下＝産業資本の蓄積をささえ，地代（農業利潤）でもって商業・貿易を担い金融市場に資金を供給する。こうして，彼らはイギリス資本主義の経済権力の中枢を占め名望家政治を担ったのである。産業資本家が工業を支配するのに対して，土地貴族は農業，商業，金融を支配し，そのネットワーク総体がイギリス資本主義である。この経済的相互依存関係を基盤に，土地貴族層と産業資本家層は資本主義的生産様式の確立と発展のために「国内階級同盟」をむすぶ。マルクスが観察していたものはこのような資本主義である。ゆくゆくは産業資本家がイギリス資本主義のヘゲモニー（産業資本の制覇体制）を確立するだろうというマルクスの理論的予見にもかかわらず，今日でもイギリス資本主義はその基本性格を持続している。その意味で，イギリス資本主義はなお「ジェントルマン資本主義」である（内田2000b参照）。イギリス資本主義は国内的にも，飯沼二郎の「地主王政」（飯沼1964）を援用すれば「地主王政資本主義」，あるいは「地主的資本主義」（河野・飯沼1967）である。一般的にいって，地主層が国家権力を掌握している点に着目して「地主国家資本主義（rentier-state capitalism）」（内田2000c）ということができる。「イギリスの女王は全国土の名義上の所有者である」（MEW23：757）。ヴィクトリア女王を筆頭とするイギリスの地主層は資本家層と国内で階級同盟

をむすぶだけでなく，イギリス帝国主義の実質上のレントナーとしてインド国土の地主としてインドから膨大な利子を収奪していた（内田2000b）。

　望月清司はマルクス歴史理論を，「資本主義の体制認識とともに」，「本源的な共同体（Gemeinwesen）からより高度な新社会（Gesellschaft）をもつつみこむ人類史の総体を反省し，かつ展望する理論」であると定義する（望月1973, p. 3）。マルクス歴史理論では，資本主義的生産様式における土地所有は資本主義的生産様式に寄生する封建的生産様式の遺物であるという。その土地所有像は産業資本主義の理念的モデルを基準にした理論像である。しかし，資本主義的生産様式が典型的に発達した現実のイギリスでは土地所有は近代的な形態をとり，資本家的地主は産業資本に安価な食糧原料を供給するだけでなく商業資本家・金融資本家として資金を供給する。このことでイギリス資本主義の不可欠の要素となっている。マルクスがイギリス資本主義で観察した実態では，産業資本家が所有資本家と機能資本家に分離するように，農業でも土地所有者（地主）と土地利用者（農業資本家）に分離する。所有資本家も土地所有者もともに剰余配分（利子・地代）を受けるレントナーとして同じである。

　封建的生産様式から資本主義生産様式の移行は長い数百年の期間を要し，なお土地所有は世界資本主義の枢要をなしている。世界資本主義は，近代的地主や伝統的土地所有に依拠する地主（以下，伝統的地主）が政治権力を掌握し内外の資本家と階級同盟をむすぶ構造をなして，運動している。その長い歴史的期間に，世界資本主義のそれぞれの地域が資本主義的生産様式に雁行的に移行してゆくさいの原蓄過程の基本的構造を理解するために，さまざまな伝統的な土地所有制を無視することはできない。むろんそのさい，土地とは，農地だけでなく水産資源，原油・天然ガスをふくむ鉱物資源などをさす。伝統的地主層が宗教的権威で上から原油・天然ガスが埋蔵する土地と労働力を支配するイスラーム諸国も地主国家資本主義であろう。筆者はかつて，現代中国国家は「社会主義市場経済」を構築しようとしているというが，実態は，安価な労働力を提供し安価な土地・生産手段を国有し賃貸する「レントナー国家」であると規定した（内田1995）。現代中国は，「社会主義社会」を建設するために，安価な

土地・労働力をファンドにして実質的には資本主義的生産様式である「社会主義市場経済」を展開している。中国は,「資本主義から社会主義への移行はいかにして可能か」という課題を自覚しているし,その移行条件を構築するために,そのファンドを活用することを正当化していると考えられる。その意味で現代中国も長い移行期において地主国家資本主義でありつづけるだろう。「フェア・プレーは早すぎる」(魯迅)のである。中心部イギリス国内階級同盟をむすぶ産業資本家と地主とがそれぞれ技術と資金を提供して,周辺部インドの伝統的地主と国際階級同盟をむすび膨大な利子を吸着するとき,彼らはレントナーである。現代のインド地主貴族がビジネスマンとして活動すると同時に,名望政治家や所有する地域のコミュニティへの社会貢献者という役を担うとき,彼らはイギリスの貴族的義務(noblésse oblige)と類似した温情的な役割をはたしている。イギリス帝国主義はインドに地主の理念像を遺している。世界資本主義の長期的過渡期の基礎構造を理解する概念として「土地原蓄」を提示するゆえんである。

　原蓄期の資本主義は,原蓄諸要素である労働力,土地,資金,技術,経営ノウハウ,交通通信網,金融財政制度だけでなく,教育制度,公衆衛生制度,治安国防制度,法制度など,資本主義的生産様式が作動する社会的経済的政治的インフラストラクチュアを内外から調達し,あるいは既存の諸要素を再編して創出する。イギリス資本主義のばあいは,その諸要素のうち,重商主義戦争をつうじて獲得した植民地から,労働力(奴隷),土地,金銀などを収奪し現地であるいは本国に搬入して原蓄要素に転化した。それにたいして,20世紀では,植民地の再分割を要求する資本主義後進諸国(ドイツ,オーストリア,イタリア,日本など)とすでに植民地を獲得して既得権益としている先進資本主義諸国との2回にわたる世界大戦で植民地再分割要求が闘われたが,先進資本主義国が勝利した。先進国から政治的には独立した現代の開発途上国はもはや外部に植民地を獲得できない。イギリス資本主義の原蓄では,国内だけでなく世界資本主義の周辺部である植民地からの安価な労働力と土地を獲得し,技術は国内から調達し(労働力と土地の国内原蓄＝世界原蓄と技術の国内原蓄),

地主貴族層と産業資本家層が「国内階級同盟」をむすぶ。

　ところが，現代原蓄を推進する開発途上国は国内の安価な労働力と土地を伝統的地主＝支配層が軍事暴力装置でもって独占的に支配し，世界資本主義の中心部から資金と技術を導入する（労働力と土地の国内原蓄，資金と技術の世界原蓄）。開発途上国の地主国家資本主義は周辺部の伝統的地主と中心部の資本家層との「国際階級同盟」によって構成される。現代原蓄もイギリスの古典的原蓄とは形態を異にする一種の世界原蓄である。イギリス資本主義の原蓄の場合は，原蓄国が世界資本主義周辺部（植民地）を上から垂直的に支配する。現代の開発途上国では，逆に，世界資本主義の周辺部が下から垂直的に中心部から原蓄諸契機を調達する。イギリスのばあい資金は内部と植民地から調達し技術は内部で創出したが，現代の原蓄国家ではそれらは内部からは調達できない。それらは過剰資本と過剰商品の活用法を模索する超国家資本から調達＝導入する。そのほかの経営ノウハウ，航空・鉄道・自動車など交通手段やその建設と運営ノウハウ，金融財政制度，法制度（民法・商法・労働法・環境法など），つまり，広義の技術の整備と創出に国連や先進諸国は協力し，現代世界資本主義のインフラストラクチュアを構築している。現代の開発途上国における資本主義的生産様式の確立は「現代世界資本主義政策原蓄」として展開している。

(4) 歴史理論的概念としての開発独裁体制

　「開発独裁体制（developmental dictatorship）」は元来，政治学概念である。それを政治経済学的に規定すれば，地主層が土地とそこで生活する直接生産者を軍事力で上から政治的に支配し，その安価な土地および労働力によって外部から不足する資金と技術を導入して資本主義的生産様式を生み出そうとするシステムであるといえよう。その意味で，開発独裁体制は「原蓄期地主国家資本主義」である。地主層は地代や，地代を商業や高利貸に運用して獲得する商業利潤，利子を産業資金にプールすることによって産業資本を支配する。地主国家には，地主王政国家，天皇制ファシズム国家，社会主義国家，宗教的権威主

義国家などの場合がある。それらはいずれも，安価な土地と労働力を上から暴力的に支配し資本主義的生産様式確立のファンドにする点では共通する。

　開発独裁体制＝地主国家資本主義は，伝統的共同体（Gemeinschaft）から資本主義的市民社会（Gesellschaft）への長い歴史的移行期の基本形態である。開発独裁体制＝地主国家資本主義概念は社会主義諸国をふくむ現代の開発途上国を原蓄過程にある資本主義として規定する視座をあたえる。開発独裁体制＝地主国家資本主義は多様な形態で存在する普遍的な歴史的経験的概念であり，かつグローバルな現代的意義をもっている。現代の開発途上国の開発独裁体制は，帝国主義的収奪はもはや不可能であるから内部の農村部をいわば国内植民地とし，その労働力と土地を上から支配する。開発独裁体制の上層部は家族主義的共同体によって先進諸国の援助資金を吸着し，その一部を温情主義的に大衆上層部に流す。現代超国家資本と国連を中心に，世界市場のなかに開発独裁体制諸国を包摂統合し，その体制下の不自由な賃労働を自由な賃労働に転換する戦略が構築されている。

　恒川恵市は「権威主義体制と開発独裁」（『世界』1983年7月）で，発展途上国の経済開発のアジア型を「開発独裁」といい，ラテンアメリカ型を「権威主義体制」といって区別する。しかし，その違いは経済開発の上から軍事的圧力の強弱と程度であり，支配層が土地と労働力を掌握しそれを経済開発に提供できる主要なファンドである点は共通している。本稿では，両者を一括して「開発独裁体制」とよぶ。それは政治経済学的概念であるが，その実体は「地主国家と資本主義との接合」である。最近のアジア開発独裁体制の再編過程は権威主義的体制に接近し，さらにそのなかに市民社会の形成の諸要素が生まれつつある。恒川はラテンアメリカ諸国の「人民主義」は所得再分配によってその強弱が規定されるという。肝心のその再分配の余裕とファンドは工業化の発展段階によって異なる。この点でも，アジア型とラテンアメリカ型との区別は絶対的な類型的区別であるよりも，開発途上国の工業化の発展段階が規定する区別であろう。

(5) 開発独裁体制としての戦時体制

　その意味で，戦時の総力戦体制は日本型の開発独裁体制である。それは，今日の開発途上国の体制が経済開発のために軍事独裁体制をとる基本構造では同種である。天皇制ファシズム体制は日本型開発独裁体制である。その体制は，天皇という最大の地主を盟主とする地主貴族層が地代を産業資金に転化することによって資本主義的セクターに進出＝支配し，そのことによって政治権力を保持し，そのような経済と政治を合理化する天皇制のイデオロギーを宣撫し反対派を武断的に抑圧するシステムである。帝国主義侵略戦争に旋回するかつての日本の開発独裁体制は，賃金労働者は日本が戦争に勝つために生産諸力（技術論争！）を増強するという戦争体制の目的のなかで普遍的な力量を身につける路線と，帝国主義的収奪物の一部を大衆に再分配して帝国主義が「解放と自由」をもたらすかのように組織する路線とが競合し相互浸透する体制であった。賃金労働者の実質的自由を実現する諸条件が確立する可能性は「恵与のかたちをとる日本のファシズム」（竹内好）に包摂されていたのである。

　これまでの日本の社会科学や社会思想史研究における市民社会概念は，十五年戦争（1931－45年）のさなかに発見された概念であった。それは戦時体制への協力を強制された社会科学者が資本主義批判でははなくて，形成すべき社会概念として発見したものであり，戦後の日本の社会に実現すべき理念であった。では，理念として市民社会概念を発見させた戦時体制とはどのような特性をもった体制であろうか。明治憲法体制は，思想的に北村透谷がいう「実の世界」（財界・政界・官界）と「想の世界」（文学界・思想界）が分裂し，「実の世界」を中心に構築されたものである。「想の世界」は大正教養主義でいっそう内向化するが，内向化の極限の「想の世界」をロシア革命が外から刺激する。それをきっかけにして，「想の世界」は「実の世界」に接近してくるのが昭和時代である。その時代における両者の思想的統一形態がプロレタリア文学であり，昭和マルクス主義である。昭和マルクス主義が分析した日本資本主義はまさに日本型の開発独裁体制であった。講座派が重視したのはその体制の「地主国家」の側面であり，労農派が展望したのは，その「資本主義的発展」

の側面であった。昭和前期，広くは明治憲法体制に一貫する特性は今日の開発途上諸国と比較することによってつかみだせる。

　山之内靖は戦中日本の社会科学研究は1937-38年を分水嶺にして旋回するという。「彼ら（大塚久雄，大河内一男，丸山真男たち）はいずれもマルクスの方法に拠り所を求めて資本主義社会の批判的分析へと向かっていきました。しかし，ほぼ1937-38年を境にして，彼らは一斉に方向転換をします。彼らはいずれも，日本社会に内在する近代化への潜在的可能性を探求する方向へと知的関心を転換してゆきました」（山之内：57）。第2次世界大戦が近づく1937-38年に，日本の社会科学研究はマルクス経済学を中心とする資本主義経済に対する批判的研究からヴェーバー宗教社会学を中心とする市民社会の内在的研究に劇的に変化する。マルクス『資本論』の適応による日本資本主義論と，ヴェーバー宗教社会学によるイギリス資本主義の歴史的起源に遡及する市民社会論と分離されるようになった。局地的市場圏の「中産的生産者層」にこそ経営者的精神があったが，彼らのエートスは資本主義の展開過程で虚無的な精神に変質し，初期市民社会のポジティブな倫理は資本主義に移行するとネガティブな精神に退廃していくことになって，マルクスのばあいと逆である。マルクスのばあいは，16世紀初頭の小生産者の自由のエートスは資本家に継承されるというよりも，絶対王政の流血立法のもとで抑圧される賃金労働者に継承される。彼らが資本主義的生産諸力の担い手として陶冶される過程で身につける力量＝教養はやがて資本主義における自分たちの力量と地位を自覚するような普遍性をもつ。その力量が産業革命期の第2次市民革命を推進する力となる。第2次市民革命をつうじて「直接生産者の自由」という第1次市民革命の達成物が復活する。

　資本主義的生産様式の成立過程の中心に見据えるべきものは，剰余労働の搾取者の系譜ではなくて，剰余労働の担い手である直接生産者の系譜である。勤労と禁欲のエートス，経営精神は生産諸力の担い手である直接生産者が継承するのである。いったん歴史の深部にもぐりこんだ直接生産者の自由は彼らが生産諸力の担い手として教育され陶冶され，生産の現場で直接に社会的に組織さ

れた生産諸力の実質的主体として復活してくる。その意味で，イギリス17世紀の第1次市民革命は19世紀の産業革命期の第2次市民革命に継承されるのである。戦時日本の社会科学におけるマルクスからヴェーバーへの旋回は，イギリスの16世紀初頭から19世紀中葉にかけての「直接生産者の自由の獲得→抑圧→復活」という主要な経路を見落とす難点をもっていた。そのため，原蓄から「技術原蓄」を欠落させ，直接生産者の自由をもっぱら，産業資本家に転化すると想定された小生産者に帰属させ，賃金労働者へのその継承は洞察されなかった。今日の開発途上国における資本主義的生産様式の国際的政策的構築にあって，「資金原蓄」（望月1982）とともに「技術原蓄」および「土地原蓄」が決定的諸要素であることや，不自由な直接生産者が市民社会の自由な形成者に成長することを考慮すれば，この欠落は重大である。

(6) **開発独裁体制から市民社会へ**

　開発独裁体制＝原蓄システムはそれ自体，自己を止揚する矛盾のシステムである。開発独裁体制は経済発展のために労働者の貧困（低賃金）を前提条件とする。経済的自由をめざすために経済的な不自由を強制する体制である。軍事暴力システムのもとで資本主義的生産様式の生産諸力を発展させるために直接生産者を教育＝陶冶する。形成される力量はそのシステムをはみ出す普遍性をもつ。陶冶された直接生産者はみずからに強制された不自由を自覚するようになる。そのシステムを打破しようとする。特に，不自由な賃金労働者は生産諸力の発展のために，開発独裁体制の内部やそこに直接投資される資本の本国で教育される。そのため陶冶されて発達してくる彼らの力量は，たんに開発独裁体制の生産諸力の発展を担うという当初の目的に限定されない，それからはみ出す普遍的力をもつ。もたなくては生産諸力を担えない。その普遍的な力量は，自分たちが生産諸力の担い手となって開発独裁体制の内部のさまざまな変化をもたらしていることを自覚するようになる。開発独裁体制の指導部のさまざまな癒着と腐敗に気づきそれを打破するようになる。こうして，「開発独裁体制から市民社会へ」（高橋1998）の道筋が開かれてくる。

第11章　世界資本主義と市民社会の歴史理論

　日本の場合，この道筋は戦時体制から，占領下民主革命である戦後改革への転回にみることができる。同種の転回は韓国，台湾，フィリピン，インドネシアなどでみられたし，ミャンマー，パキスタン，アラブの諸国，中南米諸国などにも，開発独裁体制から市民社会へ転回する可能性が高まっている。その旋回経路は，19世紀イギリス第2次市民革命と同じく，「市場社会」→「公共社会」→「政治社会」という道筋である。旧社会主義諸国では，民主集中制や，職場地域を政治組織で管理＝指導する体制にみられるように，その革命がすぐれて軍事的性格をもっていた。旧社会主義諸国は市民社会なき戦時社会であった。「市民法のない社会」であった。旧社会主義諸国は土地を国有とし労働権を制限し，経済開発を上からの指令と制御で推進しようとする開発独裁体制＝地主国家資本主義国であったのである。

　市民革命が産業革命を促すだけでなく，産業革命が市民革命を推進する。産業革命が生産諸力の改革である以上，新しい生産諸力の担い手を生み出す。現代開発途上諸国における工業化にともなう市民革命はかつてのイギリスの第1次市民革命に相当するものだけではない。そこでの工業化が現代世界水準で達成しつつあるように，そこでの市民社会の形成は三重である。その工業化の主体的担い手として陶冶された直接生産者が自由な主体として登場することを主流にして，先進諸国の第1次市民革命と第2次市民革命だけでなく，のちにみる資本主義的生産様式を超えようとする「第3次市民革命」がそれらに随伴して展開して市民社会が形成されている。「三重市民革命」である。三重市民革命はロシア，中国，ベトナムなど旧社会主義諸国においてもまなく観察することができるようになろう。

　資本主義の成立基盤は剰余吸着の枠組みとしての国民国家にある。しかし，資本主義はたえず国民国家を超えてというよりも，それを貫徹して超国家的な世界資本主義として運動する。資本主義の歴史的変遷過程で，資本主義はたんに国民経済の内部をその再生産機構とするものではない。資本主義が国民国家（政治社会），その内部の国民社会（公共社会）と国民経済（市場社会）を創設する過程は同時に対外的に帝国主義として展開する。内部に形成される市民

社会と対外的に展開する帝国主義とは資本主義の内外の両面である。経済開発は国民経済内部の活動であるだけでなく，対外的には，資本主義諸国間の水平分業だけでなく，植民地開発としても展開される。資本主義内部の経済開発の経験は開発独裁体制の経済開発に転用される。国内開発は国際開発に転用され，またその逆に転用される（足立1997）。

　マルクスは「パックス・ブリタニカ」のセンター・ロンドンに生活しイギリス資本主義が市民社会概念をグローバルに実現しつつある事態の進行を目撃し，その現実化の起動力を「資本の偉大な文明作用（the great civilising influence of capital)」とよんだ。マルクスの資本の文明化作用論はアダム・スミスやリカードウにその思想的起源をもつ。サイードが指摘するように，西欧の思想家はオリエンタリズムの表象を非ヨーロッパ世界にあてがい，非ヨーロッパの人々はそれに対する自己表象をつくってきた。しかし，問題はそのような表象―被表象という主観的な関係に限定できない。西欧近代市民社会の文明の達成物は，ポスト植民地時代に適合するように再構成されれば，なおグローバルな適応性をもち，開発途上国の貧困から脱出する諸条件になりうるのである。「文明化」は空虚な観念という意味でのイデオロギーではない。イデオロギーそれ自体，物質的な生産諸力にうらづけられた力量である。それだからこそ，西欧文明はこの数世紀世界に浸透してきたのである。その歪みやそれが功利的目的とむすびついた面だけをみて，それを全面的に拒絶するのはナイーヴである。孤立系に自閉するその拒絶思想は発展可能性をもたない。開発途上国の飢えや病気から自由になるためには，先進国の資金や技術などを導入するほかない。そのために先進国と開発途上国との間に共通の取引諸条件を設定する。市民法や商法の諸規定と体系を導入する。1996年4月に財団法人国際民商事法センターが発足し，アジア地域の民法，商法に関する調査，研究，研修，情報交換をおこなって，アジア地域の国々が民法商法を制定し運用し国際経済取引に参加する道を開くように支援している。このような現実的な変化と国際的な交流のなかに，世界市民社会を構築するために共有できる基盤が西欧近代市民社会の形成物にあることが明示されている。西欧の文明化作用とオリエンタリズ

ムを批判し自己批判をもとめることで人類がかかえている問題は解決しない。事態はオリエンタリズムの表象―被表象の関係の次元を超えたところで進行している。開発のためのさまざまな試みが失敗してきたけれども，伝統的な共同体の生活様式を保持することでは事態が改善しない。人類共生の探求はまだ始まったばかりである。

Ⅲ．ポスト資本主義社会の予兆

(7) 社会的諸価値のシステム転換

　最後に，「資本主義を超える可能態」としての市民社会をみてみよう。市民社会は遠い未来に掲げる理念としてだけでなく，近未来に実現すべき具体的目標として設定されるようになった。このような傾向は学問研究の場でよりも，現実的な運動の担い手のあいだでひろがっている。市民社会は，理念であると同時に，それを指針に実践して獲得した諸経験を検証し，逆にその経験でもって理念を再定義する実践的経験的概念に変換されなければならない。こうしてこそ，市民社会は現実にねざし現実に生きる概念となる。世界的に，いまそのような動向にある。さきにみた『キヴィクス』はその動向をしめしている。市民社会概念と無関係に構想される社会主義社会はもはや論外である。資本主義に発達する市民社会とは無関係の「理念的な社会主義社会」は実現できない。同時に，「実現すべき市民社会」とは別の種類の「市民社会としての社会主義社会」は構想できない。日本の市民社会の思想家は現存社会主義にたいしては批判的であったが，資本主義のあとに実現すべき社会として，社会主義的市民社会を構想していた。では「社会主義的市民社会」とはいかなる社会であろうか。もはや生産手段の社会的所有という定義で社会主義を定義できない。生産手段の社会的所有とはいかなるものか，その定義を歴史的経験に照らして詳細に定義しなおす段階にいたっている。アマーティア・セン（セン1999）は，社会主義の三つのアプローチ，すなわち(a)制度（特に生産手段の社会的所有），(b)結果（特に平等な経済秩序），(c)過程（特に意思決定における協同の方法）

に区分し，(c)の生産に関する決定への参加権が重要であるという。R.C.フェルナンデスも，いま実現しつつある「世界市民社会」の経験を総括して，そのキーワードは「参加（participation）」と「市民権（citizenship）」であるという（CIVICUS：319）。協同組合，地域通貨などに，現代世界の大地と土壌から資本主義に代替する新しいシステムが生成する予兆がうかがえる。センは，直接生産者が生産に関する構想，計画，決定，実行，結果の検討など，生産の諸過程にいかなる能力と権利をもって参加するのか，それらの詳細な経験的再検討によって，あるべき社会の基盤である生産過程で社会主義を考え直す段階にきているとのべている。注目すべきなのは，生産の社会的編入に諸個人がいかに参加するのかという側面で社会主義を再定義していることである。諸個人を，崩壊した社会主義諸国における社会的諸関係のヒエラルキーのようなシステムに管理される存在ではなくて，逆に，諸個人を社会的諸関係を担い動かし再編する主体に位置づけていることである。諸個人の参加能力と参加権を主軸において社会を定義するとき，はたしてそれはなお社会主義というべきなのであろうか。

　いったんできあがった市民社会はけっして固定的ではない。その変動は基本的には資本主義（的市場社会）がもたらす。ホッブズ，スミス，カント，ヘーゲルなどの市民社会論にあるように，市民社会は一定の市民の資格規定にしたがって構成される社会である。しかし，市民社会の歴史をみればわかるように，いままで市民社会の外部に「排除されてきたもの」・「偶然的なもの」が資本主義の発展要素となる可能性をもつようになるからこそ，市民社会（政治社会）で同市民として認知されるようになったのである。その事態の変化をあたらしい参加主体に即してみれば，われわれを市民社会に参加させよという要求になる。あたらしく登場してきた主体をいかに包摂統合するか，その様式をめぐる論争がおこる。

　アリストテレスによれば，人間活動には，(1)ある目的を実現するための手段である活動だけでなく，(2)活動それ自体が目的である活動がある。いま，(1)の手段としての活動が相対的にも絶対的にも減少し，(2)の自己目的化した活動の

意味と価値が増大している。それを個人的社会的に積極的に評価するように変化している。セン（Sen 1987）によれば，人間の社会的行為は社会的諸価値（人権，自由，公正など）を実現することに寄与する側面と，自己の利益（効用や個人的な良き生活など）を実現する側面がある。この見方は，マルクスが商品には社会的使用価値（他人にとっての使用価値）と価値（社会的富の配分を受ける権利）との二つの側面があるといったことに対応する。センによれば，人間の行為の機能とは，個人が資源を投入して選択的に自己を実現する生き方である。そのさい，選択は経済的な資源配分メカニズムに依存するとともに，自己実現するために自由に行使できる社会的権利システムに依存する。センのいう潜在能力（capability）とは，このような個人の選択可能な経済的＝社会的機能の範囲のことである。人間の自由とは「潜在能力」によって定義される（下河辺・他編2000）。さきにみた社会主義に関するセンの定義もこの潜在能力概念にもとづいているだろう。この概念でもって，彼は国連の人間開発プログラムに学問的根拠づけをおこなっている。

　最近，ボランティアや非営利団体や非政府団体など，「社会的経済（social economy）」とか，「ボランタリ・エコノミー（voluntary economy）」といわれる経済活動が内外で増えてきた。このことは，いまみた，人間行為の社会的価値と個人的価値の二側面にいかに関連しているだろうか。端的にいって，社会的諸権利のシステムを所与の条件とする段階から，まさにその社会的諸権利のシステムそのものを変革しようとする行為がそのような「新しい経済」を生成させているのである。「新しい経済（new economies）」（J. ロバートソン 1996）とは社会的諸価値のシステムを転換しようとする活動にほかならない。自己の利益を拡大するためにも，既成の諸価値を支持する社会システムを転換しなければならない。このことが社会的なひろがりをもって自覚されてきているのである。資本制市場では社会的使用価値が相互に手段となり，それらの交換関係が価値として自立する。ところが，いま「手段的行為」を「目的的行為」に逆転して，社会的自由を再定義しようとしているのである。マルクス的にいえば，社会的使用価値が価値を獲得するための手段でなくて，価値（social cause) ＝目的そのものとなってきている。その転換が「社会的経済」という新しい経済を生みだす。生産手段の国有化を社会主義と考えた時代では,「どこまで国有化するかという〈ケインズ問題〉」(長洲一二) が真剣に論じられたが, いまや「どこまで社会化する (Vergesellschaften) かという〈マルクス問題〉」が主題になってきている。そのような社会的な地殻変動に, エコマネー, 時間貨幣, 時間貯蓄システム, LETS, 相互交換保証システム, 通貨交換ネットワークなど, さまざまな種類の「地域貨幣」がグローバルに生成している事態に,「歴史の発生地と現場」(『ドイツ・イデオロギー』) を垣間見ることができる。たとえば, LETS (Local Exchange Trading System：地域交換取引システム) の地域通貨 (グリーンドルなどと呼ばれる通貨) の倫理的価値は, LETS 成員の倫理観である。そこに, LETS の参加者の活動が手段的行為ではなくて, 社会的諸価値のシステムを変換して新しい社会的価値を創造する目的的行為が重視されるようになってきている事態が示されている。LETS が無利子であるのは活動それ自体を目的として維持するためである。もし貨幣に利子がつくなら, 人間は利子を目的に労働するようになり, 労働自体は目的的活動でなくなり, 手段的活動となり, 新しい社会的価値のシステムは創造できなくなる (内田2000)。LETS は, 功利的なグローバリズムの浸透によって, 人間諸個人の間の相互福祉の関係が解体することに対するセイフティ・ネットである。「LETS は社会環境の持続を目指す幅広い運動の一つである。……自転車, 自動車の修理, 音楽, 語学教室, 造園, 子供の保育, 食品加工, 工芸, 肉体運動, マッサージなどのサービスを提供している」(ミーカー＝ロウリー2000)。

　ふつう, 倫理といえば《◇◇をしてはならない》という禁止 (prohibition) の倫理を思い浮かべがちである。そういう習性は倫理が市民の形成物ではなく, 上からの命令と観念されるような歴史的背景 (日本の近代化の特性) があるためだろう。《○○をしよう》という奨励 (promotion) の倫理は, 公共的に討議と合意によって樹立されるポジティブな倫理が市民社会を形成する倫理である。倫理といえば, たんに内面的規範であるとの誤解があるが, けっして

それにとどまらない。むしろ，内面的倫理を維持し深化するにも，その物質的諸条件がなければならない。倫理的義務は経済的形態に翻訳され経済的過程にプログラム化されたときに現実的となる。資本制経済では経済的諸形態を媒介し代表するのが貨幣である。貨幣は人間諸個人の異なる活動を統一し調整し評価する普遍的基準である。さらに，経済的価値以外のさまざまな社会的諸価値を統一的に評価する基準である。その意味で貨幣は人間の社会的力量を普遍的形態である。貨幣の力とは未来を構想し選択する力である。そのような意味での貨幣は人間諸個人を結合する媒体物でありつづけるだろう。そのような貨幣の機能から逸脱する道を遮断する貨幣制御装置が必要である。霜山徳爾は「エルドラードと分裂病」(霜山2000) で，分裂病患者が他のものには関心が薄くても貨幣だけには強く執着することを報告している。社会的諸関係から切り離されて個体的実存に生きていても，人間は普遍的交通可能性に実質的に参加したいという切望をいだきつづける。諸個人の普遍的交通がいかにどれだけ広がるかは，貨幣が決定する。このリアリティを病者は鋭く感知している。人間諸個人が自己の生命過程に他者といかなる有機体的諸関連を実質的にむすびうるかは，やはり貨幣という媒介物に規定されている。地域貨幣はそれとは別の様式で具体的な可能性を開拓している。「市場社会」における資本制貨幣とは異なる地域貨幣が「公共社会」に登場して，そこを拠点に「政治社会」に市民型政治 (civil politics) を導入し，逆に「市場社会」を制御し転換するようになる。

　既存の社会的諸価値のシステムを転換するためには，時間資源が必要である。資本主義的生産諸力の発展の担い手が資本の領有する剰余時間を「自由時間」として再獲得する運動を促すものは，まさにこの既成の社会的諸価値のシステムを再構築する必要である。地域貨幣という資本主義経済の外部に創られてさまざまな社会的＝経済的な機能をはたすようになってきたシステムは，まさに自由時間がささえている。かつては人間が生きる時間は楽しい「非労働時間としての自由時間」と苦痛な「労働時間」とに二分されてきたが，いまや，自由時間の質は楽しい労働時間，自由な労働時間への転換をもとめる影響力をもっている。それにともなって，人々の「良い仕事 (good work)」への希望

と要求がつよまっている。このような力量と意欲は国内に限定されない。グローバルに発揮されるようになっている。グローバル市民社会の形成を担っている。ある国に起こっていることは他の国にも発生している。社会的な事象は世界同時的，グローバルである。それらは共鳴し共振してネットワークをなすようになる。

　かつて筆者はこのような事態の兆しを察知して，日本資本主義の「洗練（sophistication）」という仮説を提示した（内田1993a）。洗練とはその語源からして両義的である。ソフィスティケーションには，(a)教育や訓練などによってものごとが実質的に向上するという意味と，(b)実質的向上と見せかける外見の向上の意味がある。この両義性は，ソフィストの生業であるレトリックに，(a)物事の真実を発見し表現する技の意味と，(b)詭弁術の意味があることに対応している。新しい社会的諸価値のシステムを創造しようとする動向に，そのように偽装して進入してくるものがある。NPO法を利用して老人介護で利益を上げようとする「ボランティア・ビジネス」があちこちで生まれていることはその一例である（栗原・他2000）。ボランタリー・エコノミーは200兆円市場であるとの宣伝にも商機を見つけようとする功利的に眼がはたらいている。実質的自由と見かけの自由との二重性をもつソフィスティケーション（ソフィスト的な両義性）に対峙するには，実践の現場での鋭い観察力や直観力と実践的柔軟性が必要であろう。民間企業も社会的価値（social cause）を内部化して行動するように変化を求められている。社会貢献や文化支援などをめぐる欧米企業の洗練が日本企業に浸透している。日本資本主義も，市場社会・公共社会・政治社会の三つの領域をもつ市民社会の社会的諸価値のシステムの大きな転換にうながされて，「ソシオ−キャピタリズム（socio-capitalism）」に変わり「社会資本主義（socialized capitalism）」に変容していかざるをえないだろう（内田1993）。

(8) 自由時間と新しい生産様式の可能性

　協働組合，ボランタリー・エコノミー，ニュー・エコノミー，社会的投資，

市民事業，市民銀行，地域通貨などの新しい動向は，マルクスの予見と符合する。彼は，1864年に創立された国際労働者協会の「創立宣言」で，協同組合運動と共に1847年に成立した労働時間の法制的制限である「十時間法」の意義を高く評価した。自由時間こそ，協同組合を創設する時間資源であるとみた。「十時間法は大きな実践的な成功であるにとどまらなかった。それは原理の勝利でもあった。中間（資本家）階級の経済学があからさまに労働者階級の経済学に屈服したのは，これが最初であった。十時間法に協同組合運動という「偉大な社会的実験」がつづいた。その運動は強制労働である賃金労働を克服してやがて自発的な手，いそしむ精神，喜びに満ちた心で勤労につく協同労働に席をゆずるだろう」と書いた。この新しい生産形態を「協同組合的生産様式」と呼んだ。それを受けて，『資本論』第1部の資本主義的蓄積の歴史的傾向論の個所を第3部の株式資本論と強く関連づけた。平田清明は歴史的傾向論の個所の〈das individuelle Eigentum〉を「個体的所有の再建」と訳し，株式資本論の個所の「協同組合的生産様式」と結びつけた（平田1982）。直接生産者は自分が働く株式会社あるいは協同組合のファンドの所有者になることによって，生産に関する構想，計画，決定，作業，結果の評価など，生産の諸過程にさまざまなかたちで参加する権利を獲得するようになるだろうとマルクスは予見していた。今日，まだ支配的ではないが，資本主義的生産様式のなかにそれと共生しあるいは補完するかたちで発生している「社会的経済」あるいは「ボランタリー・エコノミー」などとよばれている生産形態は資本主義的生産様式に代替する可能性を秘めていないだろうか。それは「協同組合的生産様式」あるいは「アソシエーション的生産様式（associational mode of production）」という自立した再生産システムに成長する可能性はないだろうか。さきに指摘したように，マルクスは1840年前後にとりくんでたエピクロス研究でストイケイオン（stoikheion）という概念をつかんだ。ストイケイオンは，事物の「構成要素」であり，最初の構成要素は事物の「起源」であり，事物のなす体系を構成しつつ貫徹する「原理」である。資本主義的生産様式のストイケイオンは商品形態である。直接生産者が生産基金を個々人的に所有するという，この新しい所有

形態は新しい生産様式の構成要素（ストイケイオン）になり，自己を再生産＝持続する形態になれるだろうか。かつて16世紀初頭のイギリスに独立商品小生産者が登場したことに今日対応するのは，賃金労働者が株式所有者や協同組合の基金の拠出者になる事態である。ただし，そのとき，個体的所有は，かつてのように「小規模の生産手段を直接所有する形態」ではなくて，「大規模に社会的に（株式や拠出金という形態で）組織された生産手段を間接的に所有する形態」をとる点で大きく異なる（内田1999）。かつての第１次市民革命を生んだ小生産者の自由は，今日，株式会社や協同組合の社会的に組織された基金を民法学でいう「個々人的所有」（廣西元信1966）で分有する直接生産者に継承されようとしている。この新しい経済は資本主義的生産様式を超える新しい市民社会の母胎となりうるか，21世紀はこの問題軸をめぐって動いてゆくだろう。

参考文献

アンダーソン，ベネディクト（1997）『想像の共同体』NTT出版
足立芳寛編著（1997）『開発技術学入門』オーム社
ベロック，ヒレア（2000）『奴隷の国家』太田出版
Callari and Ruccio (ed.) (1996), *Postmodern Materialism and the Future of Marxist Theory*, Weseyan University Press
CIVICUS (1994), *Citizens : strengthening global civil society*
Dyer-Witheford, Nick (1999), *Cyber-Marx : cycles and circuits of struggle in high-technology capitalism*, University of Illinois Press
Fang, Hsien-T'ing (1978), *The Triumph of the Factory System in England*, Porcupine Press
Gate, Hall (ed.) (1995), *Civil Society*, Polity Press
Gates, Jaff (1998), *The Ownership Solution : towards a shared capitalism for the twenty-first century*, Warren Bennis
『グラムシ選集』（1961）第１巻，合同出版
原洋之助（1999）『グローバリズムの終宴』NTT出版
平田清明（1982）『経済学批判の方法序説』岩波書店
同（1993）『市民社会とレギュラシオン』岩波書店
廣西元信（1966）『資本論の誤訳』青友社

船山栄一（1967）『イギリスにおける経済機構の転換』未来社
飯沼二郎（1964）『地主王制の構造』未来社
同（1977-78）「新風土論（1～12）」『経済評論』
河野健二・飯沼二郎編著（1967）『世界資本主義の形成』岩波書店
同（1969）『世界資本主義の歴史構造』岩波書店
栗原彬・T・モーリス＝鈴木・吉見俊哉（2000）「グローバル化と多層な〈公共圏〉」『思想』，2000年9月，No.915
『協同の発見』1995年5月，「〈よい仕事〉の探求」
ミーカー＝ロウリー，スーザン（2000），「コミュニティー・マネー：地域通貨の可能性」，マンダー・マンダー他編『グローバル経済が世界を破壊する』朝日新聞社
Marx, Karl (1962), Das Kapital, Buch. 1, *Marx-Engels Werke*, Bd. 23, Dietz Verlag Berlin
望月清司（1973）『マルクス歴史理論の研究』岩波書店
同（1982）「本原的蓄積の視座と視軸」『思想』1982年5月
西田雅弘（1999）「カントの市民社会論」『下関市立大学論集』43(2)，1999.11
ロバートソン.J.（1996），『21世紀の経済システム展望』日本経済評論社
スクレアー，レスリー（1995）『グローバル・システムの社会学』玉川大学出版部
Sen, A. (1987), *On Ethics and Economics*, Blackwell
セン，アマーティア（1999）「協同とグローバルな倫理」『協同の発見』1999年5月
同（2000）『自由と経済開発』日本経済新聞社
『社会運動』2000年8月号，「特集〈良い仕事〉論をめぐって」
下河辺淳・香西泰編（2000）『ボランタリー経済学への招待』実業之日本社
霜山徳爾（2000）『天才と狂気』学樹書院
高橋誠（1998）『世界資本主義システムの歴史理論』世界書院
トムリンソン，ジョン（2000）『グローバリゼーション：文化帝国主義を超えて』青土社
内田弘（1993a）『自由時間』有斐閣
同（1993b）「マルクス自由時間論と日本資本主義の洗練」『経済評論』1993年5月号
同（1995）「一斑を以ってあえて全豹を推す」『専修大学社会科学月報』No.380
同（1999）「転機の市民社会論」『アソシエ』第1号
同（2000a）「現実概念としての世界史」『情況』2000年3月
同（2000b）「イギリス資本主義」的場昭弘・他編著『新マルクス学事典』弘文堂
同（2000c）「書評論文・柄谷行人編著『可能なるコミュニズム』」『アソシエ』第3号
同（2001）「平田市民社会論と〈地主国家資本主義〉」『アソシエ』第6号
植村邦彦（1999）「マルクスにおける『世界史』の可能性」『現代思想』1999年11月
山之内靖（1999）『日本の社会科学とヴェーバー体験』筑摩書房
米川伸一（1972）『イギリス地域史研究序説』未来社
Young, Iris Marion (2000), *Inclusion and Democracy*, Oxford
ウォーラースティン，イマニュエル（1997）『アフター・リベラリズム』藤原書店

第12章
グローバリゼーションの起点
―― アメリカ資本主義の歴史的展開を中心に ――

矢吹　満男

はじめに

　「グローバリゼーションが現代の主要な政治的，社会的，および経済的な問題となっている[1]」。1999年12月のシアトルにおけるWTO閣僚会議は，10万人におよぶ先進諸国のみならず発展途上国からの労組，農民団体，環境NGO，開発NGO等の"反グローバリゼーション"の抗議行動に包まれて決裂した[2]。20世紀末の現代，"グローバリゼーション"が時代のキーワードとして登場せざるを得なかった背景には，どのような政治的経済的事情があるのであろうか。グローバリゼーションは冒頭でも指摘されているように多様な分野で論じられており，取り上げるべき論点も多岐にわたる。すでにいくつかの「グローバリズムに対抗する戦略[3]」さえ提起されているが，本稿は問題を限定し，アメリカ資本主義の歴史的な展開を踏まえて，グローバリゼーションの起点をいつに設定すべきなのかを考えてみたい。経済理論学会（2000年度）は「グローバリゼーションの政治経済学」を共通論題として取り上げたが，グローバリゼーションの段階規定は明確ではないし，グローバリゼーション論議で取り上げられているME情報革命の展開と対外直接投資，財・サービス貿易，資金移動，さらに人の移動の活発化がどう関連するのか必ずしも明確ではない。グローバリゼーションの発生史的解明をとおして，それらの内的連携とグローバリゼーションの歴史的な位置，さらにそれが孕む諸問題を考えてみたいというのが本稿の課題である。

1．ポスト冷戦とグローバリゼーション

　グローバリゼーションの起点をどこにもとめるか。マルクスが「資本の文明化作用」という概念で示したように，グローバリゼーションは資本に内在的な要因ということもできよう。しかし今日問題なのはそのような一般的な規定ではなく，グローバリゼーションを推進しようとする勢力とそれに反対する勢力との世界的な対抗の中心軸として登場せざるを得なかった特殊なグローバリゼーション，その起点である。

　この点について『レクサスとオリーブの木』の著者トーマス・フリードマンは，ベルリンの壁の崩壊した1989年をグローバル化時代の起点とし，すでに10年余を経過したこの時代を「グローバル化の第2ラウンド」と把握している。[4] つまりポスト冷戦をグローバリゼーションとして描き出そうとしている。ではグローバル化の第1ラウンドはいつなのか。フリードマンによれば，それは「19世紀中盤から1920年代後半にかけて」の時期である。この時期は言うまでもなく，資本主義の産業資本主義段階から19世紀末大不況期を経て独占資本主義段階へと至る時期，政治的には列強による世界分割が完了した古典的帝国主義の段階である。フリードマンが指摘しているように，対外取引と資本流出の対GNP比，労働力の流入と流出の量の全人口に対する割合で比較するとき，モノ，カネ，ヒトの動きは現在に匹敵するほど活発であったが，それは列強による植民地の分割支配という枠組の中でのことであった。

　そこに孕まれた矛盾は第1次世界大戦とロシア革命という形で発現し，さらに1929年大恐慌が勃発した。フリードマンによればこれらの要因によってグローバル化の第1ラウンドは粉砕された。世界は物理的にも思想的にも分断され，第2次世界大戦後は冷戦体制（1945-89年）によってこの分断の形が凍結された。第1次世界大戦の始まりから冷戦体制の解体までの約75年間は，フリードマンにあっては「ふたつのグローバル化時代の合間の長いタイムアウト」と把握されている。冷戦体制の解体する1989年，グローバル化の第2ラウ

ンドが始まり，1945年以来の「緩慢で，安定的で，横のつながりのない冷戦システム」に替わって，「網羅的で融通性に富む」「グローバル化という新しい国際システム」がすでに根付いているとする。その上でグローバル化の第1ラウンドの原動力が鉄道，汽船，自動車の発明による輸送コストの低下であったのに対して，第2ラウンドのそれはインターネット等による通信コストの低下であり，前者が世界のサイズを"大"から"中"に縮小したとすれば，後者は世界を"中"から"小"に縮めつつあると両者の比較が行われている。

　ポスト冷戦を定義しようとした著作として，ポール・ケネディー『大国の興亡』(1987年)，フランシス・フクヤマ『歴史の終わり』(1989年)，サミュエル・ハンチントン『文明の衝突』(1993年) などがあるが，フリードマンはこれらの見解の意義と限界を明らかにしながら，ポスト冷戦の世界をグローバル化を「ひとつの大概念」とし，ハンチントンの強調した文明の衝突やフクヤマのリベラリズムなどを「旧来の可動部品」として，ポスト冷戦を新しいシステムと古い情念の相互作用として描こうとしている。それがグローバル化を象徴するトヨタ車「レクサス」と土地，文化，民族という伝統的な価値への固執の象徴としての「オリーブの木」という形で著作の表題に込められている。ポール・ケネディーが『大国の興亡』を書いた時期は生産の空洞化と「三つのL」による銀行の不良債権問題の深刻化で日米逆転が叫ばれていた時期である。フクヤマの場合，東欧に崩壊現象が起きていた時期であり，ハンチントンの著作は湾岸戦争後イスラム原理主義の台頭が問題となった時期である。その後アメリカでは1990年代半ばインターネットの商用化をきっかけとして，情報通信産業と金融業にリードされ，日欧の停滞基調と対照的に史上最長の経済拡張を続けている。こうした90年代後半のグローバル化の展開を踏まえたフリードマンの見解は，他の論者に対してポスト冷戦把握の枠組みとしてより包括的なものとなっているということは言うまでもない。

　フリードマンの把握において，第1次世界大戦から冷戦体制解体までの期間は「ふたつのグローバル化時代の合間の長いタイムアウト」とされているが，これは具体的にはどのような時代であったのか。1989-1991年の冷戦体制解体

がグローバリゼーションを深化させたのは事実としても，グローバル化は明らかにそれ以前から進行しており，1999年12月シアトルWTO閣僚会議を決裂させた反グローバリゼーションのスローガンの背景にある政治的経済的事情を明らかにするためには，グローバリゼーションの真の起点を求めて，フリードマンの把握においてブラックボックスとなっている第1次世界大戦から冷戦体制解体までの時期に簡単にでも立ち戻ることが不可避となってくる。

2．資本主義のアメリカ的段階の生成とその独自性

フリードマンが強調する第1次世界大戦こそは，衰退する「旧世界」ヨーロッパに対して「新世界」アメリカが登場する画期であった。グローバリゼーションの孕む問題を明らかにするためには，アメリカ資本主義の歴史的展開を踏まえる必要があるのではあるまいか。アメリカ資本主義はその歴史的展開の中でその性格を変え，それが現在議論の俎上に上っているグローバリゼーションと大きく関連しているのではあるまいか。

ではアメリカ資本主義は元々どのような性格を有していたのであろうか。第1次世界大戦後台頭するアメリカは「単なるヨーロッパのコピーではなく，独自なものを持っていた[8]」と指摘されている。ヨーロッパの単なるコピーではないアメリカ資本主義の独自性について着目された山田氏は，ヨーロッパ資本主義がいずれも「民族国家規模」で「植民地領有の枠のなかで再生産構造を構成して」いるのに対して，アメリカについて「大陸的国家」の規定をあたえられた[9]。これはアメリカの有する膨大な面積，人口，資源に着目した規定である。

山田氏の「大陸的国家」規定の含意は，南氏の論文「アメリカ資本主義の歴史的段階」において体系的に深められた[10]。南氏によれば，ヨーロッパ資本主義に対するアメリカ資本主義の独自性が「その生成過程に胚胎する」。すなわちアメリカ資本主義の場合，純然たる植民地的土壌へ発達したヨーロッパ資本主義が移植され，移植を通じて自己形成＝自立化の過程をたどる。マルクスが指摘するように「合衆国の経済的発展はそれ自体ヨーロッパとくにイギリスの大

工業の産物であり[11]」,「封建制をまったく知らず,最初からブルジョア的な基礎のうえに成長した[12]」。このアメリカ資本主義の自己形成という場合,旧世界とは異なったその広大な大陸的広がりの故に,移民労働に依拠して生成する「資本制北部と農業的西部,それに奴隷制南部という相互に異質的な構成をとって集積・拡延してゆく各大陸的部分の一個の自立的な資本主義的統体への統合過程としてあらわれる」。この統合＝自立化は,北部産業資本主導による統合の型を「最終的に確定」した南北戦争を「決定的な転換点」とし,「フロンティアの消滅」(1890年頃) の過程を経て本格化するが,同じく大陸的地盤の故に旧世界ヨーロッパのように繊維工業を中心とした産業資本形態ではなく,鉄鋼,石油等重工業を地盤とする,より強力かつ組織的な金融資本の形態を前提とせざるを得なかった。「アメリカ合衆国は鉄道の産んだ子供」と言われるように,「大規模生産と,独占体と,シンジケート,カルテル,トラスト,銀行と,また金融寡頭制と結びついている」鉄道が統合化の過程で決定的な役割を果たした。鉄道建設がピーク (1887年) を過ぎ,「フロンティアの消滅」が宣言される1890年頃が「アメリカ資本主義成立の一道標」,「成立＝第一階梯」である。世紀末大不況は1895年頃から回復に向かうが,この時期が「いま一つの転換点」で以後鉄鋼・石油を軸に合衆国経済の骨格をつくったトラスト化の時期が続き,モルガン,ロックフェラーを首班とする金融寡頭制の骨格が作られる。旧世界ヨーロッパの場合,産業資本確立の前提ないし「画竜点睛」として現れる信用制度の整備 (1900年金本位制,1913年連邦準備制度) が,新世界アメリカではアメリカ型金融資本確立の「画竜点睛」として現れる。

　この金融資本の組織性の点では,レーニンがドイツを社会主義建設のモデルとしたように,アメリカはドイツに劣っていたが,これはドイツが「1次大戦の段階でいわば行きつくところまで『行きつくした』ともみられる」のに対して,アメリカの場合には「大陸内＝自足的な帝国主義の構成として」さらに「展開的な側面」を有していたことの現れであった。19世紀末には石炭に代わる電力,石油の新たなエネルギー源が発見されたことによって新たに電機,自動車,化学等の産業が勃興した。フォーディズム (1914年) を基礎として自動車

産業が発展し，20年代アメリカ産業のキーインダストリーとなる。第１次世界大戦を経てアメリカの1919年の対外債権は官民合わせて126億ドルとなり，戦場となって衰退するヨーロッパを犠牲に世界唯一の金融的自立国へと転化した。また1918年のアメリカの粗鋼生産は4517万トンで英独仏合計の２倍を越えていた。第１次世界大戦は「ヨーロッパ型帝国主義世界の総決算＝没落起点」となるのと対照的に「アメリカ型帝国主義の最終的確立点」となった。20年代にはそれら新興部門で世紀末のトラスト運動の「補完」としての第２次トラスト運動が高揚し，アメリカ的生活様式を支えるアメリカ産業の陣容が整えられた。それとの関連で商業銀行系統の集中・産業支配もすすんだ。20年代にはすでにアメリカ製造業が世界に占めるシェアは40％を越えていた。民族国家規模の旧世界ヨーロッパをはるかに凌ぐ標高と構成を有する資本主義のアメリカ的段階の生成である。

　以上山田，南の両氏によって，旧世界ヨーロッパが「民族国家規模」で植民地を不可欠の補完部分とするのに対して，アメリカが「大陸内＝自足的な帝国主義」として現れるという点がその独自性としてまず確認された。「アメリカは植民地をもっていない」が故に，世界の民主主義を高らかに掲げて第１次世界大戦へ参戦したが，後進南部は北部金融資本にとって「内地」植民地としての意義を持ち，旧世界ヨーロッパからの移民と黒人労働者は植民地的超過利潤の源泉としての意義を持っていた。さらにモンロー・ドクトリンの孤立主義は南北のアメリカ大陸への経済的，金融的支配の拡張と裏腹の関係であった。レーニンが「アメリカはすべての国を略奪し，しかも非常に独創的な仕方で略奪している」[13]と述べた所以である。

　アメリカはこうした大陸的な基盤のうえに立脚しており，19世紀を支配したイギリスに対して次のような独自性を持っていた。それは「イギリスの覇権は広範な大衆への生活様式の浸透を伴わなかった。おそらく，帝国主義的な男性エリート階層だけに広まったのだ。これに対し，アメリカの覇権は，非常にはっきりした生活様式を伴っていた」[14]ということである。19世紀イギリスの場合，階級関係が判然としており，この階級関係に規定されて消費のあり方，生

活様式も明確に階層化されていた。

　これに対してアメリカでは，ヨーロッパ的な手工業的熟練の欠如と移民の雑多な不熟練労働に依存せざるをえない歴史的背景から，標準モデルに基づいて互いに区別できない商品が大量に作られ，社会階層の区別なく消費されるようになった。こうしたアメリカ独特の消費のあり方──ブアスティンはそれを「消費コミュニティ」[15]と呼んでいる──を支えたのが，アメリカ的生産システムであった。産業革命の母国イギリスでさえ当時機械工業は部品の互換性はなく，全工程が手工業的な伝統に彩られていたのに対して，アメリカにおいては規格化されて互換性をもつ部品生産とそれに基づく組立・仕上げ工程が機械化され，それを支える工作機械が開発実用化された。アメリカの産業は「寸分違わぬ品物を生産するという方式をますます採用し，それを土台にして繁栄した」[16]。

　クリミヤ戦争（1854-56）で大量兵器需要に迫られたイギリスは，アメリカ式機械設備一式の導入を図った。さらに「南北戦争で大軍隊が必要となったために，似通った物資が大量に作り出され，そして戦争が終わったあと，その新しい生産方式から，初期の消費コミュニティが誕生した」[17]。アメリカ式の大量生産は，次第にあらゆる消費物資に広がった。小売革命が起こり，それまでの規模の小さな専門店に代わって，百貨店，通信販売店，全国的なチェーン・ストアが登場した。また広告も消費コミュニティの形成に役立った。この台頭するアメリカについて1901年イギリスのジャーナリスト，スティードは，「世界のアメリカ化」という文章を雑誌に発表し，20世紀初頭におけるアメリカ物質文明の国際的な浸透に注意を喚起した。「19世紀がイギリス物質文明の世紀だったとすれば，すでに1901年の時点で，アメリカはこれを凌駕する勢いにあった」[18]。

　そうした大量生産の成功の頂点が「可能な限り規格化された製造工程で，大量生産できる自動車をつくる」ことを決意したフォードによってもたらされたフォーディズムであった。「アメリカ産業革命のエッセンスそのもの」とされた流れ作業による組立ラインの考案によって，生産性は急速に高まり，価格も

大幅に下げられた。フォーディズムに先だって1901年には自動車産業発展の基礎となる石油がテキサス州で発見された。ハルバースタムは,「アメリカの世紀」は「石油の世紀」であり,石油の発見はアメリカを「世界最強の国にした」と石油の発見を高く評価している。その含意は,安い石油と大量生産による急速な価格低下によって,さらに大規模な機械化による単純作業を労働者が嫌ったことや,「職長による解雇権の濫用」による労働者の転職の増加に「追いつめられたあげくの,いわば窮余の一策であった」が,フォードが「労務管理機構の原理的な変革」を図りつつ日給を二倍に引き上げ,1日8時間＝5ドル最低賃金制を実施したことによって,工場の労働者さえも自動車を購入することができるようになった。自動車保有世帯は1908年の1％から1927年70.5％にまで高まった。自動車や電機製品等の耐久消費財の生産増加が20年代の繁栄を支えた。自動車,石油の大量生産,大量消費は後に資源問題,環境問題を発生させる原罪になるが,ハルバースタムはこれを「アメリカにおける第2の革命」,すなわち大学教育を受けていない普通の国民も,工場で仕事につき中流階級の生活を営めるだけの賃金を得ることができると言う意味を込めて「中流階級革命」とよび,20世紀を「中流階級の世紀」と誇張した言い方をしている[19]。

　しかしその定着のためには大規模な労働運動の高揚を必要とした。フォードは黒人労働者や身障者の雇用を増やし,また「社会生活指導部」を作って労働者の福利厚生業務を行なう一方,労働組合の組織化を暴力的に徹底して弾圧した。20年代は全体としてノンユニオンの時代であり,「彼らの購買力はまだまだ大したことはなく,生産性の急激な上昇にはとてもついていけなかった」。その帰結が1929年恐慌であった[20]。「フォーディズムの展開を軸に,生産過程からさらに消費生活じたいの『重化学工業化』（モータリゼーション・家庭電化・化学化,また「ストリップ・ミル」に代表されるような基礎素材部面の変革との相関）をつうじて,そこにいまひとつの足場を築き,自らの再生産＝蓄積過程に包摂し[21]」,アメリカ的生活様式が真に定着するには,労働運動の高揚を背景としたニューディール下のCIO結成,1946年雇用法とともにドル・ス

ペンディングに基づく戦後冷戦体制への移行を必要とした。

　第1次世界大戦を経て旧世界ヨーロッパレベルをはるかに凌ぐ標高と構成を持つ資本主義のアメリカ的段階が形成されたが，ウィルソン大統領の掲げた国際主義は議会の反対にあって後退し，孤立主義的傾向が強まった。しかし戦場となって衰退するヨーロッパ復興のための資金は債権国に転化したアメリカが供給した。ドーズプランでアメリカがドイツに対して融資し，それによってドイツが戦勝国イギリス，フランスに賠償金を支払い，それでもってイギリス，フランスがアメリカに輸出代金を返済するというアメリカ主導の資金循環でベルサイユ体制下のヨーロッパは復興に向かった。アメリカがヨーロッパの復興を支えたのはその資金のみではなかった。アメリカで大戦前から大きな展開を見せていた労働包摂の手段としてのテーラーシステム，フォーディズムが20年代ヨーロッパの「合理化」の手段として輸出され，独占資本による労働者階級に対する巻き返しが展開された[22]。20年代のアメリカは衰退する「ヨーロッパの後見人」の役割を果たし，ロシア革命をヨーロッパ辺境の一国社会主義に封じ込めてレーニン構想を挫折させた。

　20年代のアメリカは旧世界ヨーロッパをはるかに凌ぐ経済的実力を有しながらもリーダーとしての自覚に欠けていた［1930年ホーレイ・スムート関税］。そのため29年恐慌後不況が長期化し，為替引き下げ競争は世界経済をブロック化に導き，第2次世界大戦が勃発した。この大戦を経てアメリカは衰退するヨーロッパに代わって世界経済再建のために指導性を発揮しはじめた。冷戦体制の一方の基軸として膨大な経済・軍事援助を梃子に世界をアメリカに似せて編成替えしていった［1944年ブレトンウッズ協定，1949年NATO］。「世界のアメリカ化」が進んだのである。このような文脈で20世紀は「アメリカの世紀」ということが言われたのである。列強による「世界の分割」支配に代わってアメリカを主軸に統合・支配する資本主義のアメリカ的段階の確立である。

　以上アメリカ資本主義の生成以来の独自性と，冷戦の一方の基軸として資本主義世界の盟主として成り上がっていく過程を簡単にみてきたが，問題は現在議論の俎上に上っているグローバリゼーションが，こうした「世界のアメリカ

化」過程の単なる延長線上に位置するのではないということである。フリードマンのいうグローバル化の第1ラウンドは「帝国主義」の時代と重なるが,『文化帝国主義』の著者ジョン・トムリンソンは，この帝国主義と現在進行中のグローバリゼーションが異なるとして，前者においては「ある権力中枢から地球全体に向かってひとつの社会体制が意図的に拡張される」という特徴を持つのに対して，グローバリゼーションは，「この上なく一貫性がない，あるいは文化的目標をもたないプロセスである」と指摘している。経済的活動や文化的活動それ自体は決して世界統合などを目指しているわけではないのに，結果的に地球上のあらゆる地域の相互連絡や相互依存が強まっているところに帝国主義とは異なったグローバリゼーションの特徴があるとしている。その違いはどこに由来するのであろうか。資本主義世界を束ねてきた「世界政治経済の独占的調整者＝矛盾の吸収者」アメリカはどうなったのか。

3．アメリカ経済の分水嶺

ポール・ケネディーが『大国の興亡』で強調したように，過重な冷戦負担の重圧はアメリカを蝕み，ベトナム戦争が致命傷となって，早くも1960年代末資本主義のアメリカ的段階は転機を迎えた。1971年8月15日にはニクソン大統領の金・ドル交換停止声明によって戦後の高度経済成長を支えたIMF体制が事実上崩壊した。インフレの高進は1973年には第1次石油危機に点火した。第1次石油危機の勃発した1973年は，石油文明に支えられた「アメリカ経済の分水嶺」となった。

実質経済成長率は1973年を屈折点に鈍化した。冷戦下の1948年のGM-UAW協約で「賃上げは生産性向上の範囲内で行い，インフレに対しては生計費関係の手当を支給するという賃金決定方式」で合意し，こうした賃金決定方式が他の重化学工業にも広まったことによって，実質賃金は1973年まで一貫して上昇した。この過程で貧富の格差も縮小に向かった。1929年中産階級の中核として分類しうる4000-7500ドル（1952年価格）層は人口の15％に過ぎなかったが，

1953年には35％にまで上昇し，国民の現金収入の42％を占めるまでになった[25]。1973年まで着実に上昇してきた「時間当たり実質平均稼得」はその年をピークに長期低落傾向が顕著となっている。1950年5.34ドルから1973年には8.55ドルにまで上昇したが，1995年には7.39ドルにまで下落し，1999年でも7.86ドルに止まっている。全雇用労働者のおおよそ80％を占める製造業または非管理職の労働者に適用する「実質平均週賃金」もほぼ同様の傾向を示す。それは1950年213ドルから1973年315ドルのピークに達した後，1995年には256ドルにまで低下し，1999年271ドルに止まっている。アメリカの家族の実質所得は1950年の2万0649ドルから1973年の4万1617ドルまで101.5％上昇したが，その後は停滞的で1993年には4万1691ドルと1973年とほぼ同一水準に止まっている。その後の持続的成長で1998年には4万6737ドルにまで上昇したが，1973年の水準から12.3％の上昇にすぎない。

　こうした実質賃金の停滞と平行して貧富の格差も拡大した。1947年以来の家族所得の分布の変化をみると，最も貧しい20％の層はニューディール期4.1％であったが，1947年5％となり，1973年5.5％にまで上昇した後，1990年には再び4.6％にまで落ち込んでいる。反対に最高の20％の層はニューディール期51.7％であったが，1947年43.2％となり，1973年41.1％にまで低下した後，1990年には44.3％にまで高まっている。これを最上位5％層でみるとニューディール期26.5％であったが，1947年17.5％となり，1973年15.5％にまで低下したのち，1990年には17.4％となっている[26]。こうした貧富の格差の拡大によって，最低限の生活をするのに必要な一定の所得水準に達しない貧困層の比率は，1959年の22.4％（3949万人）から1973年には11.1％（2297万人）まで劇的に低下したが，その後上昇傾向にあり，1993年15.1％（3927万人）となった。1990年代の持続的成長の中で1999年には11.8％（3226万人）と率でみれば1979年の水準にまでようやく低下したが，依然として貧困層は3000万を超えている[27]。明らかに1973年が「アメリカ史の転換点」となっている。

　実質賃金の伸び悩みと関連して，生産性上昇率も1973年を分水嶺とする長期的な鈍化傾向を確認することができる。50年代，60年代と比較して73年以後鈍

化したとはいえ，生産性の上昇率が見られたにもかかわらず，実質賃金が長期傾向として低下した。「この経済的不平等の拡大は，歴史的にも前例を見ない」。「他の先進民主主義国家では生じていない」し，「イギリスやアメリカの19世紀の自由市場時代にも，こうしたことは起こらなかった」。長期的な上昇傾向にあったアメリカの生活水準が，1973年をピークにその後長期低落に向かった事態を踏まえて，ピーターソンは「静かなる恐慌」と命名した。

　1973年が「アメリカ経済の分水嶺」となったのは何故か。アメリカで何が起こったのか。そうした危機の背景にある深刻な問題についてはすでに多様な論点が提示されている。ブルーストンとハリソンは，国際競争の激化と労働運動の高揚による利益率の低下に直面した米企業が，その生産基盤を組合の組織率が高く比較的高賃金のアメリカ北部から南部へ，さらにより低賃金を求めてアジアへと移転したことによって生じた生産の空洞化こそが生活水準低下の原因としている。「世界的規模での蓄積の理論」を構想するフレーベルは，「複雑な労働過程を基本的な諸部分に分解するための労働過程の技術と編成が，ある程度仕上げられ」，「運輸・通信・データ処理の技術によって，工業生産はますます地理的距離の大小にかかわらず配置」することが可能となることによって，世界的規模で生まれていた「ほとんど無尽蔵の潜在的労働力の貯水池」を利用され得たことを強調する。バトラはこの「脱工業化の仮説」に賛意を表しつつも，GATTのもとでの関税引き下げ交渉の結果，70年代になると平均関税率が大幅に低下し，それとパラレルな関係で生活水準が低下したことから自由貿易こそが元凶だとしている。ブルーストンたちが強調する米企業の海外進出の活発化を支えたのも，海外で生産した半製品をアメリカ国内に逆輸入する場合，海外での付加価値部分にのみ関税をかけるという関税上の優遇措置であった。レギュラシオン派のアグリエッタは，60年代後半のフォーディズムの危機を主張する。アグリエッタによればフォーディズムはコンベア・システムに基づいて労働者を各職種に固定する形で「テーラー主義の原理を再現し，これをより効率的に利用する」ものであるが，「課業の断片化と強化による労働諸条件の問題」を惹起し，「生産点での階級闘争の激化」によって剰余価値率上昇

に対してその諸限界が明らかになるというのがその含意である[32]。

　これらの見解に対して筆者はかつてスタグフレーション論を提示した[33]。戦後アメリカの独特の産業構造の問題，すなわち戦後冷戦に規定されて形成された新鋭軍需産業と論者によってフォーディズムとして特徴づけられた戦前来の在来重化学工業との独特の連携の問題に根ざした説明となっていないのではないか，また「第2階梯」を経て確立した日本の重化学工業の問題が決定的に看過されているのではないかというのが，論者に対する批判点である。日本の新鋭重化学工業は，1965年からのベトナム戦争に便乗してさらに設備を増強し，アメリカ市場に殺到したことによってそれまでのアメリカ企業の寡占的価格政策が，そしてそれを支える軍事インフレ的蓄積が不可能となったのである。「ニチベイ経済」とも評されたように，日本とアメリカとの関連は単なる国際関係に解消されてはならない。ここに問題の核心がある。そのためアメリカの利潤率は1965年をピークに長期低落に向かい，アメリカの企業はそれへの対応を迫られた。利潤率に対する制約要因としての各種規制や賃金に攻撃が加えられていく。

　スタグフレーションへの政策面のみならず企業レベルでの対応の過程を筆者は，「世界的リストラクチュアリング」（＝再構築）の過程[34]とよんだが，その過程でアメリカ資本主義は「大陸内＝自足的」経済，中流階級の層の厚さといった従来の性格を大きく変えていった。基軸通貨国アメリカの変化は世界に波及した。それこそがグローバリゼーションに他ならなかった。その背景には日本やドイツに援助の肩代わりや負担転嫁を強制しつつ，破綻したアメリカ経済の再建を自国本位な形で追求するアメリカの巻き返しがある。関下氏は1970年代までの資本主義のアメリカ的段階（関下氏の表現によれば「パックス・アメリカーナの第1局面」）を「世界のアメリカ化」として特徴づけたが，80年代以降の「パックス・アメリカーナ第2局面」における寄生的体質の強まりを「アメリカの世界化」と表現している[35]。1999年12月シアトルWTO閣僚会議に対する多様な抗議行動に示されたように，グローバリゼーションの孕む深刻な問題を明らかにするためには，70年代初頭にまで立ち戻る必要がある。フリードマ

ンはグローバリゼーションの起点を1989年としたが，その真の起点は1970年代初頭に求めなければならない。

4. 70年代以降のME化・アジア化とアメリカ資本主義の構造変化

　グローバリゼーションにつながる70年代以降の構造変化で特に強調しなければならないのは，アメリカ・ハイテク企業のアジアへの進出が活発になったことである。これは第2次世界大戦後を特徴づける製造業の対外直接投資の〈第2波〉であった。〈第1波〉は，1957年のEEC成立を画期とする1960年代製造業米独占企業の欧州旧列強の本国市場への体系的な進出である。朝鮮戦争後余儀なくされた高水準の軍事支出の恒常化によって，「アメリカがかつて経験しなかった」「大規模な軍事組織と巨大な軍需産業との結合」が創設された。これら産業はR&D主導の産業であり，その膨大な開発費用の回収のためには市場の拡大が不可避であった。アメリカの技術優位に基づく進出によってヨーロッパのハイテク産業はアメリカ企業に席巻されてしまった。「アメリカの挑戦」が叫ばれた所以である。アメリカはIMFとNATOの枠組みのもと先行する対外軍事・経済援助をベースに対外直接投資を拡大していったが，60年代までのそれは経常収支の黒字に基づくものであった。ハイテクを中心とした製造業の技術優位を背景にヨーロッパ市場を包摂しようとする「同心円的」拡大であった[36]。これに対して70年以降のアジア向け直接投資の活発化はどのような要因によるものなのであろうか。

　半導体産業，コンピュータ産業は軍需に育まれ，1960年代末まで順調に拡大してきたが，1969年大統領に就任したニクソンは，ベトナム戦争の継続で悪化したアメリカ経済を立て直すため軍事支出の削減も含む総需要抑制政策をとった。70年代のデタントへの移行で軍事支出は70年代を通じて抑制された。軍需の縮小でこれら産業は民需転換が至上命令となった。1971年のインテルによるMPUの発明をきっかけに〈ME化〉が進展し，ME産業がアメリカ経済のリー

ディングインダストリーとなった。このような時期ハイテク産業の対外進出が強化されたのである。

　半導体産業の場合，1969年には販路の確保を主たる目的とした先進国での工場設立数は10となっている。また60年代初頭から香港，台湾等で散発的にみられた途上国での工場設立数は，1969年には17と急増しており，以後高水準を保った。半導体産業の場合R&D主導の産業でR&D費が膨大な上に，在来重化学工業と比較して投資単位規模が1ケタ小さいとは言うものの，技術進歩が急速なため固定資本の流動資本化とも言われるほど膨大な設備投資が必要となる。軍需の縮小が明らかとなる中でこの産業で生き残るためには，グローバルな市場とともに，民需で先行する日本との競争上，極力人件費を切り詰めることが至上命令となる。このため半導体産業は低賃金で，勤勉で微細加工に適した労働者を求めて労働集約的な工程を，とりわけアジアを中心とした発展途上国に移管したのである。これが生産の〈アジア化〉の一根拠となる。何故アジアでなければならなかったのか。アジアでは手先の器用な，若い未婚の，家父長制的搾取に抑圧されていた女性を大量に動員することが可能だったからである。1966-77年にアメリカの対外直接投資残高の年平均伸び率がもっとも高かったのが，アジアNIES，ASEAN諸国であった。アメリカの対外直接投資を産業別にみた場合，アジアでは電機産業での雇用の占める割合が比較的大きくなっている。アメリカの在外子会社から輸入する場合，外国での組立作業による付加価値部分にのみ関税をかける関税条項806.30（1956年），同807.00（1963年）の規定もオフショア生産を促進した。日本や欧州における米在外子会社と異なって，アジアに進出した米系子会社の販路は米本国向けが多く，しかもその多くが同一企業グループ向けとなっている。そのためアメリカの貿易に占める企業内貿易の割合が高まった。

　多国籍企業を誘致するためにはインフラ整備が不可欠である。「停滞のアジア」はそのための資金をどのように調達したのか。1971年の金・ドル交換停止，変動相場制への移行，第1次石油危機の勃発については先に触れた。金・ドル交換停止によって，ドル資産の保有者は以前とは違って金価値による保証

を失い，恒常的に為替リスクを負わざるをえなくなった。ドル価値を保全するには，市場の一層の整備が不可欠であり，アメリカは率先して金融の自由化を進めると共に他国にも自由化を押しつけた。1972年シカゴ・マーカンタイル取引所で金融先物取引が開始された。デリバティブ等為替・金利の変動リスクを計測化し，極力それを回避するためのリスクヘッジの手法が開発され，またリスクそれ自身が市場における取引対象になった。そうした国際通貨制度の動揺の中で国家のコントロール不能のユーロ市場が拡大し，資金がカジノ的に有利な投資先を求めてグローバルに，ME化が進めた情報技術の発展によって瞬時に動き回るようになった。[37]

1970年代先進諸国はスタグフレーションで資金需要は減退しており，拡大するユーロ市場に対して米銀が主幹事となってシンジケートローンを組み，積極的に発展途上国に融資したのである。「米政府も対外経済協力を補完」させるため，こうした融資を奨励したのである。ユーロ市場の拡大によって，それまで援助，公的資金に依存していた発展途上国に新たな資金調達の道が開かれた。70年代発展途上国はユーロ市場から資金を調達して産業インフラを整備し，輸出加工区をつくって積極的に外資を誘致したのである。ユーロとMEの結びつきによって韓国，台湾，香港，シンガポールはNIESへと発展していった。発展途上国が先進諸国に対して工業製品の輸出基地になるということはフレーベル達が驚きをもって指摘したように，「500年におよぶ世界経済の歴史において初めて[38]」のことであった。〈ME化〉とそれを基礎とする〈アジア化〉，筆者はここにグローバリゼーションの真の起点を求めたい。ME化がアジア化→グローバル化を必然化し，ME化における企業内貿易の拡大が財・サービス貿易の拡大をもたらしたのである。

外資導入によるアジア近隣諸国の発展は，中国にもインパクトを与え，中国は1979年それまでの自力更生政策から「両頭在外」の対外開放改革政策に乗り出した。当時ソ連はこうした中国の政策転換を「裏切り」と批判していたが，こうした政策は1989年のベルリンの壁崩壊から1991年のソ連崩壊を経て旧ソ連，東欧諸国をも覆うようになり，グローバリゼーションが深化していったの

である。

　アメリカの多国籍企業が低賃金を求めて対外進出していくのと並行して，アメリカの直接投資残高が増加しているアジア，ラテン・アメリカからアメリカに向けての合法，非合法の移民が急増した。70年代以降資本の動きの活発化にともなって，人の動きも活発となったのである。60年代は332万人，70年代は450万人，80年代は733万人となっている。その内訳を見るとラテン・アメリカからの割合が多いという基調は変わらないが，伝統的なヨーロッパからの移民の割合が低下し，アジアからの移民の割合の増大が顕著となっている。

　この時期途上国からの移民が急増したのは，どのような理由によるのであろうか。外資を受け入れた発展途上国では，多国籍企業の進出によって若い労働力が奪われたことによって伝統的な農業が衰退し，農村破壊がすすんだといわれている。農村住民が職を求めて都市に流れ込み，「都市爆発」とも言われる急激な都市化・環境悪化が進行したのである。こうした事態を背景に豊かな国への移民が急増した[39]。これが移民急増の途上国側の要因である。移民を受け入れたアメリカ側の要因としては，ME化の進展とそれを基礎としたサービス化があった。ME関連産業が低賃金を求めて労働集約的な工程を海外に移管したことは既に述べたが，ME関連のかなりの部分が軍需に依存しており，ME関連製品特有の製造技術の急速な変化は技術者と生産ラインのコンタクトを必要としているため，かなりの部分が国内に留まらざるをえない。これらの企業は賃金コストを押し下げるため，マイノリティーや婦人，さらにとりわけアジア系の移民を数多く雇用したのである。ハイテク産業を特徴づけているのは，未熟練のマニュアル労働者と高熟練のエンジニア，プロフェッショナルとの「二層の職種構成」であるが，前者の低賃金の職を移民，マイノリティー，女性が多数を占めたのみならず，高学歴のアジア系移民は後者の職種でもかなりの比重を占め，これらのニューアメリカンズもハイテク産業を支えた。70年代から80年代にかけてアメリカ自身の「アジア化」，「NIES化」が進んだのである。80年代後半ハイテク産業でも労働集約的な「アセンブリー部門の国内回帰」の例もみられ，これが90年代の製造業の「再生」の一要因となる。

オフショア生産の拡大に伴う製造業の雇用の空洞化と対照的にサービス業，中でも対事業所向けサービス業や金融・保険業の雇用が拡大した。ニューヨークは70年代高水準の製造業流出と人口流出を経験して，1975年「破産」という事態に直面したが，1974年1月の資本輸出規制の撤廃や1981年12月のオフショア市場の創出によって投機的金融活動が活発化し，アメリカの金融センターへの外国銀行の進出が相次いだ。生産のグローバル化に伴ってニューヨーク等の大都市に管理機能が集中するようになり，「世界都市」と呼ばれるようになった。こうした大都市を支えるサービス業が拡大し，コンピュータ情報処理，会計，法律関係などの高賃金職種が増加する一方，底辺の低賃金サービス業に移民が動員された。「世界都市」化の過程で二極化が進んだのである。[40] 製造業では低賃金を求めて労働集約的な工程，部門が資本流出したが，ガーメント産業やデザイン関連のように小規模で工業化しにくい部門は大都市に残っている。1999年の時点で最低時給は5.15ドルで，平均時給（13.24ドル）の40％にも満たないが，その最低時給さえも守られない，無権利の移民労働の「過剰搾取」に依存する「苦汗工場」として生き残っている。これが「中枢の周辺化」といわれる事態である。

　これに関連して，資本の流出によって崩壊の危機に直面した都市および地域では，失われた雇用を回復するため，企業の誘致運動が盛んになっている。企業を誘致するため，法人税の軽減，企業収益の圧迫要因であった環境・健康安全条例の撤廃，労働組合の力を弱める付加的な就業権の制定等をめぐっての地方政府間の競争さえも生じている。資本移動戦略によって資本は，国内の異なった地域の労働者を競争させることが可能となったのみならず，さらに発展途上国の労働者とも競争させることが可能となり，移動の困難な労働者に対する強力な武器をえた。

　米企業の対外直接投資の増大が雇用の輸出となることを懸念した米国労働総同盟 AFL-CIO は1971年米企業の海外活動に対する増税，米企業の資本流出の制限ないし規制，米国技術の移転規制などを内容とする提案を出し，それが「1972年外国貿易法案（バーク・ハートケ法案）」として議会に提出された

が，実業界のみならず政府の反対によって最終的に成立しなかった。工場閉鎖や海外移転を脅しに組合結成が妨害される例も多く，これにレーガン政権の反労組的な政策が加わって，アメリカの労働組合員は，1974年の2340万8000人をピークに70年代は伸び悩み，80年代になると急速に減少している。この間雇用者数はサービス業を中心に増大したから労働組合組織率は大幅に減少し，1991年には16.1％とニューディール期の水準にまで下がっている。1973年を分水嶺に実質賃金が長期的な下降に転じ，貧富の格差が再び拡大傾向となったと述べたが，その背景には以上のような事情があった。在来重化学工業の雇用が減少したのに対して，ハイテク産業の雇用は1984年まで増加したが，この産業を特徴づけているのは「二層の職種構成」であり，そのためハイテク産業も「アメリカ経済の経済的二極分化」を「激化」させている。[41]

　レーガノミックスのもとでのドル高は，とりわけアジアからのアウトソーシングを増加させアメリカ製造業の空洞化が進行した。米多国籍企業の在外雇用は1966年の359.1万人から〈ME化〉に伴って1977年719.7万人にまで増加し，1982年664万人となっている。米企業の対外進出は企業内貿易の拡大となり，アメリカのGDP比に対する輸出入の割合が高まった。輸出の対GDP比は1970年5.4％→1980年10％→1985年7.2％となり，輸入の対GDP比は1970年5.3％→1980年10.5％→1985年9.9％となった。レーガン政権の高金利政策につられて対米証券投資が増加するとともに，製造業の空洞化を充填するために，日本を初めとする先進資本主義諸国の対米直接投資が増大する。外資系企業のアメリカでの雇用は，1977年121.9万人，1980年203.4万人，1987年316万人となっている。資本流出の対GDP比は1970年0.8％→1980年3.1％→1985年1.1％となり，資本流入の対GDP比は1970年0.6％→1980年2.2％→1985年3.4％となっている。その帰結が，1981年の世界最大の債権国から，1985年には世界最大の債務国への急速度の転落であった。「大陸的国家」として「大陸内＝自足的」と特徴づけられたアメリカ経済は，その性格を大きく変化させたのである。「世界からの調達に依存し，世界経済のなかに浮かび上がっている米国経済」[42]となり，外資への依存度も増した。またハルバースタムによって「中流階

級革命」とやや誇張されて特徴づけられた層の厚い中流階級は，全体としての賃金の停滞基調のうえに貧富の格差が拡大し，先細りとなった。「こうした崩壊した景観の上に」ME情報革命が展開していく。

5．ME情報革命の展開とアメリカ経済の「再生」

　70年代のスタグフレーションへの対応の過程で実体面ではME化（＝アジア化，グローバル化）が進み，金融面では金融の自由化（＝金融革命）が展開した。ME関連産業は在来重化学工業の空洞化と対照的に，80年代半ばまでアメリカ経済をリードしたが，日本の追い上げで80年代半ばには頼みのハイテク産業も貿易赤字に転落した。70年代拡大するユーロ市場に対して米銀が中心となってシンジケートローンを組み，発展途上国へ融資したことはすでに述べた。しかし1982年メキシコ累積債務危機が発生し，これをきっかけに債務国から一方的に多大な資本が流出した。アメリカに還流した資金は，株式市場にも流入して1965以来の「ボックス圏」相場からの脱却のきっかけとなり，また銀行は当時高まっていたM&Aブームに便乗し，LBO関連の融資を増加させた。S&Lは金融の自由化で不動産関連の融資も増加させた。レーガノミックスによる税制改革で商業用不動産への投資が税制上有利となり，不動産投資がブームとなっていたのである。80年代末にはM&Aブームも終焉を迎え，不動産バブルもはじけた。80年代末から90年代初頭にかけて米銀は「三つのL」で呻吟していた。アメリカはこうした状態からいかにして「再生」したのか。[43]

　ドル高の転換をめざすプラザ合意がなされたのが1985年9月22日である。1985年を画期として日米関係の対抗と補完の関係が強まった。プラザ合意の翌23日には「1974年通商法301条」を強化し，相互主義的な傾向を強める新貿易政策が発表された。翌86年には日米半導体協定となって現れた。同年から開始されたGATTウルグアイ・ラウンドではアメリカが優位に立つ金融・通信等のサービス，農業や知的所有権の保護が討議項目に加えられた。80年代半ばアメリカの半導体産業は日本との関係で深刻な不況に陥ったが，インテルは

DRAMから撤退してMPUに特化する戦略に加え，政治力と知的所有権の強化策で巻き返しを図った。1981年PCに参入したIBMがOSやCPUを外注しBIOSを公開したことによって米コンピュータ業界ではオープン化が進んだ。IBM-PC互換機の出現による値下げ競争が激化した。PCの普及率が高まり，その急速な性能の向上と相まって，ダウンサイジングの過程が進行した。またイーサネット（同軸ケーブル）によるLANの技術の出現もあってPCのネットワーク化が進んだこともPC需要の増大となって，インテルの巻き返しをバックアップした。1992年インテルは日本企業から半導体トップメーカーの地位を奪回し，1993年半導体販売額でも日米再逆転となった。ハイテク企業はリストラとグローバルな展開で利益を上昇させている。

アメリカは，企業の情報ネットワーク化をバックアップし，さらに国民経済全体に押し進めるべく1991年60年代末核戦争にも生き残れる情報通信網として設立され，その後学術利用にも供されていたインターネットが商用に開放された。同年ゴアのリーダーシップで高速コンピューテング法が成立し，それを踏まえ1993年2月全米情報インフラNII構想が打ち出された。それ以後現実に進行しているコンピュータのネットワーク化を活用して「アメリカ製造企業の生産性と競争力を強化」し，巻き返しを図る方向が政策的に固められていった。また商務省は，「CALSで米国の製造業を再生する」として，1993年「97年までに政府調達は情報ネットワークを通じた電子取引で実施する」とし，1994年連邦調達合理化法が成立した。インターネットはNII構想の中心に位置づけられていたわけではないが，1993年WWWのサイトを見るためのブラウザ「NCSAモザイク」が開発され，翌1994年「ネットスケープ・ナビゲーター」というブラウザに発展したことによって，急速にホスト数も増加し，インターネットが「偶然のスーパーハイウェイ」として登場した。1970年代以降のME情報革命は90年代初頭ネットワーク化を中心とする第2階梯へと移行した。

ダウンサイジングの進行によるPC，WSの普及からネットワーク化が進み，「リエンジニアリング」を目指すネットワーク化に対応した情報化投資に主導され，1992年からアメリカは景気回復に向かった。90年代半ばからのイン

ターネットの商用化は，さらに「イントラネット」，「エクストラネット」というインターネット対応の設備投資を刺激し，史上最長の持続的成長を続けている。設備投資が伸張しているのは，情報通信関連と金融部門である。ハイテク企業の利益の拡大を背景に，ブラックマンディー後低迷していた株価は上昇を始めた。1990年代初頭の不況対策であり，金融システム維持を目的とした歴史的な低金利は，長短金利の格差を広げ，証券化と相まって米銀による不良資産の償却を容易にする一方，銀行預金から投資信託への大規模な資金の移動を促し，投資信託に回った資金の一部は株式市場に流れ込み，株高を支えた。また一部はアメリカンマネーとなって海外に流出した。1995年の逆プラザ合意によるドル高への転換は，世界の資金をアメリカに集中させる契機となり，アメリカの株価は上昇傾向を加速した。

　ME 情報革命の第 1 階梯から第 2 階梯への移行に伴ってアメリカ経済は，情報通信関連産業と金融部門を中心に力強さを回復したが，この過程でアメリカ経済のグローバル化はさらに深化した。レーガノミックスの登場からほぼ20年を閲した20世紀末の現在，グローバリゼーションの深化を量的に確認しておこう。米企業の対外直接投資と海外企業の対米直接投資の規模は拡大を続け，1997年以降両者とも1000億ドルの規模を超えている。とりわけ1999年の対米直接投資は，EU 企業による米企業の M&A を中心に2755億ドルとなっている。米多国籍企業の在外雇用は1989年662.2万人，1997年801.8万人となっており，情報通信関連と金融部門での増加が顕著である。外資系企業の米雇用は1994年485万人，1997年516.4万人（内製造業227.1万人）となっている。製造業では外資系の雇用が10％を越え，また外資系の設備投資が米設備投資全体に占める割合も10％に達するまでその比重が高まった。企業内貿易の増加から輸出の対GDP 比は1990年9.6％→1999年10.8％となり，輸入の対 GDP 比は1990年10.8％→1999年13.5％となっている。米の対外証券投資と対米証券投資の規模も拡大を続けている。資本流出の対 GDP 比は1990年1.4％→1997年5.6％→1998年3.3％となり，資本流入の対 GDP 比は1990年2.4％→1997年9.1％→1998年5.7％となっている。証券業界ではニューヨーク証券取引所と NASDAQ との市場

間競争は，両者を軸としたグローバルな提携へと展開し，「グローバル・エクイティ・マーケット」が模索されている。

　90年代の米の対外直接投資で特筆すべきは，NIESからASEANへと展開した米ハイテク産業の立地先が，さらに中国へと展開しはじめているということである。アメリカの対中直接投資残高は，電機産業を中心に1994年25.57億ドルから1999年77.66億ドルまで3倍と最高の伸び率となっている。アメリカの対中貿易赤字（1999年688億ドル）は対日赤字（1999年745億ドル）に次ぐ規模となっている。ME情報革命の展開は現在13億の民を有する中国をもとらえ始めている。台湾企業の大挙しての進出で香港に近い東莞市は「中国のシリコンバレー」と言われている。経済特区が形成され，外資導入の先兵となった沿海地方は平均所得を上昇させたが，内陸部の所得は低迷している。現在中国ではNIES，ASEANでもみられた農業の衰退による環境悪化，地域間の貧富の格差の拡大への対応として西部地域開発を余儀なくされている。[44] 中国の朱鎔基首相は砂漠化の進行に強い危機感を表明し，首都の北京からの遷都の可能性にまで言及したと報じられている。

　90年代，1997年までの特異性は，経常収支赤字の拡大でアメリカの外資依存度が増しているにもかかわらず，それをファイナンスするのに必要な資金を大幅に上回る資金がアメリカに流入し，その一部がアメリカンマネーとなって直接投資，証券投資の形で再び流出し，低迷する日本の株を支えるとともに，エマージング市場に投資されてきたということである。1998年以降米財政収支の黒字化に伴って，米国への資金流入は先に見た対米直接投資と共に株高によるキャピタルゲインを狙った民間の対米証券投資が中心となっている。資金の円滑な還流が何らかの理由で途絶えたり，エマージング市場に貸し出された資金が焦げ付いたりすれば，たちまち危機に直面する危うい構造である。

　70年代以降資本の動きの活発化に伴って人の動きも活発になったということはすでに指摘したが，90年代前半には移民に対する風当たりが強まったものの，持続的成長の中で合法，非合法の移民が増加した。1997年時点で694万人とすでに80年代の規模に迫っている。1999年米国内の外国人就業者数は1570万

人(うち不法移民は約500万人)となり,労働力人口に占める割合は12%と,20世紀初頭には及ばないものの過去70年間では最高となった。移民の増加で,それと競合するアメリカの未熟練労働者の賃金上昇が抑制された。他方でソフト開発等高級技術者に対する需要の高まりから賃金が上昇,さらに彼らのインセンティブを高め,引き留める手段としてのストックオプションの普及によって,二極化がさらに拡大した。ストックオプションの魅力に引きつけられて,世界のハイテク・エリートのアメリカ志向が強まり,1995年以降移民の約24%が専門技能職と言われている。

米議会超党派のシンクタンク「予算と政策優先課題センター (CBPP)」の「The Widening Income Gulf」(1999年9月)と題するレポートによれば,1977-1999年(1999年はCBPPの見込み)における税引き後実質所得の伸び率は,所得最上位1%層115%,所得上位20%層43%,第4位層14%,第3位層8%,第2位層1%,最下位20%層マイナス9%となっている。このため所得階層別に見た税引き後所得総額のシェアは,1977年から1999年に最下位20%層が5.7%→4.2%,第2位層11.5%→9.7%,第3位層16.4%→14.7%,第4位層22.8%→21.3%と軒並み減少したのに対して,最上位20%層は44.2%→50.4%,さらに所得上位1%層は7.3%→12.9%とシェアを高めた。こうした所得格差がデジタルデバイドを生み出している。米商務省の「Falling Through The Net: Toward Digital Inclusion」(2000年10月)によれば,コンピュータ保有世帯は1998年から2000年にかけて42.1%から51%へと増加したが,所得階層別,学歴別に見たとき依然として大きな格差が存在している。75000ドル以上層の保有率は86.3%であるが,15000ドル以下層は19.2%に止まっている。大学院卒の保有率は79%であるが,中学校卒は18.2%に止まっている。インターネット使用率は1998年から2000年にかけて26.2%から41.5%に拡大したが,ほぼ同様の格差が存在している。

『ビジネス・ウイーク』誌は,「21世紀資本主義」と題する特集で,「共産党宣言」出版後約150年ということを明記しながら,「情報革命は,諸々の国,企業,人々を強く結びつけている。教育レベルの改善はグローバルな中流階級を

生み出している。彼らは『同じ市民としての考え方，経済成長についての同じ考え，人権について同じ考え』を分かっている」[48]とグローバリゼーションを賛美したが，70年代初頭を起点とするグローバル化の過程の基調には，アメリカの資本主導による上からの巻き返しがあり，アメリカを例にとっても決して牧歌的なものではなく，まさにマルクスとの出会いにほかならなかったのである。

　国連の『人間開発報告書1999』によれば，世界で最も裕福な人々の上位20%が住んでいる国と最も貧しい人々の下位20%が住んでいる国の一人当たり所得（GNP）の格差は，1960年の30対1から1990年60対1に，さらに1997年には74対1にまで拡大している[49]。多国籍企業の積極的な事業展開の場となった東アジア（中国を含む）では，1日の生活費が1ドル以下の貧困層は1987年の26.6%から1998年15.3%にまで低下したが，南アジアやアフリカ（サハラ砂漠以南）では大きな変化はなく，LA諸国は1987年の15.3%から1998年の15.6%に上昇している。途上国全体の貧困層は1987年の28.3%から1998年の24%にわずかに低下したに過ぎない[50]。所得格差以上に情報格差が拡大している。PCの普及率（1998年）は高所得国が1000人当たり311.2に対して，低所得国は3.2，中所得国は22.9，南アジアは2.9に過ぎない。インターネットホスト数（2000年1月）は高所得国が10,000人当たり777.22に対して，中所得国は9.96，低所得国は0.37に過ぎない[51]。こうした脆弱な構造の上に，グローバリゼーションがさらに深化されようとしている。

6．グローバリゼーションをめぐる対抗

　70年代以降のリストラクチュアリングの過程で空洞化が進み，現在アメリカが優位性を保持しているのが，情報通信関連産業であり，金融業である。1995年のルービン財務長官登場による「ウォール街・財務省複合体」（バグワティ）は，自国の優位に立つ情報通信産業と金融業をさらに発展させるべく，自由化を各国に押しつけ，グローバル化をさらに押し進めようとしている。ストレンジが強調するように，グローバル化が国民経済に対する政府のコント

ロールを弱めたのは事実としても,「国民国家のある種の構成要素, とくに財務省のような国際的金融機能と結びついた省庁」を強化した。「偶然のスーパーハイウエイ」として登場したインターネットを強化すべく, 1996年10月「次世代のインターネット・イニシアティブ政策」が発表され, さらに1997年7月1日「電子商取引の世界化構想」が発表された。1996年には電子商取引に不可欠な暗号化関連技術が商務省の管轄下へ移管された。同年フィリピンでのAPEC首脳会談でクリントン大統領は, 産業界の意向を汲んでITA (国際技術協定) に異常な執念をみせた。この協定は情報通信関連の関税を2000年までにゼロにして, APEC域内にアメリカ企業の生産と流通のネットワークを築こうとするものである。1995年GATTに代わってモノおよびサービスを自由化しようとするWTOが発足した。1997年2月WTO通信自由化の協議で合意に達した。OSとMPUとルーターで優位に立つ「ウインテルコ」の支配の上に, 金融及びネット関連のビジネスモデルにも特許を認めてアメリカ主導で電子商取引をグローバルに拡大しようとしている。それによって21世紀にも経済的覇権を維持するというのがアメリカの思惑であるが, こうしたアメリカとEUの成立によって力量の高まった欧州諸国との間で, 課税や個人情報保護等のルールをめぐる軋轢が強まっている。OECDを舞台に制定が目指された多国間投資協定 (MAI) は, 投資に対する障害を除去しようとするものであるが, 1997年初めその最初の草案が外部に漏れて以来, 国際的なNGOによる反対運動が高まった。1997年4月IMF暫定委員会は,「資本勘定の自由化促進をIMFの特別の目的とし, かつ, 資本移動に関する特別の権限をIMFに与えるために, IMF協定を改正することで合意に達した」が, その直後の1997年7月アジア通貨危機が発生した。外資に依存しての発展のあり方が, その脆さを露呈した。自由な資本移動を規制すべきだとの声も高まっている。反対運動の高まりの中で, 1998年12月OECDにおけるMAIの交渉は中止に追い込まれた。1999年12月のシアトルにおけるWTO閣僚会議は, 10万人におよぶ先進諸国のみならず発展途上国からの労組, 農民団体, 環境NGO, 開発NGO等の"反グローバリゼーション"の抗議行動に包まれて決裂した。70年代以降のグローバル化

の過程で，多国籍企業は利益を拡大した一方，アメリカでも「ブラジル化」が懸念されるほど格差が拡大し，経済「不安が多数派の間にも広がった[57]」。途上国でも一部中流階級を生み出したことは事実としても，その代償として環境悪化と貧富の格差が拡大したことが，反グローバリゼーションの抗議行動の背景にある。

結び

以上アメリカ資本主義の歴史的展開の中でグローバリゼーションの起点を確定し，「資本主義のアメリカ的段階の終焉」と並行してグローバリゼーションが深化していく過程を検討してきた。グローバリゼーションの終点はどうなるのであろうか。アメリカによる一極支配の再興か。多極化か。70年代以降のグローバリゼーションの量的な深化の上に，90年代のアメリカは自国が優位を維持する情報通信関連産業と金融業を基軸にアメリカの覇権を維持すべく，グローバル化に主導性を発揮しようとしている。そうした矢先，シアトルのWTO閣僚会議決裂という事態が発生した。そこに表われた抗議行動には，ME情報革命とグローバル化が押し進めた矛盾を反映して新しい運動形態の萌芽がみられる[58]。EUの成立によって力量を高めたヨーロッパ諸国との間で，電子商取引のルールをめぐる軋轢も高まっている。グローバリゼーションは「現実」であるが，確立した段階というよりもプロセスであり，その終点を確定するには，アメリカのバブル経済の帰趨，Linuxを含む情報通信革命の動向，中国の動向等いくつかの未定項があり，さらに事態の展開を注意深く検討する必要があろう。

1) Robert W. McChesney, Ellen Meiksins Wood, and John Bellamy Foster (eds.), *Capitalism and the Information Age: The Political Economy of the Global Communication Revolution* (New York: Monthly Review Press, 1998) p.1.
2) 佐久間智子「包囲されるグローバリズム：世界の市民はなぜWTOに抗議するのか」(『世界』2000年2月号)，藤岡惇「ワシントンで見た反グローバリズム市民運動」(『経

済』2000年7月号）参照。
3) 金子勝，神野直彦，古沢広祐，諸富徹「グローバリズムに対抗する戦略（上下）」（『世界』2000年6，7月号）は，「安全と環境」戦略とOSを完全に公開して共有する「オープン戦略」を対抗軸に据え，ジュリー・マンダー，エドワード・ゴールドスミス編（小南祐一郎／塚本しづ香訳）『グローバル経済が世界を破壊する』（朝日新聞社，2000年）はローカルエコノミーへの転換を対抗軸に据えている。この書の共同執筆者であり，『グローバル経済という怪物―人間不在の世界から市民社会の復権へ―』（西川潤監訳，ジュプリンガー東京，1997年）の著者デビッド・コーテンは「経済の地域化」の促進を主張している。伊豫谷登士翁「グローバリゼーション―新たな排除の世界システム化―」（『世界』2000年10月号））は，移民問題への対応が試金石になると指摘している。ヨーロッパ左翼のグローバル化への対応については，柴山健太郎編著『グローバル経済とIT革命』（社会評論社，2000年）参照。またグローバリゼーション論議については，菅原秀幸「グローバリゼーションの行方」（青木健・馬場啓一編著『地域統合の経済学』勁草書房，1999年所収）参照。
4) トーマス・フリードマン（東江一紀・服部清美訳）『レクサスとオリーブの木：グローバリゼーションの正体（上下）』（草思社，2000年）参照。
5) ポール・ケネディー（鈴木主税訳）『大国の興亡上下』（草思社，1988年）参照。
6) フランシス・フクヤマ「ポスト抗争時代の『均質世界』：リベラリズムが勝ち残った後に」（『月刊Asahi』1989年12月）参照。
7) Samuel P.Huntington, "The Clash of Civilizations?", in *Foreign Affairs*, July/August 1993.
8) 『土地制度史学』（第147号）77頁。
9) 山田盛太郎「戦後再生産構造の基礎過程」（『山田盛太郎著作集第5巻』岩波書店，1984年所収）参照。
10) 南克巳「アメリカ資本主義の歴史的段階―戦後＝『冷戦』体制の性格規定―」（『土地制度史学』第47号）参照。
11) K. Marx, *Das Kapital*, Bd. I , S.475. 長谷部訳（河出書房版）362頁。
12) ***K. Marx–F. Engels Werke***, Bd.38, S.560. 全集訳489頁。
13) 『レーニン全集』第31巻，456頁。
14) ジョゼフ.S.ナイ Jr.（久保伸太郎訳）『不滅の大国アメリカ』（読売新聞社，1990年）208頁。
15) D.J. ブアスティン（橋本富雄訳）『現代アメリカ社会：コミュニティの経験』（世界思想社，1900年）39頁。
16) 同上42頁。アメリカ的生産方式については，塩見治人『現代大量生産体制論』（森山書店，1978年），植藤正志『アメリカ経営管理の生成』（森山書店，1995年）参照。
17) ブアスティン前掲書，42頁。
18) 岡崎久彦他編『アメリカの世紀の盛衰』（日本経済新聞社，1984年）20−21頁。

19) デイビット・ハルバースタム（狩野秀之訳）『幻想の超大国——アメリカの世紀の終わりに——』（講談社，1993年）参照。
20) 栗木安延『アメリカ自動車産業の労使関係：フォーディズムの歴史的考察』（社会評論社，1997年）参照。
21) 南克巳「戦後重化学工業段階の歴史的位置」（島恭彦他編『新マルクス経済学講座』第5巻，1976年所収）31頁。
22) 前川恭一，山崎敏夫『ドイツ合理化運動の研究』（森山書店，1995年）参照。
23) ジョン・トムリンソン（片岡信訳）『文化帝国主義』（青土社，1993年）342頁。同『グローバリゼーション——文化帝国主義を超えて——』（青土社，2000年）も参照。
24) 河村哲二『パックス・アメリカーナの形成：アメリカ「戦時経済システム」の分析』（東洋経済新報社，1995年）参照。
25) Gilbert Burck and Sanford Parker, "The Changing American Market", in *Fortune*, August 1953, p.99.
26) George Thomas Kurian, *Datapedia of the United States*（Bernan Press, 1990）p.110.
27) U. S. Department of Commerce, "Poverty in the United States 1999", in Current Population Reports, September 2000.
28) ジョン・グレイ（石塚雅彦訳）『グローバリズムという妄想』（日本経済新聞社，1999年）159頁。
29) バリー・ブルーストン，ベネット・ハリソン（中村定訳）『アメリカの崩壊』（日本コンサルタントグループ，1984年）参照。
30) F・フレーベル「世界経済の今日的発展——世界的規模での労働力再生産と資本蓄積」（I.ウォーラーステイン編『世界システム1　ワールド・エコノミー』藤原書店，1991年所収）参照。
31) ラビ・バトラ（鈴木主税訳）『貿易は国を滅ぼす』（光文社，1993年）参照。
32) ミシェル・アグリエッタ（若森章考／山田鋭夫／太田一広／海老塚明訳）『資本主義のレギュラシオン理論』（大村書店，1989年）参照。
33) 拙稿「現代帝国主義の構造とスタグフレーション」（専修大学社会科学研究所『社会科学年報』第19号，1985年）参照。
34) 拙稿「世界的リストラクチュアリング期における日米関係」（『土地制度史学』131号，1991年）参照。
35) 関下稔「アメリカの競争力強化策と産業再編戦略」（関下稔・森岡孝二編『今日の世界経済と日本第1巻』青木書店，1992年所収）55頁。伊東光晴氏は，アメリカのこうした変化を「理想主義から現実主義へ」の転換とされている。同『日本経済の変容——倫理の喪失を超えて——』（岩波書店，2000年）第8章参照。
36) 南克巳「戦後資本主義世界再編の基本的性格——アメリカの対西欧展開を中心として——」（法政大学『経済志林』第42巻第3号，1974年，第43巻第2号，1975年）参照。
37) 中尾茂夫『ドル帝国の世紀末：リスク回避がリスクを呼ぶ』（日本経済新聞社，1993

年）参照。
38) F. Fröbel, J.Heinrichs and O. Kreye, *The New International Division of Labour* (Cambridge University Press, 1980) pp.13－14.
39) 伊豫谷登士翁『変貌する世界都市：都市と人のグローバリゼーション』（有斐閣, 1993年）参照。
40) 横田茂「ニューヨーク市の構造転換と分極化」（『立命館経済学』第48巻第4号），サスキア・サッセン（森田桐郎ほか訳）『労働と資本の国際移動—世界都市と移民労働者—』（岩波書店, 1992年）等参照。
41) Glenna Colclough and Charles M.Tolbert II, *Work in the Fast Lane : Flexibility, Division of Labor, and Inequality in High-Tech Industries* (State University of New York Press. 1992) p.7.
42) 田中直毅『グローバル・エコノミー』（日本放送出版協会, 1988年）420頁。
43) この点についての詳論は，拙稿「1990年代アメリカ資本主義の新展開」（大西勝明・二瓶敏編『日本の産業構造—ポスト冷戦期の展開』青木書店, 1999年所収），同「ME情報革命の展開と日米経済関係」（『専修経済学論集』第34巻第3号, 2000年）参照。
44) 重並朋生「中国・内陸部の現状と発展可能性—西部大開発戦略の行方—」（『第一勧銀総研レビュー』2000年3月）参照。
45) *The New York Times*, September 4, 2000.
46) Center on Budget and Policy Priorities, *The Widening Income Gulf*, September 1999.
47) Department of Commerce, *Falling Through the Net : Toward Digital Inclusion*, October 2000.
48) *Business Week* / December 12, 1994, p.18.
49) 国連開発計画『人間開発報告書1999』（国際協力出版会, 1999年）4頁。
50) The World Bank, *World Development Report 2000/2001*, p.23.
51) Ibid, p.311.
52) Susan Strange, *The Retreat of the State : The Diffusion of Power in the World Economy* (Cambridge University Press, 1996).
53) サスキア・サッセン（伊豫谷登士翁訳）『グローバリゼーションの時代—国家主権のゆくえ—』（平凡社, 1999年）13頁。
54) Next Generation Internet Initiative (http://www.ccic.gov/ngi/conceot-Jul 97/ngi_vision.html)
55) A Framework For Global Electronic Commerce (http://www.whitehouse.gov/WH/New/Commerce/)
56) IMFの資本自由化に関する議論については，S・フィッシャー他（岩本武和監訳）『IMF資本自由化論争』（岩波書店, 1999年）参照。
57) グレイ『グローバリズムという妄想』（前掲）第5章参照。
58) Jay Mazur, "Labor's New Internationalism", in *Foreign Affairs*, January/February 2000.

第13章
グローバリズム断章
―― 国際政治(史)からのアプローチ ――

仲井 斌

1．妖怪の徘徊

　今日地球を徘徊しているグローバリズムという名の妖怪は，19世紀の赤い妖怪とは異なって無色透明かつ不透明で，国境を侵犯，超越し，社会の特定グループに依拠することなく地球の万民を巻き込み，人々の意識構造に深く作用し，地球規模での革命的な変化を促している。20世紀から21世紀への巨大な「見えざる懸け橋」。その名はグローバリズムである。

　19世紀後半ヨーロッパを徘徊し始めた赤い妖怪は，いわゆるブルジョワ国民国家のフレームワークを超越するプロレタリアの革命運動であった。今日的な表現では，政治的な意図を持った特定の階級が目指すグローバルな運動であったといえる。ロシア社会主義革命を経て，この赤いグローバリズムはヨーロッパから全世界に広がり，一国社会主義（スターリン）と世界革命（あるいはソ連のサブシステム運動）の谷間で世界史の形成に測りしれない影響を及ぼしたが，赤いグローバリズムに内在していた根源的な理論欠陥がやがて制度疲弊を招き，21世紀を待たずして崩壊する。その際アメリカの役割は，ソ連を果てしない軍拡競争に巻き込み，その国民経済の発展を阻害することに寄与したに過ぎない。コミュニズムの崩壊を導いた最大の要因は，体制の内部構造，即ちその政治経済システムに求められる。コミュニズム理論の根底に，システム破壊のウイルスがインプットされていたといってよい。しかしそれは，赤い妖怪の世界史的意味を否定するものでは全くない。世界史的な意味とは，何よりもアカデミズムにまで深く浸透したマルクス主義（それは先進国レベルにおいて

は，わが国で極めて顕著であった），あるいはレーニン主義の影響力と，それに鼓舞され，組織された人々の強力な運動と戦いであった。

　言うまでもなく，影響力の大きさと理論の正誤性とは全く次元を異にした問題である。マルクス主義が人々を心酔，鼓舞せしめた魔力の根源は，何よりもそのユートピア性と疑似宗教性にあった。遡れば空想的社会主義から科学的社会主義へ（エンゲルス）という位置づけの中に，大いなる誤謬があった。もともとイズムと名のつくものに科学はありえず，コミュニ「イズム」の科学化自体が自己矛盾であった。しかもその諸テーゼが絶対化される中に，イズムの宗教化（教義化）が進んだのである。マルクス・レーニンの文献はバイブル化し，クレムリンはヴァチカンとなり，スターリン教皇のもとに世界の教会（コミンテルン支部）に指令が発せられ，トロツキーからチトーに至るまで長期にわたる異端裁判，魔女狩りが展開された。かくてキリスト教，イスラムという二大グローバル宗教に，コミュニズムという俗界のグローバル宗教が加わった。俗界宗教においては，グローバルなコミュニズムと，国民・民族・国家・国体を神聖視するファシズムが巨大な大衆運動を組織することに成功した。

　科学的社会主義という名の空想的社会主義（マルクス主義）は，それまでの空想的社会主義に比して，哲学，歴史，経済，政治に及ぶ膨大な体系，アカデミックなディスクール，方法論（革命論）を持った。それに加えて共産主義社会のメシア的未来学が人々に希望を与え，人々をして戦いに，時として殉教に奮い立たせたのである。しかしマルクス主義の多くの基本テーゼは実証されることなく，現存社会主義の崩壊という歴史過程を体験するに至る。なぜならば科学的社会主義と名づけられた体系の中に，多くの空想的社会主義の要素が内蔵されていたからである。

　史的唯物論によれば，コミュニズムはポスト資本主義の理想社会を象徴するものであった。しかし現実には，テルミニ（終着駅）であるはずのコミュニズムが，社会主義というその前段階ですでに挫折し，史的唯物論の理論的かつ史的役割は終わりを告げる。プロレタリアートの歴史的役割（マルクス）なるものが歴史的に証明されなかったのは，それがフィクションであったからであ

る。その当然の帰結として、プロレタリア独裁の現実化(レーニン)は党の独裁に変質し、人民抑圧のスターリン体制という全体主義的な個人独裁体制すら出現せしめるに至った。理論が描いたコミュニズムの楽園は、現実世界では失楽園の段階を飛び越えて、地獄(粛清と収容所群島)への一歩すらも踏み出したのである。

　社会主義諸国の発展は、資本主義諸国の発展と同様に極めて不均衡であった。ヨーロッパにおいても、アルバニアの荷車社会主義、ルーマニアの王朝社会主義から東ドイツのコンピュータ社会主義(データ処理の技術水準は西側のそれにははるかに及ばなかったが)まで、その差は顕著であった。チャウシェスクは飢える人民を動員し、自らの宮殿を建築せしめ、ブルボン王朝の絶対主義君主のように振舞った。20世紀の後半、アンシャン・レジームの現代版が東南ヨーロッパの一角に定着したのである。密告を利用したその人民監視システムは、ジャコバン党の恐怖支配を想起させた。晩年のチャウシェスクにはルイ16世とロベスピエールの二つの顔が見え隠れする。妻と息子、親族で権力機構を固めたチャウシェスク風ネポティズム(縁故主義)は、バルカン半島特有の前近代的社会のコピーであったのかもしれない。

　東の世界で最先進国を誇った東ドイツは、ソ連の軍事的後見と、「壁」を楯とした西方への鎖国によってその存在を維持することができた。だが産業の発展段階、近代化の次元を全く異にしたルーマニアと東ドイツという二つの体制に共通していたのは、異常なまでの治安体制、人民監視の諜報システムであった。そしてゴルバチョフの開放政策が、やがてこの二国の鎖国体制に止めを刺すのである。チャウシェスクとホーネッカーが反ペレストロイカの先鋒であったのは、以上の理由からも故なきことではない。アジアにおける社会主義諸国家の差異についてはここではふれないが、その最も残酷な支配体制の極限に、スターリン主義の原始時代化を再現したポル・ポトの実験があったことだけをつけ加えておこう。

　東風は西風を圧する(毛沢東)ことなく、東の人々が西の世界に憧憬の眼差しを向けるにつれて西の風速が強まっていった。知識階級には西の自由が、一

般大衆には西の経済的豊かさが磁石の効果となって作用した。この東の世界の民意（政権離れと西への傾斜）こそは，二つのイデオロギー（自由主義と共産主義）と二つの経済体制（資本主義と社会主義）を代表する二つのブロックの競争（冷戦）において，西風が東風を圧した重要なファクターであった。東の人民大衆は，決して実現されないであろう高邁な理想郷のレトリックとミゼラブルな現実が共存する社会よりも，「堕落した」アメリカや西欧社会をよりよき体制として選択したのである。

　しかしソ連社会においても時計の針が静止していたわけではない。フルシチョフはスターリン風全体主義を少なからず修正したし，ブレジネフ時代のイモビリズムの時期を経て，ゴルバチョフは本格的なペレストロイカに取り組んだのである。それは政治理論の文脈でいえば，全体主義から「ポスト全体主義」（J. リンス）への転換としても捉えられるが，いま一歩踏み出して，ポリアーキー（R.A. ダール）段階への参入という視点からのアプローチが可能であろう。ゴルバチョフ政権末期のソ連においては，すでに全体主義の陰は見られず（仮に「ポスト」という接頭語がつけられたとしても），ポリアーキへのステップは明白である。

　ロシア史に脈々と流れる，政治から文学に至るまでの多分野を網羅するスラブ派対西欧派という並存・対立構図の中で，ゴルバチョフはピョートル大帝以来の西欧派の代表であった。1985年共産党書記長に就任してから1991年に退陣するまでの歩みを見ると，彼の思想体系と政治手法にはボリシェヴィズムよりもメンシェヴィズムの流れをより多く汲み取ることができる。ペレストロイカは，ヨーロッパ左翼政党史の文脈では，ドイツ社会民主党の「ゴーデスベルク綱領」（1959年），イタリア共産党の「歴史的妥協」（70年代）など左翼政党による基本路線の大転換に比較されるものであり，その社会民主主義への回帰あるいはリンケージが垣間見られた。共産党が社会の隅々を管理する社会主義体制下にあっては，党の路線転換による社会への影響は，西側のそれとは比較にならないほど絶大である。ヨーロッパの社会民主主義がロシア革命を経て，社会民主主義とコミュニズムの二大陣営へ分裂していった歴史的経過を振り返る

ときに，コミュニズムの一部が社会民主主義に回帰していくことは何ら不思議な現象ではない。ゴルバチョフの改革政策と併行して，ハンガリーで社民回帰を体制内から推し進めていったのは社会主義労働者党（共産党）の改革派（ポジュガイ，ネーメト，ホルンら）であり，党名は後に社会党に改められる。ペレストロイカは，歴史的には，ドイツ社会民主党，イタリア共産党（ユーロコミュニズム），晩年のハンガリー共産党を結ぶ一線上において捉えられる。ちなみに1991年伝統的な党名を廃棄し左翼民主党として再出発したイタリア共産党は，利権・汚職システムの泥沼に沈んでいったイタリア社会党に代り，イタリアにおける社会民主主義政党としての地位を確保した。

　冷戦の終焉と前後して，発祥地のヨーロッパから消え去った赤い妖怪が，今日アジアで徘徊し続けているのは，中国，ベトナム，朝鮮型社会主義におけるそれぞれの独自発展と修正主義の結果である。例えば中国共産党指導部は，政治分野における共産党独裁というレーニン主義の正統性を踏襲しながらも，経済分野においては大胆に修正主義（市場経済主義）を導入したが，それはグローバリズムが徘徊する世界経済システムへの適合性を保証するものとなった。全体主義的大衆動員とテロルに支えられた毛沢東の文化大革命と，黒い猫でも鼠を捕ればよしとした鄧小平の経済合理主義の延長線上と妥協接点に今日の中国の姿がある。北朝鮮における鎖国主義からの脱出の兆しは，冷戦の最後の北砦にもグローバリズムの風（韓国からの太陽政策という名の南風と相まって）が吹き始めたことを示唆している。だが例えばアジアの大国中国が抱える，政治分野での一党「独占」体制の固定化と，経済分野での複数競争システム化・分権化（市場経済化）という政経分離の基本的矛盾は，21世紀前半のいずれかの時期に顕在化せざるをえまい。そこに少数民族の反乱が加わるとするならば，現在のシステムを前提とする長期安定型の中国の展望は描きにくい。

　ペレストロイカは経済改革という文脈では成功しなかった。しかしそれは東欧革命を引き起こし，東欧共同体を解体することによって東欧民衆の民族自決を実現し，第二次世界大戦後の国際秩序としてのヤルタ体制と，それに連動する冷戦構造を終結させ，東西欧州分裂の象徴であった二つのドイツを統一に導

き，そしてソ連邦自らを解体せしめるという歴史的な役割を果たすことになった。さらに今日展開されている NATO と EU の東方拡大が，冷戦の終結，即ちゴルバチョフの登場を前提として初めて可能になったという因果関係を考えるとき，ペレストロイカが世界史の転換に与えたインパクトは絶大である。ルターとゴルバチョフという二人の改革者が意図したものは，体制内の Reformation であった。しかし波及効果は当初の意図をはるかに越えて一人歩きし始め，一方はローマ・カトリシズムを分裂に，他方はコミュニズムを終焉に導いたのである。

ところで東の世界とそのサブ・システム（アフリカやラテンアメリカの社会主義志向国家群）の存在を前提とした国際環境下，即ち東西対立の二極構造の下においては，今日的グローバリゼーションの展開は作用空間の限定とともに，質的にも異なったものにならざるをえなかったであろう。冷戦の終結とソ連圏の解体は，東の世界をグローバルな単一市場経済システムにストレートに組み込み，中国，ベトナムなどのアジアの社会主義国をもそれにリンケージさせたのである。グローバリズムという名の妖怪は，地球の全土を徘徊し続け，その動きは止まるところを知らない。

2．グローバリズムの起源・現象・意識

グローバリゼーションが特定分野における技術，システム，運動，運動形態，現象，現象形態，意識構造などの地球規模への広がりを動的かつ客観的に表わすものとすれば，グローバリズムはその全体的な内容・体系認識にかかわる包括概念として理解される。本稿の目的は，グローバリゼーション・グローバリズムを，主として国際政治の文脈から論述することにあるが，もともと経済活動を主体として生まれたこの概念を政治分野に適用することは容易なことではない。なぜならば近代以降の政治は，国家（国民国家）を統治・行動空間とし，国際関係は国家（国民）と国家（国民）の関係（international）という土台の上に成り立ってきたからである。しかし今日のグローバリゼーション

は，国家パラダイム（national）の枠組みを越える（transnational）地球パラダイム（global）の現象である。インターナショナルという概念が国家という「点と点を線で結ぶ」関係を表現しているならば，グローバリゼーションはトランスナショナルの「面」的拡大であるといえよう。しかもそれは企業グループからNGOにいたるまで，国家内部の諸グループやインターネットを駆使する個人を点（パソコンの端末）として無数の線で結合する。グローバリゼーションという概念には，無数の点と線によって構成される巨大な「面」の地球規模での拡大と，その「面」の立体化がイメージされる。国際社会からグローバル社会へのシフトである。

グローバリゼーションの文脈は，まず何よりも世界経済の相互依存性，国境を越えた多国籍企業の経済活動，情報の無限の発信と交流，大量資金の予測不可能な移動などに見出される。企業活動の目的意識は国益にもとづくものではなく，企業自体の成長と利潤の極大化，そして世界的規模で経済・経営覇権を求めるグローバル戦略の遂行である。グローバル企業は，ラディカルなM&A（合併・買収）などの手段によってオリジナル企業の性格を脱皮し，「多」国籍企業から巨大な「無」国籍企業に変貌していく。金融システム，貿易システムが革命的な通信技術に媒介されてグローバルな統一システムに組み込まれる一方，不透明な大量資金が時として台風の目のごとく，進路を変えて移動し吹き荒れる。グローバルな無数の「見えざる手」が世界経済を動かし，グローバルな金融・為替投機によって諸国家の金融財政政策を翻弄し，G7の共調行動すらも時として対抗できない力すら蓄えるようになった。

アダム・スミスの「見えざる手」には，自然の摂理，自然淘汰にも似た完全競争の秩序があった。グローバリズムの「見えざる手」は無数の経済グループ，匿名の個人を巻き込み，ヘッジ・ファンドから「I LOVE YOU」ウイルスの襲撃に至るグローバルな攪乱現象を惹き起こすのである。ヘッジ・ファンドや愛のテクノ・ウイルスは地球を徘徊するファントムとなって，国家の金融財政政策や，コンピュータ依存を強める国家機構，国際機構をしばしば機能不全の状態に至らしめる。

グローバリズムは文化にも及んでいる。文化は二つのカテゴリーに分裂し，一方では国や地域の固有文化が，他方では地球上のどこにでもあふれるグローバル文化が並存する。マクドナルド，コーラ，マルボロ，そしてハリウッド。マルボロは冷戦終結直後のソ連で，小額のルーブル代替通貨の役割を外国人旅行者に与えた。パリやミラノのモードは数日を経ずして東京に侵入し，ミニスカートが世界的ブランド・デザイナーのご神託を受けると，それは束の間に世界中に感染するのである。わが国の大都会では，グローバル・モードと，着物という固有文化に加えて，顔黒（がんくろ）・厚底靴文化という一過性（？）文化が繁華街を闊歩している。このモードは，少なくともアジアの一角に拡散する地域グローバル性を発揮した。

環境意識の共有はグローバル化時代の産物である。アマゾン地帯の森林の伐採と燃焼にエスキモーが関心を持ち，地球温暖化に起因する北極氷山の溶解にバングラデシュの人々は無関心ではいられない。割箸の一回使用性（使い捨て）に対しても世界の隅々から厳しい視線が注がれようになった。地球の生態系が一体不可分であり，それは自然の摂理によるバランスの上に成り立っているという認識が，人々の関心と連帯と共同行動を結びつける。国際政治学のバランス・オブ・パワーという概念が，今日こそ生態系の均衡に適用されなければならない時代はない。オゾンの穴の拡大は特定国家，国民の危機ではなく，生物界全体の危機となりつつある。神が創造した地球を破壊し続ける現代人に，神は第二のノアの箱舟は差し向けまい。われわれボート・ピープルは，自らの力で自らを救済しなければならないのである。

環境の危機に発する環境意識の共有は，居住地，地方，諸国のNGO・NPOを繋ぎ，強力なグローバル運動が発生した。リオデジャネイロの地球サミット（1992年）と京都における地球温暖化防止会議（1997年）を動かしたのはNGOである。そして今日あらゆる分野で無数のNGOネットワークが張りめぐらされ，国家（政府）権力に，NGOという新しいグローバル市民権力が並存，挑戦する時代が到来した。こうしたNGOへの政府機能の一部譲渡現象は，国家・政府による国際政治の独占権という古典的な権力構造に少なからぬ修正を

加えるものである。1999年以来，ケルン・サミットからWTO閣僚会議（シアトル），IMF・世銀合同開発委員会（ワシントン），沖縄サミットを経てIMF・世銀年次総会（2000年，プラハ）に至るまで，NGOというサブカルチャー・対抗カルチャーは，ときとして暴徒をともないながらも，国際機構の世界政策に直接関与するグローバル勢力として加速的な成長を遂げている。そしてそこには冷戦下の東西対立軸から，ポスト冷戦時代の南北対立軸への明確なシフトが見られる。東西対立の顕在化の中に潜在化を余儀なくされてきた南北対立が，冷戦後新しいクオリティーをもってグローバルな国際対立構図の主役に躍り出たのである。

　グローバリゼーションは世界空間・地球空間を縮小する。グローバリゼーションは計量的に確認された物理的な距離を無限に縮小し，その作用空間は無限に拡大し続ける。ところでグローバリズムの発信地と推進者はアメリカであり，それは冷戦後の一極支配を強化するためのアメリカの戦略であるとする見解が少なからず存在する。発信地と推進力という点ではその通りであるが，アメリカ経済帝国主義論的観点，もしくは世界の憲兵による一極支配の新しい形態という類いのアプローチからは，問題の本質は探求しえない。アメリカは冷戦後の一極世界支配を固定するためにグローバリズムを掲げ，グローバリゼーションを推進しているのではない。社会主義経済圏が崩壊し，市場主義経済圏は文字通りグローバルな規模となった。経済活動における自由競争が保障される市場経済のフィールドでは，第一に先端技術の開発力と応用力，第二にそれと関連して国際競争力を持つ主体が勝ち進んでいくのが市場法則である。アメリカは量と質の両面においてその力を保有していたがゆえに，グローバリズムの発信地と推進者になりえたのである。

　そもそも市場経済は，資本力を背景に想像力と創造力，イノヴェーションとフレキシビリティ，冒険と起業精神をベースにする主体が他をリードしていくシステムなのであり，その意味では不均衡発展の最たるものである。終身雇用制，年功序列的企業内昇進メカニズム，暗記中心の学校教育システムに支えられ，模倣と応用力は十二分だがオリジナリティに欠けるジャパン・システム

や，技術革新にはより保守的でかつ複数独立国家群から成り立つ西ヨーロッパ（EC・EUという共同体に組織されていたとはいえ）は，この面でアメリカを凌ぐことはできなかった。まして国際競争力を持たなかった旧社会主義諸国に牽引力があろうはずはない。市場経済システムが是とされるかぎり，そこに無数のリーダー企業を抱えるリーダー国家，あるいは国家群が台頭してくることを否定することはできない。その事実認識と，グローバリズムが惹き起こすさまざまなネガティブな現象を国際協力の中でいかにグローバルに調整していくかということとは，次元を異にした問題である。今日のグローバリズムは，国民国家レベルでケインズの調整が働いているにせよ，アダム・スミスの延長線上にある。それは国家と官僚機構に管理されないダイナミックな技術・経済の発展と，同時に競争の結果としての弱者の淘汰という二つの文脈から成り立っている。

　産業革命の発信地はイギリスであった。イギリスの工業力，軍事力と国際競争力は大英世界帝国の形成と世界市場の支配を可能にした。パクス・ブリタニカの源泉はイギリスの技術開発力とその適用能力にあった。しかし第一次世界大戦前夜から経済・軍事大国の交替過程が進行した。アメリカにおける技術革新の波はダイナミックな経済発展を促し，第一次世界大戦におけるアメリカの連合国側への参与は，パクス・ブリタニカを退けて最終的にパクス・アメリカーナを確立する出発点となった。世界恐慌に苦しんだアメリカはやがてニュー・ディールで復興を遂げ（ドイツではナチスの政権掌握を可能にしたが），以来世界の技術開発の発信地となった。第二次世界大戦後の二つの超大国の競合においてアメリカは，軍事面（とくに核兵器）以外の分野でソ連の追従を許さなかった。技術革新能力とその民間部門への適用力，国民経済の量と質において，両超大国の格差は拡大する一方であった。冷戦の終結は民間部門への軍事技術の応用を一層容易なものにし，パクス・テクノ‐アメリカーナの地位を盤石なものにしたのである。

　80年代には，このパクス・テクノ‐アメリカーナに日本が挑戦し，その国際競争力の強化の中で，わが国経済界は自信を高めていった。しかしジャパン・

アズ・ナンバーワン（ヴォーゲル）の称号は，ベスト・セラーの外交辞令に終わる。日本経済のバブル崩壊とアメリカ経済のダイナミックな巻き返しは，テクノ-アメリカーナの強力な復興となり，冷戦に勝利したそのアメリカから，90年代グローバリズムの発信がなされる。産業革命はイギリスに世界のナンバーワンの地位を与えた。IT 革命は，既に久しくナンバーワンの座にあったアメリカを，世界大国からグローバル大国へとシフトさせたのである。

　80年代の EC は，米日の技術革新競争にヨーロッパが遅れをとっていることに大いなる危機感を抱き，それに追いつく長期戦略ペーパーを発表した。それが1985年の単一市場白書であり，1992年を目標にヒト，モノ，カネ，サービスの域内移動を自由化する統一市場の形成に動き出す。ちなみに1985年はゴルバチョフが政権に就いた年でもあり，この年から東西ヨーロッパの経済・産業政策の転換が始まるのである。いずれもアメリカを射程においた経済・産業戦略であったが，後に一方は国家（ソ連）を解体し，他方は統合を深化・拡大するという結果を来した。大小12カ国から成る EC の単一市場形成とテクノロジー共同開発戦略は，やがて通貨統合への意志を一段と強め，ドルに次ぐ第二のグローバル通貨としてのユーロの誕生がデッサンされるが，その実現は冷戦の終結を待たねばならなかった。

　グローバリゼーションの波及効果は極めて多角的，多岐的である。その典型的な一例を90年代後半のインドネシアに求めてみよう。90年代前半のアジアは，NIES に次ぐ東南アジア諸国における経済興隆の絶頂期にあって，アジアの時代の拡散が喧伝され，世界の目はバブルに溺れたモデル・ジャパンから NIES，中国，東南アジアに向けられていった。そうした中で東南アジアの大国インドネシアは，開発独裁型国家における経済発展の一つのモデルともなった。経済興隆という黒字は，開発独裁型の政治体制という赤字を差し引いても，なお余りあるかのようにも見えたのである。

　だが90年代後半（1997年）に東南アジア全域を襲った通貨危機は，インドネシア多民族国家にもっとも大きな変化と波及効果をもたらすことになった。即ちヘッジ・ファンドによる攪乱に端を発し，通貨・経済危機，IMF 支配と国

家主権の動揺，民主化運動，スハルト政権の崩壊，民族紛争の再燃，国際世界の干渉，東ティモールの独立という加速度的連鎖反応が，インドネシアとその周辺地域に大きな影響と変化を及ぼしたのである。そこにはグローバリゼーションという動的かつダイナミックなフレームワークの中で，国際経済と国内経済，国際政治と国内政治という二つの政経セットが複雑に絡み合っており，IMF，多国籍軍（東ティモールへの派遣），国連という世界機構が直接関与したのである。

　グローバリゼーションは，人類の技術開発能力と征服拡大本能から必然的にもたらされた結果でもある。科学史を紐解けば，技術革新に後退という文字はない。科学者に研究の野心があり，その発見発明を利用，応用しようとする経済グループ，国家が存在するかぎり，技術革新を阻止する手段を人類は持ち合わせてはいない。その意味では核兵器の開発も人類の英知と愚鈍の結果であった。核兵器開発の次には，当然のことながら拡散が日程に上った。小国すらも核を製造，保有しつつあるという核のグローバリゼーションに人類は戦慄いている。核の将来は，もはやそれを「持てる国家と持てない国家」に分類されるのではなく，「持ちたい国家と持ちたくない国家」というカテゴリーに二分されていこう。

　キングコングやフランケンシュタインが他愛もないハリウッドの玩具であるかぎり，ハッピー・エンドの世界が保障された。21世紀の世界は，遠からずハリウッドの世界を現実化する能力を持つようになるであろう。クローン羊はクローン人間の先駆者（獣）として登場し，バイオテクノロジーによる遺伝子組み替えは既に花盛りである。そして人類の「進歩」は，ヒトゲノムの解読にまで到達した。遺伝子の人工操作は，規制の網と倫理の枠組みを乗り越えて行き着く所を知らない。

　ダーウィンは生物界の進化を説明したに過ぎなかったが，彼の子孫は生物を改良，変形，再生産し，生物界の構造改革を試みる大実験に乗り出している。現代進化論は，グローバリズムの超高速時間に乗って数千万年，数千億年の距離を人工的に一挙に飛び越え，神の創造物を人間の創造物に置き替える。人間

は，万能の神がなすべき生物界管理のゴスプランをコンピュータという人造神の手に委ね，テクノ・ウイルスのごとく神の領域に侵入し，種の進化や遺伝子の突然変異などを人工的に操作し，自然の摂理を攪乱しているのだ。もし神が存在するならば，この「人類を中心とする神の国」を破壊せずにはおかないであろう。

3．欧州の地域グローバリズム

　冷戦終結後の欧州では，地域グローバリズムが加速の度を強めた。それはEUによる中部・東部欧州地域への，経済・政治体制・価値観を柱とした西欧パラダイムの拡大である。EUの規範・システムの広域地域への拡大は，グローバリズムの欧州大陸版として理解されて然るべきものであろう。欧州統合という概念自体に，その作用空間の拡大，世界経済への量的・質的影響をともなって，グローバリズムの内容が含まれている。6カ国による第一期欧州統合は，地域グローバリズムの名に値するものでは全くなかった。しかし将来の展望にもとづく欧州28カ国の統合は，地域グローバリズムという概念に一定の根拠を与えるものであろう。

　欧州統合は，1999年からの欧州単一通貨ユーロの発足をもってルビコン河を越えた。イギリスだけはテームズ河畔で，「渡るべきか渡らぬべきか」というハムレット劇を演じている。ブレア政権は，テームズを渡り（国内世論の統一），次にルビコンを渡るべく（ユーロへの参加）二重のハードルに苦しんでいる。アングロ・サクソンの伝統的な絆と欧州大陸の谷間にあって，それを止揚する，もう一つの「第三の道」の展望はいまだに開けていない。一方，独仏のライン河同盟は，歴史的な仇敵パラダイムを運命共同体的枢軸パラダイムに置き換えて，欧州統合を推進する双頭の牽引車の役割を担っている。トロイカ（独仏英）か二頭馬車（独仏）かの選択は，今後の欧州統合の内容に深く係ってこよう。

　仏，西独，伊，ベネルックス三国による戦後の欧州統合の出発点は，歴史的，

地理的文脈においては，カロリンガ朝版図の平和的かつ現代的再興に結びつくものであった。欧州統合を進めた第一世代国家の統治地域は，カロリンガ朝のそれにほぼ一致しており，欧州統合はこの地域を欧州の歴史的中核空間（core space）として再現したのである。それは経済統合を表（おもて）面としながらも，裏面には政治的対応が隠されていた。即ち冷戦の展開がなかったならば，西欧統合の速度と意志は半減し，なかんずく独仏和解のプロセスは，今日までのそれとはかなり異なったものになっていたであろう。一方ではフランスの国力の著しい低下という内的要因がフランスをして，他方では国際社会（西欧）への早期復帰という内的要因が西ドイツをして，また冷戦の開始という外的条件が両国をして，敵味方の呉越同舟を利益共同体の独仏同舟に転換させていった。ところで戦後の欧州社会民主主義勢力の間には，アメリカ型資本主義体制とソ連型社会主義体制の何れをも克服しようとする「第三の道」構想が存在した。しかし急速な東西対立の激化は，この構想を束の間のプランとして棚上げしてしまう。新体制のデッサンよりも，西欧全体の安全保障体制の確立こそがその生存にとって絶対的課題となった。そしてその柱は，アメリカとNATOなしに構築されることは不可能であった。中立主義は，ごく限られた一部中小国家にのみ許される例外的なステータスに過ぎなかった。

　欧州統合は，深化と拡大という二つの軸から成り立っている。前者は統合に参加した国民国家が有する主権の一部を共同化していく連続的プロセスであり（質の変化），後者は作用空間の拡大（数と量の変化）を意味している。共通関税，共通農業政策，単一市場，通貨統合などは前者のカテゴリーに属し，6（EEC）から12（EC）さらに15（EU）への加盟国の拡大とその作用空間・人口・GDPの増大は，後者の展開を表している。統合の拡大過程は，冷戦時代とポスト冷戦時代に分けられる。70年代のECは西欧の主要国家をほぼ網羅して12となった。しかし世界政策における「光栄ある孤立」を捨てたイギリスではあったが，サッチャー・イギリスはEC域内で最後まで「光栄ある孤立」を捨てなかった。それでも11プラス1（イギリス）という変則的コンセンサスの下で欧州統合は進行していった。

冷戦の終結は中立主義の有効性を失わしめて，中立諸国を統合過程に巻き込むことになった。マーストリヒト条約の発効（1993年）はECをEUに改組拡大し，加盟国は15となった。そしてヨーロッパにおけるコミュニズムの崩壊と冷戦の終結は，東の諸国による市場主義経済と議会主義デモクラシーの導入を促し，共通の経済体制，共通の政治制度，共通の価値観を基盤とするEUの東方拡大を初めて可能にするのである。2000年現在の拡大プランによれば，EUは将来トルコを含めて28カ国に膨れ上がるが，加盟希望国はさらに増大するであろう。シャルルマーニュが夢想だにしなかった欧州の広域地域が，武力をともなわず，参加国の意志と合意によって平和裡に統合されるという実験は歴史に例を見ない。なるほど中世ヨーロッパは，キリスト教によって統一された漠然とした単一世界を形成した。そこから今日の欧州統合を，中世の単一世界への回帰として歴史的文脈を遡るディスクールも可能であろう。しかし今日の欧州統合は，俗化された国民国家が，その主権を連続して自主的に「欧州共通の家」に委譲していくプロセスであり，その意味では過去にモデルは存在しないのである。

　冷戦後の欧州統合過程には二つのステップがあった。90年代の前半では，西が統合（深化）を強める中で，東では民族主義の高まりが多民族連邦国家（ソ連，ユーゴスラヴィア，チェコ・スロヴァキア）を解体させて民族別に新しい国民国家を形成するという分断現象が起こり，上記三つの多民族国家から23の新興国家が誕生した。だがこの分断現象は，90年代後半になって中欧・東欧諸国が西欧社会への接近，統合へと向かう第2の流れを定着させ，大欧州の形成に切り換わっていくのである。そしてEUの深化の頂点として，欧州単一通貨ユーロは1999年にドルに次ぐ第2のグローバル通貨としての第一歩を踏み出した。それが将来文字通りドルと競合するグローバル通貨となりうるか否かは，EU経済の推移や域内構造改革などによることは論を俟たない。換言すれば，欧州の地域グローバリズムがグローバリズムに如何に対応し，経済合理主義を貫徹し，経済構造を改革し，競争力をつけていくかということに係っているのである。

歴史上初めての超プロジェクトたる EU が抱える問題点の全てを，限られた紙面の中で論述することは不可能である。ここでは次の一点のみを指摘するにとどめたい。それは経済・社会発展の不均衡とその克服である。西欧と中欧・東欧の落差は，統一ドイツにおける旧西地域と旧東地域の差異をはるかに凌ぐものである。東西欧州地域の水平的落差に加えて，それぞれの国家単位に垂直的落差，即ち階層間の落差とそれにリンケージした階層間の統合意識落差が存在する。欧州統合への世論形成パターンは，政治エリート，産業界，官僚，カードル，自由業者，知識層が総じてポジティブであるのに対して，農民，小手工業者，低所得労働者，失業者は概して懐疑的である。陽の当たる階層と陽の当たらない階層，グローバリゼーションに対応できる競争力を有する企業・業種と，保護政策を求める企業・業種という二層化現象が顕著になってきている。それに中央（積極的）と周辺（懐疑的）というもう一つの落差が加わり，二層化の断面は極めて複雑である。欧州「統合」の潮流に「分断」のカウンターパワーが作用しながら，前者のリーダーシップが全体を牽引しているのが今日の姿である。

　欧州におけるコミュニズムの崩壊から10年。自由の獲得とは裏腹に生活権が脅かされる現実を体験した東の低所得階層にとって，かつては理想像にも見えた欧州統合の姿に失望感も高まっており，政府と大衆の間の溝が少なからず拡大している。ところでこの二層化こそ，グローバリゼーションの典型的な現象形態である。90年代の後半における社会民主主義勢力の巻き返しと政権奪取は，グローバリゼーションの進行に対する欧州福祉社会の政治的反応（抗）という一側面を否定しえない。

　NATO の東方拡大には EU のそれとのアナロジーが見受けられる。NATO にはアメリカとカナダが参加し，それが軍事機構であるという点，さらにこの機構の中でアメリカが圧倒的な力を有しているという基本的な相違点を差し引いても，東方拡大のメカニズムには共通点がある。まずいずれもがコミュニズムの崩壊と冷戦の終結を出発点として，東の諸国のニーズが東方拡大のインパクトとなって作用したということである。ソ連圏を離脱した東の諸国が，強力

なロシアの復活に安全保障上の危機感を抱き，NATOの懐に飛び込もうとする動きが中欧諸国，バルカン半島の一部，さらにはバルト三国にまで広がった。安全保障はNATOの傘の下で，経済の発展はEUの一員としてという，セットの分業機能を冷戦後の東の諸国が求めたのである。知識人を中心とした東の市民の「ヨーロッパ回帰」運動の具体的な形は，EUとNATOへの加盟であった。そしてこの精神的運動の頂点に立ったのはバツラフ・ハベル・チェコ大統領であった。

　NATOの東方拡大は，ポーランド，チェコ，ハンガリー中欧三国の加盟（1999年）によって，EUのそれに先行して展開されている。そこにはより加盟が安易なNATOを踏み台にしてEU加盟を目指す中欧・東欧諸国の戦略と，影響拡大を狙うアメリカの意図が結びついている。ロシアに対してポーランドという緩衝地帯を得ることができるドイツも東方拡大には積極的であった。しかしそれがバルト三国を包み込むか否かの選択をめぐって，NATOとロシアの対立が深まる一方，加盟に積極的なアメリカと，対ロシアとの関係でより慎重な欧州勢のアプローチは同一ではない。NATOの東方拡大は，NATOスタンダード（西欧的価値観，軍事・作戦システム，武器，共通言語としての英語など）がかつてソ連の支配下にあった旧社会主義圏に及ぶということであり，現ロシアにとっては屈辱の後退そのものである。

　冷戦の終結はNATOの性格を西側の軍事同盟から中欧・東欧を席巻して，グローバルな世界警察官の地位に変化せしめた。湾岸戦争，ボスニア・ヘルツェゴヴィナ内戦，コソボ紛争におけるNATO加盟国軍の軍事的展開は周知の通りである。冷戦時代の域内作戦原則は，ポスト冷戦の域外作戦にシフトされた。そしてコソボ紛争には，統一を果たしたドイツ連邦軍が本格的に作戦に加わるという大きな変化を見せるのである。

　NATO内におけるアメリカの比重は依然として絶大である。加盟欧州諸国は近代兵器の大半をアメリカに依存しているとはいえ，NATO内欧州勢の意識構造の変貌は顕著である。それは武器の共同開発，独仏統合部隊，WEU（西欧同盟）の強化を前提とした，アメリカ抜きの欧州軍のヴィジョン，緊急対応

部隊創設計画などを含め，少なくとも欧州における紛争はNATO内欧州加盟国の手で解決しようとする共同軍事政策の検討や，マーストリヒト条約にうたわれた一つの声による外交・防衛政策への努力に現れている。EUにおける外交・防衛政策の共通化と，NATO内部における非アメリカ部分の拡大は無関係ではない。

ポスト冷戦時代の紛争が，東西対立から地域・民族紛争にシフトされたことは国際政治の常識となった。幾つかの地域・民族紛争では，その国際的な意味と，多国籍軍，PKO，PKFなどの関与によって，地域紛争のグローバル化とでもいえる現象が顕著である。事実それぞれ対立構図を異にした地域の民族紛争が連鎖的に世界に拡大しているが，ハンチントンは『文明の衝突』において，それを宗教を軸とした文明間の対立というテーゼによって説明を試みた。旧ユーゴスラヴィア，旧ソ連での民族紛争にはイスラム，正教，カトリックの三宗教が絡み合っているし，東ティモールでもイスラム系住民とキリスト教系住民の対峙が見られた。イスラムのルネッサンスと原理主義は，緑の妖怪として国境を越えてグローバルな連携活動を展開している。

コソボ紛争が投げかけたのは，「人権」か「主権」かという基本的な問いであった。NATO軍のセルビア空爆は，アルバニア系コソボ人の人権擁護を根拠とした。これに対するセルビア側の反論は，国家主権の侵害であった。人権と人道上の見地からは「正義の行動」が，国家主権の観点からは「国際犯罪」として断罪される。人権派のNATOと，NATOの軍事行動を非難するセルビア，ロシア，中国の主権派の対立は，これからの国際的武力干渉における決定的な争点を暗示している。

ハンチントンを引きあいに出すまでもなく，人権を普遍的権利とする西欧文明の規範は，例えばイスラム世界にとっては何らの普遍性を持つものではない。しかし国家主権絶対主義も，主権の代理的行使者に民主的な選挙による正統性が欠如する場合には，その主張と行動の根拠が崩れる。古典的な国際関係は国家間関係から成り立ち，それは国際法をベースとした。しかし今日の国際法には，人権コードが随所に組み込まれている。グローバリズムの時代におけ

る人権パラダイムと主権パラダイムの対立には，二つの正当性が錯綜しているのである。同時に理念と規範の対立の裏側に，国益の追求や文明圏の出自が隠されていることは論を俟たない。

　EU加盟諸国はコソボ紛争介入の原理を域内に適用した。オーストリア連立政権に右翼ポピュリズム政党の自由党が参加することに抗議して採られたEU加盟14カ国の共同行動は，オーストリア政府との公式折衝の停止という制裁措置（2000年2月から9月まで）となって現れた。それを日本的に表現すれば「村八分」であり，オーストリア自由党にとっては「いじめ」であろう。EUの制裁行動の根拠は，リベラリズム・人権・個人の尊厳・差別の撤廃を基底とするEUの理念は，自由党の基本政策とは相容れないというものであった。

　EUによってその際強調されたのは，価値共同体（value community）という概念である。その具体的な実践方程式は，EUの価値観に相反する加盟国家はEUに留まるべからず，価値観を異にする政党は政権に参画すべからずというものである。だがここにも矛盾は存在する。1968年ソ連が「プラハの春」をワルシャワ条約機構軍の戦車で踏みにじったときに，干渉の正当な根拠とされたのは，社会主義の理念にもとづく社会主義共同体の共通利害は加盟国の個別利害（主権）に優先するという原則であり，これは後にブレジネフ・ドクトリンと称された。EUの理念が加盟国の主権に優先することを理由として採られたオーストリア政府に対する制裁行為は，ある意味ではブレジネフ・ドクトリンの裏返しである。矛盾点が交錯する中での最終的な倫理的判断は，自らが如何なる「グローバルな価値共同体」に所属しているかに求めざるを得ないであろう。

　EUの将来の制度的展望については三つのモデルが存在する。第1は連邦（federation），第2は国家連合（confederation），第3が国民国家の共同体（community of nation states）である。第1のモデルは欧州統合の父ジャン・モネーに始まり，今日フィッシャー独外相が提唱しているものであるが，支持国はベルギー，ルクセンブルクに留まり多数派を形成していない。第2のモデルはシラク仏大統領がフィッシャー独外相に対抗する意味で示唆しているもの

であり，第3のモデルは欧州統合を制度的深化よりも機能的な経済共同体として発展させようとするイギリスの伝統的な考え方である。これはかつてド・ゴールの欧州政策の核であった「祖国（国民国家）の連合」モデルに相通ずるものがある。現実的な意味でのEU統合とは，第1のモデルを理念として一隅(いちぐう)に置きながら，第3のモデルをいかに第2のモデルに近づけていくかというプロセスとして理解される。

4．経済と政治の断層

　産業革命は資本主義と社会主義を生みだした。伝来の社会主義は消滅（ソ連圏），修正（中国，ベトナム，キューバ），困窮（北朝鮮）を余儀なくされる一方，資本主義がグローバル化の道を邁進し，残存社会主義をそのシステムに包含（例えば中国のWTO加盟）しながらグローバルな「一つの経済界」を形成しつつある。そして世界的規模で二層化現象が強まり，南北問題が新たなクオリティを持って顕在化してきた。冷戦後，世界は多極化の方向に進んだが，その中でアメリカの存在だけが群を抜いている。それは「多極化の中の一極体制」あるいは「多極化と一極化の共存と競合」として性格づけられよう。グローバリズムは，「拡大と縮小」「統一と分断」「均一化と多様化」「共通性と異質性」「繁栄と衰退」という5つのセットに組み込まれた対立概念をその両極に伸長する。それぞれの対立概念がコントラストを強める中で，システムが統一化，均一化されていく。これが世紀末から新世紀にかけての世界・地球風景である。

　1999年の夏，南仏の一地方で起きたマクドナルド店の打ち壊し事件は，アメリカ風グローバリズムに抗議する「地域の一風景」を示すものであった。首謀者は反グローバリズムの英雄となり，裁判官と，首謀者を支持する地域住民が対峙した。ドイツではこの種の事件は起こりそうにもない。なぜか。フランスでは，ドイツに比較して独自文化（例えばフランス語）に対する誇りが極めて強く，何事においてもアメリカに対する対抗意識が顕著である。しかし最も重

要な理由は，グローバリズムに対する両国民の意識の違いであろう。

　ドイツはその経済システムにおいても国民の意識構造においても，グローバリズム，アメリカニズムの洗礼をより強く受けている。とかく都会人間の英仏人，田舎者のドイツ人と揶揄されるドイツ人の性格は確かに一つの側面ではあるが，他面ドイツ（西）人はフランス人よりもユーロピアンでありコスモポリタン（田舎のコスモポリタン）なのだ。マクドナルド店襲撃事件は，産業革命の初期にイギリスで起こった一連の機械打ち壊し運動を想起させる。この運動が産業革命をいささかも阻止できなかったように，マクドナルド店打ち壊し運動でグローバル化の波を止めることはできない。だが南仏の一事件は，後世においてグローバリズムを叙述する歴史学教科書に一つのエピソードを添えるかもしれない。

　フランス革命以来発展を続けてきた国民国家が変貌している。欧州統合が国民国家概念に重要な変化をもたらしたのは偽らざる事実である。こうした変化を受けてアカデミズムの世界では，「滅び行く」国民国家の「古典化」を先取りするディスクールが好まれている。国民国家の存続論や進化論はいかにもオールド・ファッションであり，国民国家の終焉論や革命論には時代の先端を行くポスト・モダンな格好よさが付きまとう。

　果たしてそうか。冷戦後の世界における民族紛争の少なからぬものは，新しい国民国家の創設を目的とした。欧州でも，西欧が統合を深化させる一方で，中欧・東欧では既述のように多くの国民国家が輩出した。東南アジアの東ティモールは受難の後に独立を達成したが，コソボやクルド地方では独立運動がたけなわである。西欧においてもコルシカやバスクの過激な独立運動の爆弾が「統合広場」の片隅に投げ込まれ，スコッチ・ウイスキーは，ほろ酔い気分のスコットランド人の耳元に穏やかな独立運動の夢を囁やいている。欧州統合は画期的例外的なプロセスなのであり，それをもって世界・地球風景の全体像をデッサンしてはならない。他の世界では国民国家の神話と現実は一向に衰えてはいないのだ。

　だがここでは，「国民国家の時代」はまだ幕を閉じてはいないと論述するこ

とが主目的ではない。ここでの目的は，トランスナショナルなグローバリズムの時代に，国民国家に如何なる役割が与えられるべきかという問いを投げかけることにある。経済のグローバリゼーションに対応する政治はグローバル・ガヴァナンス（global governance）であろう。だが国民国家の協議機関である国連は，その任務のわずかな部分しか遂行していない。世界の安全保障は安保常任理事国たるＧ５の拒否権ゲームによってしばしば機能麻痺に陥り，国連総会は株主総会にも似て力を持った少数株主（Ｇ５＋α）の意志なしには何事も実行しえず，各国代表に大演説を提供する大政治サロンと化している。にもかかわらず国連の重要性は，何人にも否定されることはなく，その改組と強化が叫ばれている。だが国連という世界組織は，そもそも世界の国民国家システムによって成り立っているという事実，また改組と強化もそれを前提にしているという現実をわれわれは再確認しなければなるまい。世界政府という崇高な理念は，政治思想史の重要な一齣（例えばカント）ではあるが，それは遠い将来，たかだか欧州連合政府という限定された地域作品にしか可能性を見出すことはできないであろう。

経済のグローバリズム対政治のナショナリズム，グローバル・スペース（経済）対リージョナル・ローカル・スペース（政治）という経済と政治の対照構図は，何よりも適用空間・行動空間の相違にもとづいている。グローバリズム下の「一つの経済界」に対して，国民国家が主体となっている政治の世界は，国際関係・国際協力，最大でも地域統合の域を出ず，その頂上に国民国家の緩やかな協議体としての国連が存在するのみである。経済の一極システムと政治の多極システム（主権単位の無数化）を世界的規模でいかに調整していったらよいのか，これこそ21世紀の大きな課題の一つである。

現代の国民国家の中心的な役割は，内外の安全保障，国民の基本的権利の擁護，利益集団の調整，税制・社会福祉制度による再分配機能，生活環境の維持などに置かれている。何よりも近代デモクラシーは国民国家というフレームワークにおいて発展してきた。デモクラシーや社会制度は「国境」を有して初めて魂を入れられ，機能してきたのである。欧州統合の問題点は，それがいか

なる理想の草案にもとづくものにせよ（現実には参加国の国益にもとづくものだが），民主的な意思形成過程が欠如していたことである。欧州統合は，特定国家（例えばデンマーク）で時として実施される国民投票を除いて，各国国民に問われることなく，各国の政治エリートと欧州官僚（ユーロクラート）による「欧州の利益のために」という高所からの判断によって誘導されてきた。伝統的なデモクラシーは，EUの制度においてではなく，参加国家の制度において機能してきたのである。欧州議会はその権限においても機能においても，国民議会に代るものではない。なるほど国民国家はナショナリズムの培養者であり，過去の悲惨な戦争の責任者であった。しかしそれは同時に，デモクラシーや社会制度の推進者としての役割をも担ってきたのである。

　グローバリズムというファントム，私的巨大資本の「見えざる手」を透視し，それにある種の規制の網を打つことができるのは，国民国家をベースとした国際協力機構や国際的なインスティテューション（例えばG7/G8＋α，IMFなど）を置いて存在しない。そしてG7/G8の中ではフランスがこの種の規制戦略に最も熱心であり，そこには旧ゴーリストと左翼の間に奇妙なコンセンサスが横たわっている。今日のイギリス労働党政権の「第三の道」は，経済においてはグローバリズムを前提に，福祉社会を最低保障として保持しながら，家庭への回帰，治安の強化などの保守の課題を再評価する。「新中道」を掲げるドイツの社民党政権は，その政策形成においてドーヴァー海峡間を往来しつつ，経済と福祉の妥協に苦しんでいる。いずれにせよ，グローバリズムによる専横，攪乱，無政府化，不均等化などに対抗し，その調整，制御，修正を試みることができるカウンター・パワーは，今日の世界では国民国家のナショナルな政策と，国民国家間の国際協力以外に求めることはできない。そして世界的規模で活動を強めているNGOが，「万国のNGOよ団結せよ」とのスローガンの下に，サブシステム，サブカルチャーとしてグローバル・ゲームに加わってくる。

　国民国家は変貌を遂げつつも，その時代はいまだ終焉の兆しを見せず，国際政治を動かすエネルギーは依然として無数の多極化された国益に求められる。

冷戦下ではそれぞれの軍事ブロックが国益の少なからぬ部分をプール化して対峙した。冷戦後はブロックが解体（ワルシャワ条約機構）あるいは方向転換（NATO）しながら，多極化を代表するスーパー・パワー，ミドル・パワーの国益が世界政治にアクセントを強めている。アメリカ然り，中国，イギリス，フランス，ロシア，インド然り，国際政治における国益というバックグラウンドは，現象形態を変えながらも，本質的には少しも衰えを見せてはいない。これに対し国際政治に発信する日本の国益は穏健かつ極めて控えめであり，敗戦の余韻を今日まで引きずっている。一方，加盟国プロパーの国益と「統合国益」の二刀流を使い分けるEUの外交戦略は，新しい型の展開を見せている。

　冷戦後の国際秩序は，第一次世界大戦後のヴェルサイユ・ワシントン体制，第二次世界大戦後のヤルタ体制のような具体像を形成するには至っていない。冷戦後の民族自決（新興国民国家群の誕生），地域・民族紛争という90年代の混乱期，過渡期を経て，21世紀には，世界的な対立構図の上に成り立っていた過去の国際秩序とは異なった，平和と協調を基調とする秩序体系が必要である。そのためにはやはり国連の改革，強化という結論に到達せざるをえない。しかし現実的な国際政治の場においては，現存するリーダー・パワーやその国益を無視しての国際秩序体系は有効性を持ちえない。

　唯一のスーパ・パワーとしてのアメリカの世界戦略，国益，世界の警察官としての行動や，NATOのコソボ紛争武力介入を批判することは容易である。しかしアメリカが孤立主義に回帰し，NATOが機能を停止する現存世界秩序はいかなるものであろうか。国際社会はスーパ・パワーとしてのアメリカの無責任さを非難するであろう。国連にはアメリカやNATOに代る力はいささかもなく，民族同士の殺戮戦にただ休戦のアピールを唱え，祈りを捧げることに終始せざるをえまい。好むと好まざるとにかかわらず，冷戦後の「拡大NATO」は，行き過ぎやミス・ポリシーが伴うにせよ，今日の（あるいは中期的な）国際平和秩序にとって欠かせない存在となった。90年代のNATOには，独自の強固なシステムと併行して，de facto国連安保システムのサブ・システムとし

ての性格が与えられたといってよい。NATOと国連の連携が緊密であり，NATOが国連の委任を受けて行動することが最も望ましい姿であろうが，国連安保理事会が小田原評定を常とする限り，NATOによる先行行動も，ある種の緊急条件の下では（例えばコソボ紛争）やむを得ないケースもありえよう。

5．グローバリズムと日本

国連の改革，強化を叫ぶことは簡単である。しかし改革の中味と，改革の提唱者が何をなすべきかを提示することはさらに重要である。その一環として国連安保理事会常任理事国の改組に当たり，南の国々を考慮して地域のミドル・パワーに枠を拡大するという方向は順当なものといえる。先進国サイドからは，日本がドイツとともに常任理事国への名乗りをあげた。しかし同時に日本は大きな矛盾とジレンマに遭遇することになった。憲法上の制約によってPKOにすら極めて限定された貢献しか残されていないわが国が，常任理事国としての大任をフルに遂行し得るのであろうか。武力紛争を停止する最終的な力は多くの場合軍事力であり，強制手段を伴わない，単なる平和へのアピールが無益に終わるというのが現実世界の姿である。軍縮の推進力が，皮肉なことにしばしば対抗軍備であるというのは過去の体験が示すものであり，一方的軍縮の効果は小さい。バランス・オブ・パワーの力学は国際政治から消え去ってしまったわけではないのだ。80年代の欧州中距離核の全面廃棄は，ソ連の配備に対するアメリカの対抗配備の結果であった。

常任理事国の一員としての日本が，資金と後方輸送援助は引き受けるが兵力は供出できない，紛争解決は他国の兵士の血でという態度に終始できるのか否か。世界は，「憲法で戦力不保持を定めつつ，現実には国防軍と何ら変わらない自衛隊と近代兵器を保有し，国際紛争の現地的解決には小型デコレーション程度の貢献しかできない sophisticated な中大国日本」に何を期待するのであろうか。大量資金の供給と，日本国平和憲法のグローバル化であろうか。前者は然り，後者は，理念は理念として共感は得られても，現実化の可能性は極め

て小さい。世界が日独の候補国に期待しているのは，資金提供もさることながら，PKOなどの具体的な行動への参加も伴う積極的な安全保障政策の遂行であろう。ドイツ連邦軍はNATOの域外に行動し，コソボ紛争では平和維持部隊の中心となったNATO軍の一翼として，米英仏伊軍と並び8000人の兵力をもって一地域の監視に当たり，遥か彼方の東ティモールにすら800人の衛生部隊を派遣した。

　1949年の基本法（憲法）制定以来2000年現在，46回にわたる改正をおこなってきたドイツと，憲法の旧仮名遣い一つ修正していない日本の違いについて，ここで論じる紙面はない。湾岸戦争の際に，大金のみで事を済ませようとしたために西側世論の非難を浴びた日独両国は，その後対照的な道を歩いた。変貌を遂げたのはドイツのみであり，1994年憲法裁判所は，連邦議会の承認を前提としたNATO域外軍事活動への連邦軍の参加を認める判定を下した。このように統一ドイツは常任理事国としてのインフラストラクチャーを整備しつつある。

　これに対してわが国の選択肢は次の三つであろう。第1の選択は，国連から期待される国際安全保障責務をフルに履行できない現行憲法の下では，常任理事国立候補を放棄するというものである。第2の選択は，憲法の改正であり，それ自体数々の選択肢が存在している。その中でアカデミズムの一部から提唱されている，第9条1項を残しつつ，2項（戦力不保持と交戦権の禁止）を検討すべきだという案は一考に値しよう。第3の選択は，現行憲法の下での常任理事国入りである。しかしこの場合は，日本は国際世論の要請と現行憲法の拘束の間で深いジレンマに陥り，長期的に憲法改正への一歩を踏み出さざるをえない立場にも追い込まれよう。

　いずれにせよ21世紀のグローバル化時代における論憲は避けられまい。世界的な環境問題も含めて憲法への加筆事項は山積している。ただし現行憲法が占領軍の押し付けによるものであったがゆえに日本人による独自の憲法制定が必要であるという，ナショナリズムに立脚した改憲論はその説得力に欠ける。なぜならば近代日本の歴史は，日本がいかに多くの欧米の制度，価値観を採り入

れてきたかを物語っているからである。押し付けであろうとなかろうと，よしはよしとして，その出自が問われないのがグローバルな憲法精神である。憲法をめぐる論争では，全く異なった次元において，右翼（民族自決憲法）も，左翼（一国平和主義憲法）も，ナショナルな立場を強調しているが，それを越える第三の道が長期に模索されて然るべきである。

　国民主権，人権など憲法に述べられているデモクラシーの基本思想は「普遍原理」として（たとえそれが西欧文化圏のみに貫徹する普遍原理であっても）修正する必要はない。修正・改正は内外環境の変化，新たな基本価値体系の定着化（たとえば環境）という現実世界の変化に対応してこそなされるべきものであり，一国平和憲法主義からグローバル平和憲法主義への視点の転換が必要である。国連の強化はアピールや組織改革だけではなく，義務の履行がともなう具体的，建設的なものでなければなるまい。

　護憲勢力が論憲で生き残れる道は，現行憲法の永久ドグマ化ではなく，むしろ攻勢的な修正提案にあろう。ゼロか百かの選択はいずれ敗北を余儀なくされる。その場合改憲推進主体の危うさ（例えば「天皇を中心とする神の国論」）を考慮した短期・中期的な「戦術的護憲論」（一切の改憲反対）は必要な視点であるとしても，それは未来永劫には効力を発揮しえない。長期の「戦略的護憲論」は，修正という一文字を含まざるをえないであろう。それは自衛隊という戦力が存在する現実を容認しつつ，同時に平和主義，国民主権，人権擁護，自衛隊のシヴィリアン・コントロールなどを含むデモクラシーの防衛には一歩も後に引かないという，護憲の防波堤を築く戦略である。デモクラシーと国家の防衛は相反する概念ではなく，例えばドイツの軍人は軍服を着用した市民であると規定されている。市民社会への自衛隊の完全な統合は，デモクラシーの絶対条件である。シュテルンベルガーに由来し，ハーバーマスによって展開された「憲法愛国主義」という概念は，何よりもデモクラシーへの忠誠とその防衛を基底としている。

　冷戦後の世界は，冷戦下の世界とパラダイムを異にしているという共通認識が必要である。「普遍憲法」は理論的にはありえても，人類の進歩が停止しな

い限り，「不変憲法」はありえない。その意味で修正主義は常に普遍的な概念なのである。

　2000年9月の国連ミレニアム・サミットは，世界150カ国以上のトップ・リーダーによる史上最大の首脳会議となった。そこには世紀末国連祭典的な要素も否定できないが，21世紀に向けての新しい戦略方向も明示されている。何よりも国連活動へNGO，NPO，民間企業，研究機関，宗教団体などの市民社会組織を組み入れるべく努めてきた二人の国連事務総長（ガリ，アナン）のヴィジョンは，今日既に現実のものとなって動き出している。このように国連は国民国家を軸としながらも，その限界を認識しつつ，その枠を越える活動形態を模索しているが，それは経済のグローバル化に対する「デモクラシーのグローバル化」（ガリ）の一環である。

　国連ミレニアム・サミットで方向化された特筆すべき政策課題は次の5点である。第1はグローバル化を全人類に肯定的なものとするために，国連が積極的に調整に関与していくこと，第2は平和，安全保障，大量破壊兵器の除去に努める一方，PKOなど国連の平和維持活動を強化すること，第3は途上国の救済，貧困への戦いを通じて，グローバル化による持てる国と持たざる国の間の不均等化の除去と利益の公平な配分を図ること，第4は貧困，債務，世界的な感染症，環境の悪化などを「広義の安全保障」として定義づけたこと，第5は既述した国家・国連の活動に世界の市民社会を組み入れる国際社会システム作りをスタートさせたことである。20世紀末から21世紀にかけてのキーワードの一つはグローバリズムであり，これからの国連活動には，平和維持とともに，グローバリズムに対する地球規模の調整が期待されている。それはカウンター・パワーとしてではなく，介入，誘導，再配分機能をともなったコントロール・パワーとしての，グローバル化時代における国連の役割である。同時に国連を支える国民国家の意識と行動に大いなる転換が求められることは言うまでもない。

　市場主義を容認する限り，また世界を社会主義的な完全統制経済下に置かない限り，人類はグローバリズムを押し戻す強力なカウンター・パワーを持たな

い。ではわれわれは何をなすべきか。われわれがなすべきことは，内外の政治の力を持ってそれに作用し，政策形成過程と政策実践過程に世界の市民運動組織を組み込みながら，地球的規模での不均衡化や貧困化に歯止めをかけ，弱肉強食のハードなグローバリズムを「人間の顔を持った」ソフトなグローバリズムに修正していくことである。

　機械打ち壊し運動も，マクドナルド店打ち壊し運動も，風車を巨人と誤って突進するドン・キホーテにも似て，技術開発力という進化の遺伝子を持った人類の歴史の大きな流れには抗することはできない。グローバリズムへの対策はこの冷酷な認識から出発する。風車に突進するドン・キホーテの崇高な姿は，それが文学ゆえに不滅の名を残したのである。

　本稿は，本学社研創立50周年公開シンポジウムおける諸講演をまとめた記念叢書出版に際し，依頼を受けて書き下ろしたものであり，内容分類では，グローバリズムを国際関係の視点から論じられた小林直樹氏「グローバリゼーションと国家・民族・個人」並びに鈴木佑司氏「日本とアジア太平洋地域」の2講演に関連するものである。本稿は，グローバリズムを国際政治（史）の視点から捉える一考察である。5つの各論はそれぞれ独立したテーマを扱いながらも，全体として統一論稿の形をとっている。NGOの役割について，本稿は鈴木氏の洞察力のある，ダイナミックな分析視点に多大の示唆を得た。編集責任者からは，特にヨーロッパの視点を加えるようにとのご指示があり，欧州統合，拡大EU，NATOを論述することによって，ある程度それに応える努力はしたつもりである。本稿は，21世紀の日本の外交戦略と内政の抜本的改革についても論ずる意図を持ったが，紙面の都合でそれは別の機会に譲りたい。超マクロにして多岐に及ぶグローバリズムの動態について，本稿は5つの各論をもって断片的に論ずるにとどまった。本稿が「断章」と称されるゆえんである。

執筆者紹介（掲載順）

小林直樹（こばやし　なおき）1921年生まれ。東京大学名誉教授。［専門］憲法・法哲学・人間学　［著書］『憲法の構成原理』（東京大学出版会，1961年）。『日本国憲法の問題状況（岩波書店，1964年）』。『法・道徳・抵抗権』（日本評論社，1988年）。『憲法秩序の理論』（東京大学出版会，1986年）。『憲法政策論』（日本評論社，1991年）。

白藤博行（しらふじ　ひろゆき）1952年生まれ。専修大学法学部教授。［専門］行政法・地方自治法　［著書］『各国警察制度の再編』（共著，吉川経夫編，法政大学出版局，1995年）。『自治体の「市場化」』（共著，自治体問題研究所編，自治体研究社，1998年）。『改正地方自治法を超えて』（編著，自治体研究社，2000年）。『現代行政法の理論』（共著，法律文化社，1991年）。

鈴木佑司（すずき　ゆうじ）1944年生まれ。法政大学法学部教授。［専門］国際政治，特にアジア・太平洋の政治　［著書］『アジア・大平洋の地方における国際化』（編著，法政大学出版局，2000年）。『アジアの分権化とキャパシティビルディング』（編著，日本評論社，2000年）。Yuji Suzuki, "Globalization & Localization in Asia" in Ng Chee Yuen ed., *Trends in East Asia 2000*, FASIO, 2000.

隅野隆徳（すみの　たかのり）1935年生まれ。専修大学法学部教授。［専門］憲法　［著書・論文］『日本国憲法50年と改憲動向』（学習の友社，1997年）。『基本的人権・文献選集日本国憲法4』（共編著，三省堂，1978年）。「財政構造改革と平和憲法」（日本財政法学会編『財政再建と憲法理念』龍星出版，2000年）。

石村　修（いしむら　おさむ）1946年生まれ。専修大学法学部教授。［専門］憲法・比較憲法　［著書］『憲法の保障』（尚学社，1987年）。『いま戦争と平和を考える』（共編，国際書院，1993年）。『明治憲法　その獨逸との隔たり』（専修大学出版局，1999年）。

宮本光晴（みやもと　みつはる）1948年生まれ。専修大学経済学部教授。［専門］企業経済学・社会経済学　［著書］『企業と組織の経済学』（新世社，1991年）。『日本型システムの深層』（東洋経済新報社，1997年）。『日本の雇用をどう守るか』（PHP新書，1999年）。『変貌する日本資本主義』（ちくま新書，2000年）。

小林襄治（こばやし　じょうじ）1942年生まれ。専修大学経営学部教授。［専門］証券市場論　［著書・論文］「英国の証券業」（『証券研究』63巻，日本証券経済研究所，1981年）。「英国証券取引所の改革」（『証券研究』75巻，日本証券経済研究所，1985年）。『金融市場の変貌と証券経営』（共著，日本証券経済研究所，1998年）。『機関投資家と証券市場』（共著，日本証券経済研究所，1997年）。

金子　勝（かねこ　まさる）1952年生まれ。慶應義塾大学経済学部教授。［専門］財政学・地方財政論・制度の経済学　［著書］『市場と制度の政治経済学』（東京大学出版会，1997年）。『セーフティーネットの政治経済学』（ちくま新書，1999年）。『反グローバリズム』（岩波書店，1999年）。『日本再生論』（NHKブックス，2000年）。

野口　旭（のぐち　あさひ）1958年生まれ。専修大学経済学部教授。［専門］国際経済学　［著書］『経済対立は誰が起こすのか——国際経済学の正しい使い方』（ちくま新書，1998年）。『国際経済学——理論と現実』（共著，ナカニシヤ出版，1997年）。『経済学における正統と異端——クラシックからモダンへ』（共編，昭和堂，1995年）。*Economic and Financial Modeling with Mathematica*（Springer-Verlag，共著，1993年，Hal R. Varian編）

野口　真（のぐち　まこと）1948年生まれ。専修大学経済学部教授。［専門］経済理論・現代資本主義論　［著書］『現代資本主義と有効需要の理論』（社会評論社，1990年）。『マルクスの逆襲』（共編著，日本評論社，1996年）。『進化する資本主義』（共編著，日本評論社，1999年）。『現代資本主義のダイナミズム』（共著，御茶の水書房，1999年）。

内田　弘（うちだ　ひろし）1939年生まれ。専修大学経済学部教授。［専門］経済原論・社会科学論　［著書］『経済学批判要綱の研究』（新評論，1982年）。『中期マルクスの経済学批判』（有斐閣，1984年）。『自由時間』（有斐閣，1993年）。Marx's Grundrisse and Hegel's Logic, Routledge 1988。

矢吹満男（やぶき　みつお）1946年生まれ。専修大学経済学部教授。［専門］理論経済学・日米経済論　［著書・論文］「現代帝国主義の構造とスタグフレーション」（専修大学社会科学研究所『社会科学年報』第19号，1985年）。「世界的リストラクチュアリング期における日米関係」（『土地制度史学』131号，1991年）。「1990年代アメリカ資本主義の新展開」（大西勝明・二瓶敏編『日本の産業構造——ポスト冷戦期の展開』青木書店，1999年）。「ME情報革命の展開と日米経済関係」（『専修経済学論集』第34巻3号，2000年）。

仲井　斌（なかい　たけし）1935年生まれ。専修大学法学部教授。［専門］地域研究（ヨーロッパ）・国際政治史・欧州統合論　［著書］『西ドイツの社会民主主義』（岩波書店，1979年）。『緑の党』（岩波書店，1986年）。『現代ドイツの試練』（岩波書店，1994年）。『激動の東西ドイツ』（毎日新聞社，1981年）。

専修大学社会科学研究所　社会科学研究叢書1
グローバリゼーションと日本

2001年3月30日　第1版第1刷

編　者	専修大学社会科学研究所
発行者	内藤　昌彦
発行所	専修大学出版局
	〒101-0051　東京都千代田区神田神保町3-8-3
	㈱専大センチュリー内
	電話　03-3263-4230㈹
印　刷 製　本	電算印刷株式会社

Ⓒ The Institute for Social Science Senshu University
2001　Printed in Japan　ISBN4-88125-117-1

Ⓡ〈日本複写権センター委託出版物〉
本書の全部または一部を無断で複写複製（コピー）することは、著作権法上での例外を除き、禁じられています。本書からの複写を希望される場合は、日本複写権センター（03-3401-2382）にご連絡ください。